筑摩選書

小川原 正道
Ogawara Masamichi

日本政教関係史

宗教と政治の一五〇年

日本政教関係史　宗教と政治の一五〇年　目次

日本政教関係史

宗教と政治の一五〇年

はじめに――近現代日本における政治・宗教・社会

現在の日本では、宗教と政治の関係、また、宗教の社会への関わりについて、さまざまな意見が交わされ、そこには大きな社会的関心が寄せられている。

では、明治維新から現在にいたるまでの、およそ一五〇年の間、近現代の日本において、政治は宗教をどのように扱い、宗教は政治とどう関わり、また、宗教は社会とどう向き合ってきたのか。本書は、近現代日本の宗教行政・宗教政策の歴史を概観した上で、こうした問題を考える上で重要と思われるトピックを選び、それを事例ごとに分析したものである。

以下、第一章で論じる宗教行政・宗教政策の大きな流れを踏まえつつ、第二章以下の事例分析がその中にどう位置付けられるのか、説明を加えておきたい。

王政復古によって成立した明治政府は、祭政一致を掲げて出発した。その統治方針である「五箇条の御誓文」が、通常の法令ではなく、天皇が天神地祇《てんじんちぎ》に誓う、という方式で示されたことも、その一例である。政府は、神仏習合状態にあった神道と仏教を分離し、さらに、神道を重視する立場から、国民に「惟神之大道《かんながら》」や「敬神愛国」の精神を教化する運動を展開していく。江戸時代以来禁教としてきたキリスト教の浸透を防ぐのも、その重要な目的であった。しかし、当初は神官が、のちに神社・寺院を挙げて展開されたこの一大運動は、西洋の信教の自由・政教分離の原則に基づく宗教者や政治家からの反発などを受け、頓挫する。

政府は信教の自由を認め、国民を教化する運動から撤退しつつ、神社は宗教ではない「国家の祭祀」であるという立場から、宗教とは別に、国家管理を進めていった。一八八九年（明治二二年）に発布された大日本帝国憲法では、「日本臣民ハ安寧秩序ヲ妨ケス及臣民タルノ義務ニ背カサル限ニ於テ信教ノ自由ヲ有ス」（第二八条）として、一定の制限を加えた上で、信教の自由が定められる。しかし、キリスト教の法的位置付けは曖昧で、事実上の「黙認」状態が続いた。

そんななかで発生したのが、内村鑑三《かんぞう》不敬事件である。一八九〇年に発布された教育勅語にある明治天皇の宸署《しんしょ》（天皇の署名）に、キリスト者である内村が最敬礼しなかったことが問題視されたものであり、教育と宗教とが衝突した事件として知られているが、教育だけでなく、宗教が政治や国家、社会とも激しい軋轢を起こした事件であった。そこで、第二章ではまず、教育勅語の作成過程を論じた上で、同事件の経過と意義について扱いたい。

では、キリスト教を、日本の社会はどう受け入れていくのか。欧米列強との外交関係を最重要視しなければならなかった明治政府にとって、それはきわめて大きく困難な課題であった。一八九九年、政府は条約改正に伴う外国人の内地雑居に伴って、それまで黙認してきたキリスト教の布教を公認するが、これによって日本国内の秩序が乱されることを恐れ、ひそかに、危険となり得るキリスト教団体について内偵を進めた。第三章では、条約改正の経緯から、キリスト教に対する警戒まで、キリスト教公認をめぐる政府の模索の過程を論じる。

キリスト教や仏教などは、公害問題の解決や廃娼運動、戦争協力、飢饉の救済などに積極的に乗り出しており、未だ政府による社会保障の基盤が整っていなかった当時、こうした宗教勢力の社会・慈善事業の論理と行動を抜きにして、弱者救済を論じることはできなかった。仏教の寺院・僧侶や、キリスト教の教会・牧師・神父が、信者に与える影響力も無視できない。宗教は単に、取り締まり対象とすればよい問題ではなかった。そこで第四章と第五章では、明治後期に展開された、宗教の社会活動を取り上げた。

信教の自由を踏まえた上で、宗教の持つ社会的影響力を動員し、危険な思想は排除していく。政府の基本的な方針はこうした点に据えられ、そのための重要な措置として、宗教法・宗教団体法の整備も模索されていく。宗教側にとっても、法律によって法人格を得て非課税特権を獲得することには大きなメリットがあったが、政府による管理・介入には反発も強く、宗教間の対立などもあって、法案が成立するまでには、約三〇年という長い年月を要した。この間、宗教法制が未整備なために、政府は、治安警察法や衆議院議員選挙法などの別の法律や、省令、通牒といった措置を通じて、「目立たない」形で宗教の取り締まりにあたっていった。こうした政策の過程を論じたのが、第六章である。

この間、日本は多くの戦争を経験した。その戦争の遂行に銃後から、時には前線まで赴いて協力し、戦争の思想的正統性を担保した一大勢力が、宗教であった。宗教団体法が成立した背景にも、宗教による国民精神の動員という、日中戦争下の時局的要請があった。そんななかで、日本の大陸政策を批判するインドの詩聖タゴールと交遊しつつ、自らは大東亜共栄圏の正当性を強調したのが、仏教哲学者として知られる東京帝国大学教授・高楠順次郎《たかくすじゅんじろう》である。宗教が政治に思想的に最も接近した一事例として、この諸相を第七章において論じている。戦没者の祭祀は、日本の大陸政策の正当化という意味でも重要な意味を持っており、一九四〇年（昭和一五年）には、日本の傀儡《かいらい》国家であった満洲国に「満洲版靖国神社」ともいうべき、「建国忠霊廟《ちゅうれいびょう》」が設置される。第八章では、その経緯とメディアによる宣伝活動について検討した。

太平洋戦争の終結後、占領軍は宗教団体法の廃止を命令し、戦前日本において「国家神道」が大きな影響力を持っていたと判断して、これを廃止、より自由度の高い宗教法人令が発令され、さらに、一九五一年には、こうした経緯を踏まえて、宗教法人法が成立する。この間に発布された日本国憲法において、信教の自由と政教の分離が明確に定められたことは、いうまでもない。

宗教法人法の見直しを迫ったのは、オウム真理教によるサリン事件であった。これを受けて、宗教法人の活動の透明化を図るべく、信教の自由を侵さない範囲内において、所轄庁が一定のチェックを行っていくとして、同法が改正された。学界や宗教界には賛否両論があったが、当時、公明党が野党だったこともあり、政争の装いを見せながら、改正案は成立する。

戦後の信教の自由・政教分離の原則のもとで、最も問題になり続けたのは、靖国神社であろう。戦前は宗教ではなく、国家が管理していた同神社が、宗教となり、国家管理から外れるなかで、戦前と同じく、戦没者の祭祀を続けていくことには、信教の自由や政教分離の観点から、さまざまな意見があった。より国家の関与を強めるべきだという声もあったが、祀られている「英霊《えいれい》」には、いわゆるA級戦犯も含まれることから、首相や閣僚による参拝を違憲とする意見も強まり、中国や韓国との外交問題も相まって、国内の論争から外交問題にまで発展していく。第九章では、靖国神社の創始、発展の過程から、現代にいたるまでの同神社をめぐる諸問題を論じている。

もとより、本書によって、近現代の宗教と政治の関係すべてを論じきれたわけではない。限られた紙幅のなかで、その概要と、重要なトピックについての学術的知見を提供することで、読者諸氏の政教関係に関する見識が深まることに、いささかなりとも貢献できれば、幸いである。

第一章

近現代日本の宗教行政史概観　一八六八―二〇一九

1　王政復古と宗教行政の開始

王政復古と祭政一致

近現代日本における宗教行政は、明治政府の発足と歩調を合わせるようにして、出発している。一八六七年（慶応三年）一二月、王政復古大号令が渙発《かんぱつ》され、「諸事神武創業ノ始メニ原ヅキ」統治を行うことが宣言された。「神武創業」の文言は国学者・玉松操《たままつみさお》の意見によって挿入されたもので、神武天皇が天神地祇や皇霊を祀り、神々の霊威に助けられて国家建設を行ったという認識に裏付けられていた。

一八六八年一月、太政官七科《だじょうかんしちか》と呼ばれる最初の官制が樹立され、政策運営を開始した。内国科、外国科などからなる七科の筆頭は神祇科《じんぎ》で、翌月の官制改革で神祇科は神祇事務局に、さらに閏四月には神祇官となり、七月、同官は太政官の上位に位置付けられることになる。この過程で、亀井茲監《これみ》、福羽美静《ふくばびせい》、平田鉄胤《かねたね》など、大国《おおくに》派・平田派の国学者たちが登庸されて、その思想が大きな影響力を持つこととなった。

こうして、同年三月には、「神武創業」に基づいて諸事一新し、祭政一致の制度を回復したとして、神祇官の復興と神社・神官の神祇官附属を命じる布告が発せられる。「祭」と「政」を一致して統治を行うことが宣言されたわけであり、それを象徴するように、布告の翌日には明治政府の統治綱領というべき「五箇条の御誓文」を、明治天皇が天地神明に誓った。

神仏分離と民衆教化の開始

神祇官・神社による祭祀によって支えられた政治運営を行っていくにあたり、まず解消が企図されたのは、古代以来継続していた神仏習合であった。仏語《ぶつご》を神号とすることや仏像を神体とすることが禁止され、神社からは梵鐘・仏具などが撤去、神社に仕えていた社僧は還俗《げんぞく》や神社への奉仕を迫られた。天皇など皇族の霊は平安時代以来、宮中のお黒戸《くろど》に置かれた位牌によって祀られ、その葬儀も仏式で行われていたが、葬儀は神式に改められ、位牌も撤去される。その一方で、無檀、無住寺院は廃止、氏子調《うじこしらべ》制が導入されて宗門人別帳《しゅうもんにんべつちょう》は廃止された。神社の社格整備も進められ、一八六九年（明治二年）にはペリー来航以来国事に斃れた人々を祀る東京招魂社《しょうこんしゃ》（のち、靖国神社と改称）が設置される。一八七一年には、「神社ノ儀ハ国家ノ宗祀ニシテ一人一家ノ私有スベキニ非」ずとして、「祭政一致ノ御政体」を維持すべく、神宮以下の神官の世襲が禁じられる措置も執られた(1)。

神仏分離政策に対する過敏な反応として、廃仏的な神道思想が流布していた地域や、その信奉者が統治権を握っていた地域を中心として、廃仏毀釈が顕在化する。津和野、富山、鹿児島、隠岐、佐渡、松本などが代表的な地域で、神葬祭化や寺院・仏像等の破壊、寺院の統廃合などが進められた。これに対し、浄土真宗を中心とする仏教側が抗議活動を展開し、その結果、明治政府は地方庁の判断で廃仏毀釈を行うことを禁止したが、それ以降も廃仏毀釈はしばらく収まらなかった。

一方、一八七〇年一月の大教宣布《たいきょうせんぷ》の詔《みことのり》で、「惟神之大道《かんながら》」を、「宣教使」に布教させることが命じられ、宣教使による布教活動によって国民教化を進め、開国政策の結果流入が懸念されていたキリスト教の防御を目指すこととなった。しかし、布教内容が不明確である上に、地方の藩などでは十分な準備体制を整えられず戸惑いがみられ、教化の実績はあがらず、結局、神祇官は神祇省に格下げされる。

政府側としては、神道国教化を目指して仏教冷遇政策や神道布教政策を推し進めつつも、廃仏毀釈に対する仏教側の反発や布教活動自体の停滞という現実に直面し、また仏教側としては、江戸時代に享受していた地位を失い、むしろ破壊や統廃合などの打撃を受けたことで、政府による保護を希求することになった。ここに、政府の教化政策に仏教が参加することで、これを立て直すという構図が展開されることになる。

2 民衆教化政策の展開と信教の自由・政教分離原則

教部省と大教院の設置

一八七二年、神祇官の後を受けて宗教行政を担当していた神祇省が廃止されて教部省が設置され、新たな教化理念として三条教則を発布、教化の担い手として教導職が設置されて神官や僧侶がこれに任じられることとなる。この仏教側の教導職育成のために設立が企図されたのが、大教院である。(2) 仏教各宗は同年、教師育成と民衆教化の実践のために大教院の設立を建議し、その認可を得るが、所管官庁であった教部省に神道重視の傾向の強い薩摩閥官僚が進出してきたことで、次第にその体裁を変化させていく。仏教側の教師養成機関として企画された大教院は、まず「神仏合同」の機関となり、さらにその講堂には神殿が設置されて神式の儀礼が執り行われるなど、「神主仏従」の色彩を強めていく。

一八七三年に開院した大教院は、その開院の祭典において神官が祝詞《のりと》を上げ、僧侶が神上げの儀式を執り行い、さらに三条教則を説き、袈裟姿で神前に魚鳥《ぎょちょう》を捧げるなど、神仏混交著しい様相を呈していた。以後、大教院は神殿儀式や講堂での説教とともに、試験や教義研究、テキスト編纂を中心とした教導職の育成や、各府県に設けられた中教院や神社・寺院などの小教院、信徒結社たる講社の管理といった教化指導にあたることとなる。江戸時代の神仏習合においては仏教が優位に立っていたが、明治に入って神道を国教化する政策が執られ、さらに神道優位型の神仏習合へと立ち至ったとみることができよう(3)。

こうした民衆教化政策は、思ったように進展しなかった。教化理念の中心となった三条教則は、「敬神愛国ノ旨ヲ体スヘキ事」「天理人道ヲ明ニスヘキ事」「皇上ヲ奉戴《ほうたい》シ朝旨ヲ遵守セシムヘキ事」の三条からなっていたが(4)、そもそも、僧侶にはなじみの浅い内容である。当時、教導職に補任されていた南条文雄《なんじょうぶんゆう》は、「三条の教則といつて、これをうまく説きこなした者を教導職にするといふことになつた。それで諸国の僧侶を大教院に集めて試験の説教をさせて見るが、全然仏教に関係のない三カ条である上に少しでも仏教の教義を混ぜたら落第になるので甚だ難題(5)」であったと回想している。神官僧侶を教導職とする手続きははかどらず、一八七二年には神官はすべて教導職とすることを通達し、さらに僧侶は教導職試補にならなければ説教ができず、住職にもなれないといった規定を設けたが、一八七四年末段階で神官僧侶のうち教導職に補任されていたのは神官が約四三%、僧侶は約二一・六%に過ぎなかった(6)。

教化活動の停滞と混乱

大教院の主要任務であった教育機能も、資金不足と政府の教育重視政策によって蹉跌した。大教院は公費を受けず、寺院等が自力で資金を集めて運営していたが、廃仏毀釈等による仏教の疲弊に加えて、大教院自体が周知徹底されておらず、その資金不足は構造的欠陥となっていた。また、木戸孝允《たかよし》や田中不二麿《ふじまろ》が岩倉使節団で洋行した経験から、実用教育の重要性と宗教・教育の分離の必要性を感じるようになり、帰国後、彼等が文部行政を担うようになると、教育と教化を分離し、前者を優先させる政策が打ち出され、教院へは学校の余暇に通うこと、教義の講説は学科時間外のみに認めること、宗教学校への公金支出を禁止することなどが命じられた。

教化理念には三条教則に加えて、「十一兼題」と「十七兼題」が追加され、次第にその内容を宗教的なものから文明開化的なものに変質させていくが、これらを解説する説教は、混乱していた。当時の法令や新聞報道などをみると、神官が仏教批判を行ったり、僧侶が三条教則と矛盾する説教をしたり、神官は神徳皇恩を説くが僧侶は仏説を説く、といった状態で、聴衆はあきらかに困惑していたことがわかる。たとえば『東京日日新聞』（現在の毎日新聞）は、大教院での説教の模様を次のように伝えている。「甲ハ三神《さんじん》造化ノ道理ヲ説キ乙ハ道各自業ノ因縁ヲ語リ丙ハ法華ノ得道ヲ勧メ丁ハ念仏ノ功得ヲ談ズ哉ハ右へ誘ヒアル哉ハ左へ導クコレ人ヲシテ岐ニ迷ヒ方ヲ失ハシムル者ニシテ如何ソ人心ノ皈向ヲ安定セシム可《べ》ケンヤ(7)」。

こうした停滞・混乱に加え、政府内外から教部省・大教院に対する強い反対運動が巻き起こることで、民衆教化政策は挫折することとなる。

島地黙雷の大教院分離運動

反対運動の主体となったのは、木戸、伊藤博文をはじめとする長州閥政治家と、彼等と親密な関係にあった浄土真宗本願寺派の僧侶、島地《しまじ》黙雷《もくらい》であった。洋行経験を持つ島地は、政府が三条教則を教義として布教させるという政策に対し、信教の自由と政教分離の観点から批判を加えた。島地は一八七二年、欧州で日本国内の宗教行政について耳にし、「三条教則批判建白書」を起草する。政教分離の立場から、三条教則の「敬神」は宗教であり「愛国」は政治であるとして、その混乱を批判し、さらに神道は八百万《やおよろず》の神を拝する未開なものとして排斥、教部省による民衆教化政策は宗教を造成して強制するものだとして、信教の自由の立場からも攻撃を加えた。その意味で、島地の論理は近代性を帯びてはいたものの、彼の信教の自由はキリスト教を含んだ普遍的権利ではなく、また宗教としての神道を排除しつつも、皇室の祖宗や祖先・名臣への敬意を表現するという意味での神道を非宗教として肯定し、その敬意の表現としての神社での幣帛《へいはく》の奉呈も認めるものであった。この宗教としての神道批判から非宗教としての神道の肯定という論理展開に、のちの国家神道や靖国神社国家護持論の原型が見出せると指摘されている(8)。

島地は帰国後、大教院に対する攻勢を強め、浄土真宗の大教院からの分離を主張し、一八七三年には「大教院分離建白書」を提出する。そこでは、民衆教化による政治への貢献は認めつつ、三条教則を教義として教化に用いるのは宗教を廃滅させるものだと批判し、大教院からの分離、さらにはその解体と所管官庁たる教部省の廃止を訴えた。島地は長州の出身で、木戸や伊藤ときわめて親密な関係にあり、木戸と伊藤は島地に協力して信教の自由の実現や大教院分離、教部省廃止のために運動していく。

かくして一八七五年、大教院は解体され、信教の自由の口達《こうたつ》が発せられて、一八七七年には行政改革の一環として教部省が廃止、その業務は内務省社寺局へと引き継がれた。この口達は、信教の自由を認めて宗教に行政上の保護を与える以上、宗教側は政府の妨害をせず人民を善導し、統治を翼賛する義務がある、と規定していた。すでに宗教による政府への貢献を肯定していた島地は、これを受け入れることとなり、自ら教導職に就任する。

内務省社寺局の発足と神道の非宗教化

内務省社寺局は、「官社及神社寺院及宗教ニ関スル事務ヲ管掌スル」[9]こととなったものの、省内の位置付けは低く、「政府当局の宗教行政全般に対する消極的姿勢を示すものであった……政府はもはや形骸化した教導職活動にまで国費を給する志向は有してゐなかった」といわれている。[10]内務省はもともと教部省との間で、地方の招魂社の管轄や官国幣社の経費、営繕費、地方官の神宮大麻《じんぐうたいま》への関与などをめぐって衝突しており、地方官が教導職を兼務することにも一貫して反対していた。こうした姿勢が、社寺局発足後本格的に展開され、地方官が神宮大麻頒布に関与しないよう布達されるなど、神道の宗教的要素が行政の枠外へ押し出されて、神社の祭祀的要素と宗

教的要素とが分離されていくことになる。(11)

実際、一八八〇年代には、神社・神官と宗教とを切り離し、神社を非宗教として取り扱いつつ、宗教には一定の自治権を賦与する政策がとられていく。それまで、神官はすべて教導職となることと、教導職でなければ葬儀を執り行えないとされていたが、これでは神官が宗教行為に関与することとなるため、まず神官と教導職とが分離され、一八八四年には教導職自体が廃止された。神社は「国家の祭祀」として宗教の枠の外に位置付けられる一方で、宗教は一定の自治を認められ、教導職の廃止に伴って住職の任免や教師の等級進退については管長に委任しつつ、宗制や寺法などの「条規」を定めて内務卿の認可を受けるよう定められた。(12)

一八八九年に発布された大日本帝国憲法（明治憲法）はその第二八条において、「日本臣民ハ安寧秩序ヲ妨ケス及臣民タルノ義務ニ背カサル限ニ於テ信教ノ自由ヲ有ス」と規定し、安寧秩序と臣民の義務とが、信教自由の「条件」として設定された。ただし、キリスト教の法的位置付けは明確でなく、法的な公認も得られなければ、布教の制限もされないという、「黙認」状態が続くことになる。一八九〇年に教育勅語が発布されると、第一高等中学校で勅語の宸署《しんしょ》に最敬礼しなかったとして、キリスト者の内村鑑三が厳しい世論のバッシングを受けた。

一八九九年には、内務省に神社局が設置されて社寺局は宗教局となり（のちに文部省に移管）、「神社と宗教の分離」が行政組織的に確認されることとなった。

3　明治憲法下における神社・宗教行政の展開

地方改良運動と神社整理

内務省神社局の設置を受けて、神社の地位向上を求める声が高まり、日露戦争を経て、こうした声は制度へと反映されていった。明治の終わりから大正初年にかけて、勅令や内務省令などによって国家神道の整備が進められていく。神職は国家の礼典に則り、国家の宗旨に従うべきだと明文化した「官国弊社以下神社神職奉務規則」をはじめ、官国幣社経費の国庫共進制度、府県社以下への神饌《しんせん》幣帛料共進が制度化され、神社財産の登録や神社祭式行事作法、神社祭祀令、神宮皇學館《こうがくかん》などの設置が定められた。

日露戦争後は、地方改良運動の一環として神社整理政策が推進され、内務官僚のなかでも、神社を統廃合してこれを地域住民の精神的統合の核とし、欧米流の田園都市・模範農村を構築しようという構想が生まれる。これにより、一九〇六年段階では一九万四三六社あった神社が、一九一七年には一一万七七二八まで減少することになる。内務官僚側は、国民に道徳的な感化を行い、農村の精神的紐帯を高める神社と、神と人間との仲介となる神職の役割に期待していたが、実際には、人材の不足や慣習・祭礼の消滅によって、逆に農村の精神的紐帯は希薄化したと指摘されている。(13) 仏教やキリスト教は、寺院や教会を核として信徒を集め、布教のみならず、廃娼《はいしょう》運動や貧困救済などの社会運動に乗り出しており、田園都市構想も、欧米のキリスト教会を念頭に置いたものであった。

神社局の設置も、神社経費に関する制度整備も、神祇官の復興をめざす神祇官復興運動が、その背景にあった。

神祇官復興運動

神祇官復興運動は明治初年以来、昭和戦前期まで一貫して展開されたものだが、その展開の模様を実際に運動の中核として参画した神職・吉井良晃《よしあきら》（西宮《にしのみや》神社社司《しゃし》）の回想から把握しておこう。

吉井によれば、全国の神職が神祇官復興に本格的に乗り出したのは、一八八九年前後だという。帝国議会開会後、神祇官を再興し、「国家の宗祀《そうし》」たる神社を名実ともに充実したものとすべく、議会でも建議が行われたが、事態が進捗しないため、一八九八年に全国神職会が結成された。この全国神職会の「第一の収穫」が神社局の創設だったが、これではまだ「規模狭小であるので、この際一大特別官衙《かんが》を設置することが喫緊の要務である」として、同会では貴衆両院議員を歴訪して運動を展開した。これもなかなかうまく進展しなかったため、全国神職会では特別官衙の官制を審議する神社調査会を設置すべく、吉井も実行委員となって神社局長や有力政治家を歴訪して働きかけ、こうした結果、一九二三年（大正一二）六月、神社調査会が設置され、吉井も特別委員に就任した。当初、政府内では神社行政にかかわる神社局をはじめとする各機関を統一して「神祇院」とし、皇族を総裁に戴く案を立てたようだが、宮内省が反対して皇族総裁は実現せず、その設置運動も停滞したが、吉井の回想録の刊行（一九三六年）後の一九四〇年（昭和一五年）、神祇院が発足した。(14)

神祇院は内務省の外局で、神宮、神社、神官・神職、さらに敬神思想の普及を所管することとなった。明治初期の民衆教化政策の挫折によって棚上げされていた神社による敬神思想の普及が、ここに盛り込まれたわけである。しかし、人員不足もあって、「敬神思想や国体思想の一般国民にたいする普及力からいうならば『国体の本義』（一二年）や『臣民の道』（一六年）などを出版した文部省（とくに教学局）の比ではないだろう」といった程度の評価を得るに止まっている。阪本是丸《さかもとこれまる》はこれについて、「神社局および神祇院を中心とする制度としての国家神道は、組織として敬神崇祖の普及・啓蒙を国民に行なうことは伝統的にはしていなかったし、できなかったのである」としている。(15)

宗教団体法をめぐる模索

神社局設置当時に時間を戻すと、この時期は、日露戦争や明治天皇の崩御、明治神宮の創建、大正天皇の即位と大嘗祭《だいじょうさい》、そして第一次世界大戦といった国家的事業が次々と起こり、それにともなって「敬神崇祖」精神が普及し、内務省も、その中心としての神社の重要性を強調していく時代にあたっていた。第一次大戦への参戦にあたっては、伊勢神宮・靖国神社をはじめ、各官国幣社に勅使が派遣されて宣戦奉告祭が催された。もっとも、先述の通り、神職や議会の間では、神社は国民の中に確固たる地位を築けていないという認識も強く、そのため議会では神社に関する特別官衙を設置し、神社行政の統一強化を求める建言が提出されている。こうした運動の結果、一九二〇年に神社制度調査会が設置されるが、それは宗教法案の審議にあたり、速やかに法律を制定して神社の本質をあきらかにし、神社と宗教を区別すべきであると政府側が認識したためであった。

ここでいう宗教法案が最初に帝国議会に提出されたのは、一八九九年のことである。一八九四年に締結された日英通商航海条約にともなって日本は外国人の内地雑居を実施することとなり、外国人の宗教の自由も認めたことから、キリスト教を正式に宗教として承認する必要が生じ、内務省は一八九九年、省令第四一号を発してキリスト教を公認する。西郷従道《じゅうどう》内相は、これによって宗教の「有形」の施設管理を行うとし、「無形」の信徒団体については結社法及び宗教法によって取り締まると述べていた[16]。

宗教法案の提出理由について、山県有朋《やまがたありとも》首相は貴族院で、信教の自由は憲法が保障している以上、国家は「信仰ノ内部」には干渉しないとしながらも、寺院・教会の設立や教規・宗制といった「外部ニ現ル、所ノ行為」については、「国家ハ之ヲ監督シテ社会ノ秩序安寧ヲ妨ゲズ又臣民ノ義務ニ背カナイヤウニ致スト申スコトハ是レ国家ノ義務デアル」と述べ、「宗教法案ハ……社会ノ風教ヲ維持スル上ニ於テ一層ノ便利ヲ与ヘタノデアリマス」と語っている。[17] 憲法第二八条をふまえた発言であることはいうまでもない。こうした宗教の統治における「有用性」への着目は戦前の宗教行政に一貫してみられる特徴だが、法案は内地雑居に伴うキリスト教の公認・取り締まりという意図も含んでいた。[18]

宗教法案では、宗教団体が法人となりうることや租税の非課税を規定する一方で、寺、教会の設立には主務官庁の認可が必要であるとし、教会、教派、宗派などの宗教団体を主務官庁が監督し、事務報告の徴集や事務検査、その他必要な命令を行うことができるとしていた。「教師」は政治上の運動を禁じられ、宗教上の集会にも届出が必要とされたが、これに対し、仏教側がキリスト教と同等に扱われることなどに反発し、結局法案は貴族院で否決された。政府は、キリスト教に対する警戒を解いていなかったため、宗教法案の挫折によって、取り締まりの一翼を欠くことになり、治安警察法や衆議院議員選挙法、内務省令や内務大臣の通牒《つうちょう》などで、これを補っていくこととなる。

一九二六年に文部省の宗教制度調査会において宗教法が審議・立案され、翌年、政府は再び宗教法案を提出する。この時、所管の岡田良平《りょうへい》文相は提出理由を「宗教団体等ニ対シマシテ相当ノ保護ヲ与ヘマシテ、其教化活動ニ便ゼシムルコトハ、監督ノ方法ト相俟ッテ極メテ緊要ノコト」[19]と語っている。法案では、寺院、教会の監督は第一次的に地方長官、第二次的に文部大臣が担い、所管官庁は宗教団体に報告を課し、検査、その他必要な処分を行えるほか、宗教団体の成規・秩序を維持するために、必要な処分をすることができると定めた。これに対しては、監督権限が強すぎるという反発が巻き起こり、審議未了のまま廃案となった[20]。

この二年後、政府は改めて宗教団体法案を提出する。その理由について勝田主計《しょうだかずえ》文相は「思想ノ善導、国民精神ノ作興ト云フ如キ事柄ガ、朝野《ちょうや》有識者ノ殆ド一致シタル議論ニ相成ッテ居ル」ため、「法案ノ大体ノ趣旨ハ、宗教団体ヲ保護シテ国民ノ教化ニ便ナラシメ、又此宗教団体ガ自治的発達ヲ十分ニ致ス」のだと説明している[21]。やはり思想の「善導」や国民の「教化」に対して宗教を貢献させようとする趣旨が読み取れよう。法案は、宗教団体の設立を地方長官への事後届出制とするなど、所管大臣の監督権を制限した。宗教側には歓迎する声もあったが、田中義一《ぎいち》内閣そのものが天皇と議会からの信用を失い、審議未了、廃案となる。

宗教団体法がようやく成立するのは、一九三九年のことである。それまで政府側に一貫して流れていた宗教の統治上の有益性という観点が、時局の緊迫化によって強化されて生まれた法案である。提出理由について荒木貞夫文相は「宗教ガ国民精神ノ振作、国民思想ノ啓導ニ重大ナル関係ヲ有スルコトハ言ヲ俟《ま》タヌ所デアリマスルガ、特ニ現下非常時局ニ際シマシテハ、人心ノ感化、社会風教ノ上ニ甚大ナル影響ヲ齎《もたら》ス宗教ノ健全ナル発達コソ肝要デアル[22]」と語っている。法案は、「宗教結社」の設立は事後届出でよいとしたものの、「宗教団体」は設立、規則変更、法人化、合併、解散に文部大臣または地方長官の認可が必要であるとし、文部大臣が儀式・行事の制限・禁止や、教師の業務停止、宗教団体の設立許可の取り消し権を持つと規定していた。

その代わり、宗教団体は宗教結社にはない特典（所得税の非課税など）を与えられることになった。同法案は一九三九年四月に可決・成立し、翌年四月に施行された。同法には神社神道についての規定がなかったため、非宗教としての神社神道の確立を法的に確認する格好となった。貴族院議員の山岡萬之助《まんのすけ》（法学博士）は、「此ノ法律カラ見タ解釈ノ結果トシテ、神社ト云フモノガ宗教デナイト云フコトガハッキリ致スノデアリマス……神社ハ国体ト一体不可分デアリマシテ、国民総テガ崇敬セナケレバナラヌ所ノモノデアリマスルガ故ニ、宗教ノ如ク単純ニ自由ヲ以テ考フル訳ニハ参ラヌ(23)」と発言している。

4　占領政策と宗教行政の転換

占領政策の開始

神社の国家管理と宗教団体法による宗教管理という戦前の宗教行政は、敗戦によって大転換を迫られ、占領下において戦後日本の宗教行政が再構築されることとなる。

宗教行政に関わるＧＨＱ（連合国軍最高司令官総司令部）の指令は矢継ぎ早に発せられた。一九四五年一〇月四日には、「政治的、公民的及び宗教的自由に対する制限の除去の件（覚書）」、いわゆる人権指令が発令され、治安維持法、宗教団体法などの廃止が命じられることとなった。さらにこの二日後、ジョン・C・ヴィンセント国務省極東局長が、神道は日本の国教として廃止されるとラジオで発言したことが日本に伝えられ、一三日にはジェームズ・F・バーンズ国務長官がGHQに対し、日本の軍国主義的・超国家主義的イデオロギーの宣布は完全に禁止され、日本政府は国家神道体制の財政的その他の支援を停止するよう命じられるであろう、と伝えてきた。

一〇月中旬以降、GHQのウィリアム・K・バンス民間情報教育局（CIE）宗教課長、岸本英夫東京帝国大学助教授などによって神道に対する指令作成のための検討が開始された。バンスはのちに、右の国務長官の意を受けて、「ダイク准将は私に、神道に関する研究を開始して、スタッフの研究結果をまとめるよう命じました。そしてこれをもとにして、日本政府に対する指令の覚え書きを起草しようということになりました」と述べ、「ケン・ダイク氏は神道についての知識は何もなかったのですが、驚くほどこの問題に関心を持っていました」と証言している。[24]かくして一二月一五日、「国家神道、神社神道に対する政府の保証・支援・保全・監督並に弘布の廃止に関する件」、いわゆる神道指令が発令される。これによって、神社神道に対する国家の後援、支持、保全、管理、布教の禁止、公文書における国家神道的用語の使用禁止、公人の神社参拝、祝典、例祭への参加禁止、公の教育機関での神道教育・儀礼の廃止、神祇院の廃止などが命じられた。

なお、宗教団体法は人権指令によって一旦廃止が命じられたため、文部省側は団体を保護するための勅令の発令を検討したが、GHQ側の了解を得ることができずに挫折し、結局宗教団体法に変わる法令ができるまで同法の廃止は延期されることとなった。かくして文部省、CIE、宗教関係者間で折衝が重ねられた結果、一二月二八日に公布されたのが宗教法人令である。これによって宗教団体法が廃止され、宗教法人の設立は所轄官庁（文部省）への届出のみでよいこととなり、解散命令権も裁判所に与えられた。翌年二月に同令は改正され、神宮や神社は宗教法人とみなされることになり、規則や主管者の氏名、住所の届出が求められた。

宗教法人法への道

宗教法人の設立規制が大幅に緩和された結果、宗教法人が激増し、運用実態がない団体がみられるなど、問題点もあきらかになってくる。また、宗教法人令は占領終了にともなって失効する性質のものであったため、あらたな恒久法の制定が期待されることとなった。かくして宗教法人法案の策定が文部省とCIEとの間で進められたが、両者の認識の溝はかなり深かったようである。文部省側から提示された法案について、CIE特別企画官だったウィリアム・P・ウッダードは、「文部省原案は、第二次大戦中宗教を厳しく統制し、のち廃止された宗教団体法をそっくり倣ったものであった。信教の自由と政教分離の意味について文部省と宗教文化資源課との間には合意がまったく欠如」していたと回想している。[25]「宗教に関与する権利と義務があるという日本政府の見解からして、すでに難問だった[26]」（ウッダード）のであり、バンス宗教課長は宗教を所

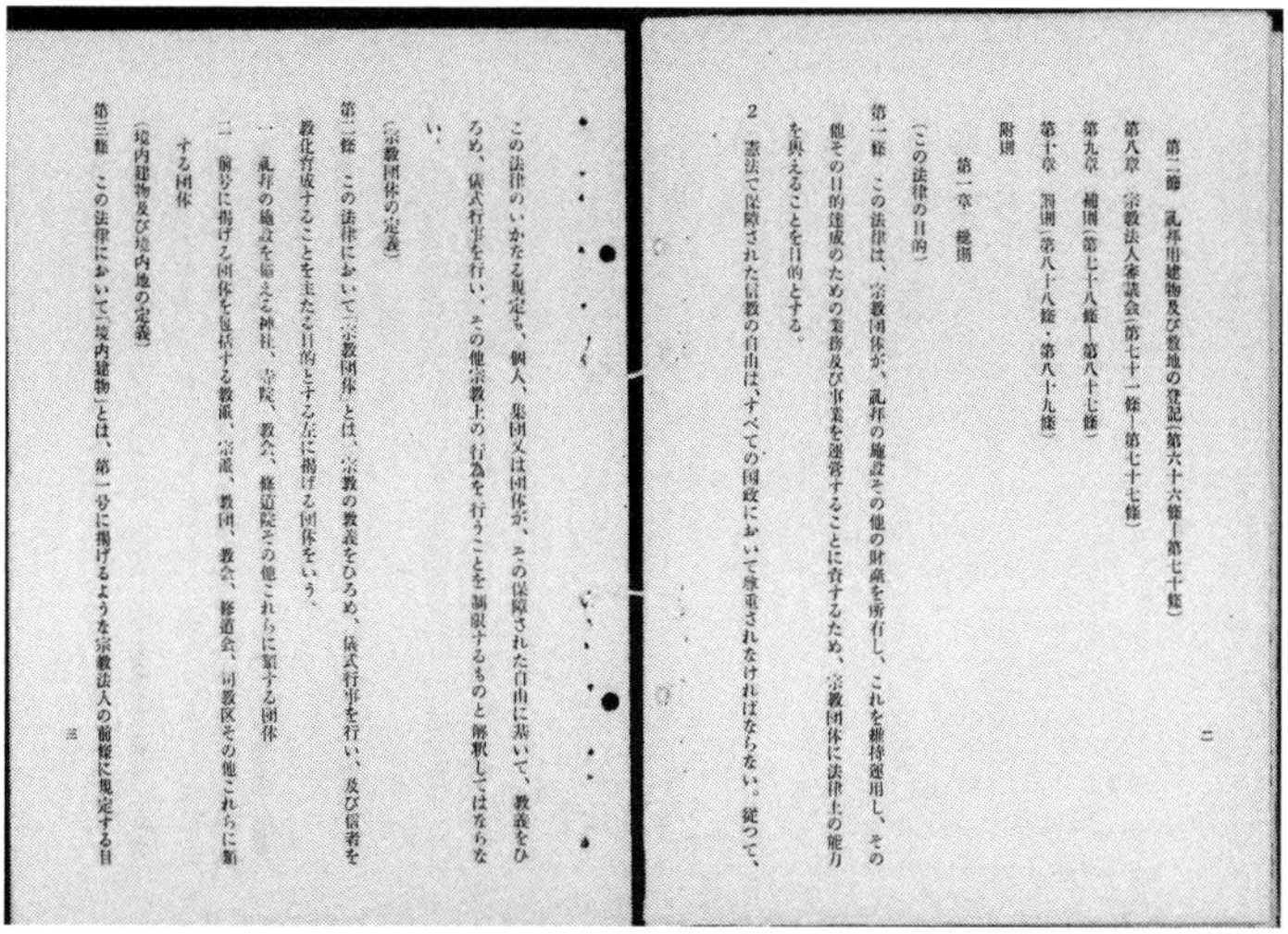
第二節　礼拝用建物及び敷地の登記（第六十六條―第七十條）
第八章　宗教法人審議会（第七十一條―第七十七條）
第九章　補則（第七十八條―第八十七條）
第十章　罰則（第八十八條・第八十九條）
附則

第一章　総則

（この法律の目的）
第一條　この法律は、宗教団体が、礼拝の施設その他の財産を所有し、これを維持運用し、その他その目的達成のための業務及び事業を運営することに資するため、宗教団体に法律上の能力を与えることを目的とする。
2　憲法で保障された信教の自由は、すべての国政において尊重されなければならない。従つて、この法律のいかなる規定も、個人、集団又は団体が、その保障された自由に基いて、教義をひろめ、儀式行事を行い、その他宗教上の行為を行うことを制限するものと解釈してはならない。

（宗教団体の定義）
第二條　この法律において「宗教団体」とは、宗教の教義をひろめ、儀式行事を行い、及び信者を教化育成することを主たる目的とする左に掲げる団体をいう。
一　礼拝の施設を備える神社、寺院、教会、修道院その他これらに類する団体
二　前号に掲げる団体を包括する教派、宗派、教団、教会、修道会、司教区その他これらに類する団体

（境内建物及び境内地の定義）
第三條　この法律において「境内建物」とは、第一号に掲げるような宗教法人の前條に規定する目

宗教法人法（第一章冒頭、国立公文書館）

管する政府機関は不要であるとの認識さえ示していた。

これに対し、監督権限を維持したい文部省はもとより、政府による優遇措置や支援、公認を期待した既存の宗教団体からも反対の声があがった。監督権限の維持、宗教法人の分派の抑制、そして文部省による一元管理をもとめる文部省側に対し、監督権限の抑制、宗教法人の分派の促進、そして地方自治を尊重した都道府県による分割管理をもとめるCIEが対立し、CIEは監督権限を文部省から他官庁に移すことも検討したようである。GHQ側の検討資料には、「過去の歴史的問題を鑑みて、私は宗教法人の監督権を他の官庁に移管することを奨める。文部省が宗教団体の監督権をもつ歴史的な必然性はない。……文部省からその一機能を取り去っても、何ら

問題はないはずだ。なぜ、法務庁を用いないのか」[27]という記述もみられる。文部省側はその原案において、宗教組織の教義・儀式の目的として、「公共の福祉」への貢献を掲げていたが、ウッダードはこれを信教の自由に反するとして批判した。

こうした折衝の結果、国会に提出された宗教法人法案は、所轄庁を都道府県知事とするものの、他の都道府県で活動する宗教法人を包括する宗教法人は文部大臣とするという折衷案でまとまり、また法人の設立については所轄庁が規則や手続が適当かを「認証」すること、強制的な解散命令は裁判所が発令すること、財産処分、合併、解散などについての信者・利害関係人への公告義務などが課された。「公共の福祉」については、宗教団体が「公共の福祉」に反した場合、宗教法人法は他の法令が適用されることを妨げるものではない、といった形で規定された。政府原案は一九五一年三月に衆参両院を通過、翌月に公布・施行された。なお、法人税法に基づき、宗教法人は収益事業ではない宗教活動については非課税とされている。

5　日本国憲法下における宗教行政の展開

日本国憲法の成立

日本国憲法は第二〇条第一項において、「信教の自由は、何人に対してもこれを保障する。いかなる宗教団体も、国から特権を受け、又は政治上の権力を行使してはならない」と信教の自由・政教分離を規定し、さらに第二項において「何人も、宗教上の行為、祝典、儀式又は行事に参加することを強制されない」こと、第三項において「国及びその機関は、宗教教育その他いかなる宗教的活動もしてはならない」ことを定めている。また、第八九条は、「公金その他の公の財産は、宗教上の組織若しくは団体の使用、便益若しくは維持のため、又は公の支配に属しない慈善、教育若しくは博愛の事業に対し、これを支出し、又はその利用に供してはならない」と政教分離を規定している。

バンスは憲法草案の討議に参加し、憲法二〇条と八九条についても、神道指令の骨子を引き継いだものだと語っていたという[28]。憲法は指令の趣旨を継承して政教の完全分離主義をとっているという見解には疑問も呈されているが[29]、バンスのような認識は文部省側も共有していたようで、文部省宗務課長の福田繁も「新憲法第二十条及び第八十九条の規定は、何《いず》れの宗教をも平等に取り扱わなければならないという根本原則を表明したものと解する。平等に取り扱う以上、従来の神社の如く国教的の特権を与えることはできない。……神道指令の精神も一貫して新憲法に引き継がれており、何等の矛盾も認められない」と述べている[30]。

宗教法人法の運用と改正

いずれにせよ、戦後の宗教行政は、憲法上の信教の自由・政教分離原則のもと、宗教法人法の運用を中心として展開されていくこととなった。その主な内容としては、法人設立の認証業務や裁判所に対する解散命令請求などがあるが、不認証の決定や認証の取り消し、公益事業以外の事業の停止命令などは宗教法人審議会に諮問して意見を聞かなければならないこととなっている。

宗教法人法は宗教団体法に比して宗教法人の活動の自由度を大幅に拡充したが、この「自由」に修正を迫ったのが、オウム真理教によるサリン事件であった。同事件を受け、「所轄庁が都道府県知事では、他の都道府県での宗教法人活動に対する適切な対応が不可能ではないか」「所轄庁は、公益事業以外の事業の停止命令、認証の取り消し、解散命令請求を行うための必要な情報を収集する権限がない」といった問題点が提起され、一九九五年（平成七年）四月から宗教法人審議会が開催されて九月に「宗教法人制度の改正について」と題する報告がまとめられ、これをもとに文化庁が宗教法人法改正案を立案した。[31]

政府側は、信教の自由・政教分離原則を維持しつつ、宗教法人の活動の透明度を高める上で最低限の改正を加えるという立場をとっており、村山富市《とみいち》首相は、「宗教法人法が監督、取り締まるという法律でなくて、何よりも信教の自由というものを大事にする、あるいは政教分離の原則をしっかり守っていこうと、こういう前提に立って、自主的に宗教団体が公益法人としての活動ができるような物的基礎を保障していこうと、こういう性格のものである」と述べた上で、改正は宗教法人の活動の透明度を高めるための最低限の措置であると説明している。[32]

この改正については、「宗教法人の透明性、自立性を高めるための最小限の手直し」（棚村政行・青山学院大学教授）、「公権力の宗教への介入を未然に防止するための自衛措置」（北野弘久・日本大学教授）、といった賛成意見がある一方、「戦前の宗教統制の時代に逆行するもの」（家正《いえまさ》治《じ》・神戸市外国語大学教授）、「自民党内での宗教法人法の改正論議は、先の参議院議員選挙において野党・新進党を支持した一宗教団体である創価学会に対する政治的意図を持ったそれであることが一目瞭然」（藤田尚則《ひさのり》・創価大学教授）といった反対意見も出され、そこには戦前の宗教行政への回帰への警戒感や、当時野党だった新進党の支持団体・創価学会攻撃とみる見方が反映されていた。[33] 実際、自民党内からは、憲法第二〇条の解釈について「宗教団体の政治上の権力の公使とは、宗教による政治への介入と理解すべきだ」として、宗教団体の政治行動は排除しないとする政府解釈を変更するよう要求する声や、創価学会会長・名誉会長の参考人招致を求める意見などが出されるなど、政争の感が強かった。[34]

結局、一九九五年一二月、宗教法人法改正案は成立した。改正宗教法人法では、ほかの都道府県に境内建物を持つ宗教法人の所轄庁は文部大臣にすること、一定の書類（役員名簿・財産目録・収支計算書・貸借対照表など）の写しを毎年所轄庁に提出すること、信者その他の利害関係人は、正当な利益のある場合、宗教法人の書類等を閲覧できること、公益事業以外の事業について同法違反がある場合、認証した要件を欠いている場合、解散命令に該当する事由がある場合は、所轄庁は宗教法人審議会の意見を聞いた上で、業務の管理運営について、報告や質問をすることができることなどを定めている。

法改正を受けて朝日新聞は「宗教界は自らの重みに照らして不信解消と自己改革に努めなければならない」と提唱したが[35]、改正後の状況をみると、改正によって文部大臣所管の宗教法人が増大し、一九九五年末段階で三七二法人だったものが二〇〇一年一〇月段階で、一〇〇〇法人となった。

改正宗教法人法と不活動宗教法人対策

実際の宗教政策の現場において重要視されてきたのは、改正宗教法人法の運用と、不活動法人対策である。

改正宗教法人法を受けて、文化庁は各地で宗教法人や都道府県の宗教法人事務担当者向けの説明会を開催するなど周知徹底をはかったが、その運用はおおむね順調に進み、宗教法人に課された書類の提出義務についても、一九九八年度の段階で文部省所管法人の提出率が九七・八％、都道府県知事所管法人の提出率は九五・九％と、高い提出率を達成している。

文化庁では、宗教法人制度の適正な施行のため、文部科学大臣が所管する宗教法人の事務責任担当者に法人意識の徹底と管理運営の適正化を図るべく、宗教法人指導者講習会を年に二度行っている。また、都道府県宗教法人事務担当者研修会も毎年一回行われ、認証事務や宗教法人についての法律の制定、判例などについて教えている。このほか、宗教法人の事務担当部局と文化庁との共催で宗教法人の運営管理、税務、登記などに関する宗教法人の事務担当者向けの講習会も年に二回行われており、ガイドブックや視聴覚教材の作成などを通じて宗教法人制度の徹底をはかってきた。これらは、所轄庁の関与を出来るだけ少なくして、宗教法人の運営をその自主性に委ねつつ、宗教法人に一定の責任と公共性を果たさせるために必要な措置として実施されているものである。改正宗教法人法によって後者の重みが一層増してきていることはいうまでもない。

一方、不活動宗教法人とは、宗教活動が不活発になっている宗教法人を指すが、この法人格が売買されて別団体のものとなり、その名義を悪用して事業を行うなどの問題が発生している。所轄庁はその実態把握に努めるとともに、把握した不活動法人の他の宗教法人への合併、自主的任意解散、裁判所への解散命令請求などを行っている。一九八九年からの一〇年間で、それぞれ実施された数は六八五、五四三、二五八に及んだ。二〇一一年度からは、不活動法人対策に関するノウハウの収集・共有を目的に「不活動宗教法人対策推進事業」が実施されている。

なお、憲法学者の大石眞は二〇〇五年に『文化庁月報』に寄せたエッセーで、「宗教法人を取り巻く社会的な環境として見逃せないもう一つの問題は、ときに怪しげな資金獲得活動が行われ、世間をにぎわすこと」であることを指摘し、「関係当局としては、本来の目的を逸脱したり、法の認める活動範囲を越えたりしたような宗教法人やその幹部などに対しては、法の定める手続に則った適正な対応が求められる」と注意を喚起している。[36]

6 戦後日本の政教分離原則と「国家と宗教」をめぐる諸問題

靖国神社における合祀

戦後の政教分離原則のもと、政府要人や行政機関が宗教行為に関与することが問題視される事態が発生してきた。代表的なのが、いわゆる靖国問題であろう。戦前、神社は「国家の祭祀」であり宗教ではないという立場から、靖国神社において国家的責任・業務として戦没者慰霊・顕彰を行うことは問題視されなかったが、戦後、靖国神社が「宗教法人」となったことで、ここに政府要人が参拝することや行政機関が合祀に関与することなどが政教分離の観点から問題とされることになった。その打開策として提起されてきたのが、国家護持法案や国立追悼施設設置案などである。(37)

靖国神社は戦前、陸海軍が所管していたが、戦後は厚生省が合祀《ごうし》の窓口になっていた。二〇〇七年に国立国会図書館が公開した『新編　靖国神社問題資料集』によると、厚生省と靖国神社の協力関係は一九五六年の「旧陸軍関係　靖国神社合祀事務協力要綱（案）」において、大枠が決定されている。そこには、「復員関係諸機関は、大東亜戦争戦没者の靖国神社合祀を今后概ね三年間に完了することを目途として、その合祀事務に協力する。……都道府県は神社の通知に基いて合祀済者一切を原簿に登録して整理する。都道府県は原簿につき、毎年春秋二季の合祀予定者の一定数を選考し、引揚援護局に報告する。引揚援護局は都道府県の報告を審査して合祀者を決定し靖国神社に通報する。神社は援護局の通報に基いて合祀の祭典を行いその遺族に合祀通知状を発する。右通知状は都道府県を経由して遺族に送達する」と合祀手順が規定されている。翌月には引揚援護局次長が各地方復員部長に「旧海軍関係靖国神社合祀事務について」と題する通牒を発し、海軍関係の合祀事務も陸軍と同様の手続きを取ることが定められた。以後、合祀対象者について厚生省と靖国神社側との間で交渉が続けられ、一九五九年にはBC級戦犯の「祭神名票」が、一九六六年にはA級戦犯の「祭神名票」が、それぞれ厚生省から靖国神社に送付されている。[38] A級戦犯の合祀について神社側は、世論の反発が予測されるとして、その時期は国民感情を考慮して定めるとしていたが、一九七八年、松平永芳《ながよし》の宮司就任に伴って合祀が実施されることとなる。東京裁判史観への批判と、戦犯受刑者を他の戦没者と同様に扱う国内法に従った措置である。[39]

靖国法案と首相参拝問題

靖国神社については、国会議員の中に、「宗教から抜け出ていかなければ、たくさんのもののうちの一つだという考え方では、ほんとうに国をあげての崇拝の対象にはならない[40]」といった意見が根強く存在しており、こうした声を反映する形で、一九六九年、靖国神社法案が提出される。

神社の名称は維持するものの、非宗教の法人として宗教活動は禁止し、国家・地方公共団体が経費を支出することを規定していた。法案には仏教やキリスト教、野党などが反対し、結局法案は多数を得ることができずに廃案となり、その後も一九七四年まで計五回提出されたが、すべて廃案となった。

首相による靖国神社参拝が問題となったのは、この翌年のことである。一九七五年、三木武夫首相が参拝した際に、これが「私的か公的か」という論議が巻き起こり、公用車を使わず、玉串《たまぐし》料《りょう》を私費で払い、記帳には肩書きを使わず、公職者を随行させなければ「私的」であるという政府見解が出された。一九七八年に福田赳夫《たけお》首相が参拝した際には官房長官以下を伴って公用車を使い、「内閣総理大臣」の肩書きで参拝したが、政府見解自体が修正されて、これを追認している。

一九八〇年、鈴木善幸《ぜんこう》首相が参拝するが、野党側からの批判を受けて参拝を自粛することとなり、以後しばらく首相の参拝は途絶えるが、一九八五年に中曾根康弘首相が参拝し、「公式」であることを表明、中国政府からA級戦犯を合祀している神社の参拝は問題だとして批判を受けた。自民党は靖国神社とA級戦犯の分祀について交渉したものの、断られている。翌年以降の終戦記念日の参拝は、周辺諸国に対する配慮を理由に見送られたが、一九九六年には橋本龍太郎首相が参拝し、「公私」については言明を避けたものの、やはり中国から非難を受けた。二〇〇一年に小泉純一郎首相が参拝すると、以後、毎年一回参拝し、そのたびに外交問題が発生し、国内世論は賛否両論に分裂する、といった現象が起きた。打開策として国立追悼施設設立案やA級戦犯の分祀も模索されたが、靖国神社や神社本庁側は、分祀は不可能という立場をとった。

小泉首相の靖国参拝に対しては、違憲性などを問題視する訴訟が全国各地で提起された。大阪高裁での裁判で、原告側が「政教分離原則を定めた憲法に違反した参拝により、精神的苦痛を受けた」として、小泉首相らに賠償を求めたが、判決は首相の参拝は「公務」に当ると指摘した上で、「極めて宗教的意義の深い行為で、特定の宗教に対する助長・促進になるから、政教分離を定めた憲法に反する」と判断しつつ、原告には損害を与えていないとして請求を棄却している。これに対して松山地裁や高松高裁、東京地裁などは憲法判断をせずに請求を棄却しており、最高裁まで持ち込まれた上告においても、最高裁はこれらを棄却している。二〇一三年の安倍晋三首相による靖国神社参拝についても、信教の自由、政教分離などに反するとして訴訟が起されたが、大阪高裁、東京高裁ともに原告の請求を棄却し、二〇一七年、二〇一九年に、いずれも最高裁は原告の上告を斥けて、判決が確定している。[41]

7　近現代宗教行政史における連続性と非連続性

連続性と非連続性

最後に、近現代の宗教行政史を通観した上で見出される連続性と非連続性について言及しておきたい。政府は、戦前から戦後にかけて、継続して靖国神社への戦没者合祀に関与した。首相の参拝も戦前には普通に行われていたことから考えると、そこには連続性が見出せるといえよう。しかし、戦前は「非宗教」だった靖国神社が戦後「宗教」となったという意味で、そこにはあきらかに非連続性が存在しており、その連続性と非連続性の狭間で、首相の神社参拝の合憲性が問われる形になっている。解決策として提示された靖国神社国家護持法案は、いわば靖国神社の「非宗教」性を回復して「連続性」を実現することで、問題の解決を図ったものといえよう。

宗教団体法体制から宗教法人法体制へと移行する中で、宗教法人の設立が所轄庁の「許可」が「認証」になったことは、大きな変化である。憲法上も、明治憲法における「安寧秩序ヲ妨ケス及臣民タルノ義務ニ背カサル限」といった制約は消え、基本的人権としての信教の自由が認められるようになり、戦前に比して宗教法人の活動は大幅に自由化された。しかし、宗教団体によるテロ行為によって、その自由は修正を迫られることとなり、その「修正」は、戦前の厳しい行政管理との「連続性」を想起させ、宗教界から強い反発を呼んだ。

新たな政教関係に向かって

戦前の宗教行政に一貫して流れ、太平洋戦争期に頂点に達した思考、すなわち宗教の統治上における「有用性」への着目と利用は、戦後の宗教法人法制定過程においても、「公共の福祉への貢献」という形で提起されたが、GHQ側の批判を受けて大幅に後退することになった。しかし、行政当局者間の認識においては「連続性」がすぐに断たれることはなく、一九五一年の衆議院文部委員会において篠原義雄文部省総務課長は「社会公共の福祉に寄与するという面において、信教の自由が確保されている関係もございます」と発言している[42]。

二一世紀を迎えた当初の段階で、文化庁文化部宗務課はあくまで「宗教法人制度は、信教の自由と政教分離の原則を基本とし、宗教法人の責任を明確にすると共に、その公共性に配慮」し、公告制度などによってその自主性・公共性を担保するとしていた[43]。政府側の認識や対応、それに対する宗教側の反応が今後どう変化し、どんな政教関係が構築されていくのか。その帰趨を定めていくにあたっては、これまでの歴史的経緯の把握と理解が不可欠となろう。

参考文献

赤澤史朗『近代日本の思想動員と宗教統制』(校倉書房、一九八五年)

洗健・田中滋編『国家と宗教――宗教から見る近現代日本』上・下（法藏館、二〇〇八年）
井上恵行『宗教法人法の基礎的研究』（第一書房、一九六九年）
井門富二夫編『占領と日本宗教』（未來社、一九九三年）
ウィリアム・P・ウッダード／阿部美哉訳『天皇と神道――GHQの宗教政策』（サイマル出版会、一九七二年）
大原康男『神道指令の研究』（原書房、一九九三年）
小川原正道『大教院の研究――明治初期宗教行政の展開と挫折』（慶應義塾大学出版会、二〇〇四年）
加藤隆久『神道津和野教学の研究』（国書刊行会、一九八五年）
国際宗教研究所編『宗教法人法はどこが問題か』（弘文堂、一九九六年）
阪本是丸『近世・近代神道論考』（弘文堂、二〇〇七年）
阪本是丸編『国家神道再考』（弘文堂、二〇〇六年）
阪本是丸『近代の神社神道』（弘文堂、二〇〇五年）
阪本是丸・井上順孝編著『日本型政教関係の誕生』（第一書房、一九八七年）
阪本是丸『国家神道形成過程の研究』（岩波書店、一九九四年）
佐藤孝治・木下毅編『現代国家と宗教団体』（岩波書店、一九九二年）
ジェームス・E・ケテラー／岡田正彦訳『邪教／殉教の明治――廃仏棄釈と近代仏教』（ぺりかん社、二〇〇五年）
末木文美士『近代日本の思想・再考Ⅰ 明治思想家論』（トランスビュー、二〇〇四年）
羽賀祥二『明治維新と宗教』（筑摩書房、一九九三年）
文化庁文化部宗務課編『明治以降宗教制度百年史』（原書房、一九八三年）
新田均『近代政教関係の基礎的研究』（大明堂、一九九七年）
村田安穂『神仏分離の地方的展開』（吉川弘文館、一九九九年）
山口輝臣『明治国家と宗教』（東京大学出版会、一九九九年）
安丸良夫『神々の明治維新――神仏分離と廃仏毀釈』（岩波新書、一九七九年）
吉井良晃『古稀記念 回顧随筆』（吉井良晃、一九三六年）
阿部美哉「占領軍の対日宗教政策」（『宗教研究』第二二〇号、一九七四年）

ウィリアム・P・ウッダード／古賀和則訳「宗教法人法成立過程に関する資料（一）　宗教法人法の研究」（『宗教法研究』第一一輯、一九九二年）
大石眞「宗教団体と宗教法人制度」（『ジュリスト』第一〇八一号、一九九五年）
大石眞「宗教法人を取り巻くもの」（『文化庁月報』第四四一号、二〇〇五年六月）
奥平康弘・斉藤小百合「宗教団体法制定への動き（上・下）」（『時の法令』第一五三六・一五三八号、一九九八年・一九九九年）
奥平康弘・斉藤小百合「宗教法人法の成立（上・下）」（『時の法令』第一五五四・一五五六号、一九九七年）
古賀和則「占領期における宗教行政の変容―文部省宗務課とＣＩＥ宗教課」（『宗教法研究』第一一輯、一九九二年）
清水節「占領下の宗教制度改革――宗教法人令の起草過程を中心に」（『日本歴史』第六七五号、二〇〇四年）
高口努「宗教法人法の一部を改正する法律」（『法令解説資料総覧』第一七八号、一九九七年）
中野毅「占領と日本宗教制度の改革――戦後日本の世俗化過程の一考察」（『東洋学術研究』第二六巻第一号、一九八七年）
平野武「憲法と宗教法人法」（『ジュリスト』第一〇八一号、一九九五年）
藤原究「宗教団体の公益性と公益活動」（『早稲田大学社会安全政策研究所紀要』第六号、二〇一三年）
文化庁文化部宗務課「改正宗教法人法の施行状況」（『文化庁月報』第三六三号、一九九八年一二月）
文化庁文化部宗務課「不活動宗教法人への対応」（『文化庁月報』第三六三号、一九九八年一二月）
文化庁文化部宗務課「宗教法人制度の概要」（『文化庁月報』第三七五号、一九九九年一二月）
文化庁文化部宗務課「最近の宗務行政について」（『文化庁月報』第三七五号、一九九九年一二月）
文化庁文化部宗務課「宗教法人制度の適正な施行のための取り組み」（『文化庁月報』第三九九号、二〇〇一年一二月）
文化庁文化部宗務課「宗教法人制度の概要と宗務行政の現状」（『宗務時報』第一一六号、二〇一三年一〇月）
山中弘次「一五年戦争期のバプテスト教会の戦争協力と葛藤――宗教団体法への対応」（『基督教研究』第八四巻第一号、二〇二二年六月）

註

（1）太政官布告第二三四号（内閣官報局『法令全書』一八七一年）、一八六―一八七頁。
（2）以下、大教院の設立や実態、崩壊過程については、小川原正道『大教院の研究――明治初期宗教行政の展開と挫折』（慶應義塾大学出版会、二〇〇四年）、参照。
（3）末木文美士『近代日本の思想・再考Ⅰ 明治思想家論』（トランスビュー、二〇〇四年）、二三―二五頁。
（4）教部省達無号（内閣官報局『法令全書』一八七二年）、二二八八頁。
（5）南条文雄『懐旧録』（大雄閣、一九二七年）、七七頁。
（6）教導職は最上級の大教正から最下級の権訓導まで一四の等級に分かれており、各宗の管長が神官・僧侶を「教導職試補」に任じた上、試験を受けさせて等級を定め、これを受けて補任されることになっていた。この統計には、試補は含まれていないが、試験合格を要する権訓導以上の補任が特に僧侶において著しく少ないのは事実であった（前掲『大教院の研究』、四九―五一頁）。
（7）『東京日日新聞』一八七五年四月二三日付朝刊。
（8）前掲『近代日本の思想・再考Ⅰ 明治思想家論』、三五―三六頁。
（9）「社寺局職制及事務章程」（内閣官報局『法規分類大全』第一編、官職門第二冊、一八八九年）、六九一―六九八頁。
（10）阪本是丸「明治宗教行政史の一考察」（『國學院雑誌』第八二巻第六号、一九八一年六月）、四三頁。
（11）前掲『大教院の研究――明治初期宗教行政の展開と挫折』、第六章、小川原正道『近代日本の戦争と宗教』（講談社選書メチエ、二〇一〇年）、第三章。
（12）太政官達第一九号（内閣官報局『法令全書』一八八四年）、一四二頁。
（13）藤本頼生「明治末期における神社整理と井上友一――内務官僚と「神社中心説」をめぐって」（阪本是丸編『国家神道再考――祭政一致国家の形成と展開』弘文堂、二〇〇六年、所収）、二六九―二七四頁。
（14）以上、吉井良晃『古稀記念 回顧随筆』（吉井良晃、一九三六年）、参照。
（15）阪本是丸「国家神道体制の成立と展開――神社局から神祇院へ」（井門富二夫編『占領と日本宗教』未來社、

一九九三年、所収)、一九三―一九四頁。
(16) 内地雑居に伴うキリスト教対策について詳しくは、第三章、参照。
(17)『帝国議会貴族院議事速記録』一六(東京大学出版会、一九八〇年)、九二頁。
(18) 以下、宗教法案、および宗教団体法案について詳しくは、第六章、参照。
(19)『帝国議会貴族院議事速記録』四九(東京大学出版会、一九八三年)、一五五頁。
(20) 奥平康弘・斉藤小百合「宗教団体法制定への動き(上)」(『時の法令』第一五三六号、一九九六年)、六三―六四頁、赤澤史朗『近代日本の思想動員と宗教統制』(校倉書房、一九八五年)、一〇八―一一四頁。
(21)『帝国議会貴族院議事速記録』五二(東京大学出版会、一九八三年)、三三一―三三二頁。
(22)『帝国議会貴族院議事速記録』六五(東京大学出版会、一九八四年)、三八頁。
(23) 前掲『帝国議会貴族院議事速記録』六五、一四二―一四四頁。
(24) W・バンス「神道指令と宗教政策」(竹前栄治『日本占領――GHQ高官の証言』中央公論社、一九八八年、所収)、一九八―二〇四頁。
(25) ウィリアム・P・ウッダード/古賀和則訳「宗教法人法成立過程に関する資料(二) 宗教法人法の研究」(『宗教法研究』第一一輯、一九九二年)、八九頁。
(26) ウィリアム・P・ウッダード/阿部美哉訳『天皇と神道――GHQの宗教政策』(サイマル出版会、一九七二年)、一一一頁。
(27) GHQ/SCAP RECORDS Box No.5940 "Comments on Proposed Law for Incorporation of Religious Organizations".
(28) 阿部美哉「占領軍による国家神道の解体と天皇の人間化」(前掲『占領と日本宗教』、所収)、一〇五頁。
(29) 大原康男『神道指令の研究』(原書房、一九九三年)、三三七―三四〇頁。
(30) 福田繁「新憲法と宗教」(『宗教時報』第一巻第一号、一九四七年)、一〇―一一頁。
(31) 高口努「宗教法人法の一部を改正する法律」(『法令解説資料総覧』第一七八号、一九九六年)、五四―五五頁。
(32)「国会会議録」(https://kokkai.ndl.go.jp/#/、二〇二一年九月八日アクセス)(第一三四回国会 参議院 宗教法人等に関する特別委員会、一九九五年一一月二九日)。

(33) 棚村政行「宗教法人法改正への視点」(『法律時報』第六八巻一号、一九九七年)、二―五頁、北野弘久「宗教法人法の改正問題の論点」(『法学セミナー』第四九四号、一九九七年)、四四―四七頁、家正治「憂慮すべき公権力による宗教支配」(『自由』第三七巻第一一号、一九九五年)、五八―六二頁、藤田尚則「特定の政治的意図持つ『改正』の狙い」(『自由』第三七巻第一一号、一九九五年)、六三―七〇頁。
(34)『毎日新聞』一九九五年一二月九日付朝刊、『日本経済新聞』一九九五年一二月九日付夕刊。
(35)「宗教論議をもっと深めたい」(『朝日新聞』一九九五年一二月九日付社説)。
(36) 大石眞「宗教法人を取り巻くもの」(『文化庁月報』第四四一号、二〇〇五年六月)、一五―一七頁。
(37) 以下、靖国問題について詳しくは、第九章、参照。
(38) 国立国会図書館調査及び立法考査局編『新編 靖国神社問題資料集』(国立国会図書館、二〇〇七年)、一九五―三〇二頁、『読売新聞』二〇〇七年三月二九日付朝刊。
(39) 松平永芳「『靖国』奉仕十四年の無念――誰が御霊を汚したのか」(『諸君!』第二四巻第一二号、一九九二年一二月)、一六六―一六七頁。一九五二年に遺族援護法と恩給法が改正され、極東軍事裁判における戦犯の刑死者・獄死者を公務死と認めて援護の対象としたほか、刑死・獄死した者の遺族や受刑者本人への扶助料や恩給が支給できることになっていた(第九章、参照)。
(40) 前掲「国会会議録検索システム」(第二二回国会 衆議院 海外同胞引揚及び遺家族援護に関する調査特別委員会、一九五五年七月二三日)、民主党・山本勝市議員の発言。
(41)『読売新聞』二〇〇五年一〇月一三日付朝刊、二〇〇五年一〇月一八日付朝刊、二〇〇六年六月二三日付夕刊、二〇〇六年六月二八日付朝刊、二〇〇六年六月二九日付朝刊、二〇〇七年三月二三日付朝刊、二〇〇七年四月六日付朝刊、二〇一七年一二月二三日付朝刊、二〇一九年一一月二六日付朝刊。
(42) 前掲「国会会議録検索システム」(第一〇回国会 衆議院文部委員会、一九五一年三月一七日)。
(43) 文化庁文化部宗務課「宗教法人制度の概要について」(『文化庁月報』第三九九号、二〇〇一年)、一六―一八頁。

第二章

教育と宗教の衝突　一八九〇―一八九三

1　憲法制定と信教の自由・政教分離

大日本帝国憲法の制定

第一章で論じた通り、明治初期の神道国教化、民衆教化政策の推進と、それに対する信教の自由、政教分離原則からの批判を受けて、政府は信教の自由を認めつつ、神道は宗教とは分離し、教育を重視する政策へと転換していった。一八八九年二月に公布、翌年一一月に施行された大日本帝国憲法第二八条で、「日本臣民ハ安寧秩序ヲ妨ケス及臣民タルノ義務ニ背カサル限ニ於テ信教ノ自由ヲ有ス」と一定の条件を付されながらも、信教の自由が認められ、施行の前月に教育勅語が発布されたのも、その延長線上にある。

憲法制定の中心人物であった伊藤博文は、皇室を国家の基軸とする構想を描いており、伊藤を支えた法制官僚の井上毅《こわし》は、神道を非宗教の皇室の祭祀として位置付け、日本国民が宗教や政治的信条を越えて、神道を遵奉《じゅんぽう》する義務がある、という立場をとっていた。プロイセン憲法の規定や御雇外国人などの意見を踏まえて、伊藤や井上等が議論を重ね、誕生したのが、第二八条である。(1)

憲法の準公式解説書である伊藤の『憲法義解《ぎげ》』は同条文について、本心の自由は国家が干渉できないもので、国教を国民に強いることは人知の発達や学術の進歩を阻害するものである、と信教の自由、政教分離の原則を示した上で、礼拝や儀式、布教、集会といった、信仰が「外部」に向かってあらわれたものについては、法律上・警察上、安寧秩序を維持するために「一般の制限」が加えられるとした。どんな信教を信じていても、「臣民の義務」からは逃れられない、とも述べている。(2)

キリスト教をめぐる葛藤

キリスト教に関しては、江戸時代以来の禁教政策が継承され、民衆教化政策の目的も、その浸透を防ぐことに置かれていたが、欧米列強との外交関係などから、一八七三年に、キリシタン禁制の高札《こうさつ》が撤去される。これにより、事実上キリスト教は解禁されるものの、政府は公式にこれを認めることはなく、一八九九年まで、「黙認」状態が続いた。

憲法上、信教の自由が認められる一方で、安寧秩序や臣民の義務といった条件が設けられ、キリスト教の法的位置付けは曖昧なまま、という状況下で、第一高等中学校（のちの第一高等学校）において、嘱託教員の内村鑑三が教育勅語にある宸書（明治天皇の署名）に最敬礼しなかったという、いわゆる不敬事件が発生し、内村は厳しい社会的批判を浴びた。教育勅語は、国民の道徳的規範を示すものとして、事件約二カ月前の一八九〇年一〇月に発布されたばかりであった。「君主」である明治天皇や歴代天皇、その祖先神に対して、唯一絶対なる「神」を信じるキリスト者は、どう向き合うべきか。彼らは、ここで大きな政治的・社会的・宗教的試練に直面したのである。

本章では、教育勅語の形成過程について考察した上で、この事件の経緯と意義について論じていきたい。

2　教育勅語成立史

前史

一八九〇年に発布された教育勅語の重要な前史として位置付けられるのが、一八七九年の教学聖旨である。一八七八年に巡幸から帰京した明治天皇から、徳義を教育によって実現したいという意向を受けた、侍補《じほ》で漢学者の元田《もとだ》永孚《ながざね》は、教学聖旨の草案起草にとりかかった。北越の学校に行幸した際、明治天皇は英語を学ぶ生徒に英文を日本語に翻訳するよう求めたが、生徒はそれに答えられず、天皇は教育が米国風に流れすぎているという危機感を覚えたことは、よく知られている。

一八七九年に起草された教学聖旨ではまず、教学の趣旨とは「仁義忠孝」を明らかにして、「智識才芸」を究め、「人道」に尽くすことにあり、これが「我祖訓国典ノ大旨」とされてきたとし、あくまで儒教的徳目を第一義と位置付けた。その上で、「知識才芸」をもっぱらとし、「文明開化」に奔走し、品行や風俗を汚しているものがあり、これは教学の趣旨に反すると批判し、あくまでも教学の趣旨を重んじるよう求めている。(3) また、天皇は元田に幼学のための教科書を編纂するよう勅諭を下しており、これによって一八八二年に成立した「幼学綱要」においても、「道徳」の重要性が説かれ、孝行、忠節、和順、友愛、信義、勤学、立志、誠実、仁慈《じんじ》、礼譲、倹素、忍耐、貞操、廉潔《れんけつ》、敏智《びんち》、剛勇、公平、度量、識断《しきだん》、勉識、といった徳目が説かれた。(4)

一方、内務卿・伊藤博文は、天皇の下問に答えて一八七九年に「教育議」と題する文書を提出し、元田はこれを批判する「教育議附議」をもって応じた。「教育議」の実際の執筆者は太政官大書記官の井上毅であったといわれており、下問の具体的内容は教学聖旨と同様のものであった。伊藤はここで、制度と言論の破綻によって「風俗」が乱れていることを認め、その具体的原因として、維新の変革によって鎖国をやめて開国し、封建制を廃止したことや、兵乱が続き、士族が職を失い、欧州の過激な政党論が流入していることなどをあげて、これを維新後の教育の失策とするのではなく、むしろこれを拡張・修正すべきである、と主張した。伊藤は学校での「科学」教育の重要性を説き、政治的な発言を戒めている。(5)

元田はこれに反論した「教育議附議」のなかで、伊藤のいう制度・言論の破綻は、仁義忠孝をなおざりにした結果であると述べ、これはあくまで「廉恥」や「礼譲」、「倫理」を軸とする教育をもって克服すべきだと述べている。言論の破綻については、人心の協和や国体を扶植する教育を施すべきであり、そのために西洋の修身学ではなく、四書五経をもって教材とすべきだと強調している。また、伊藤が科学を優先する教育を提唱したことについても、科学以上に道徳教育が必要だと反論した。元田はあくまで、天皇の祖先から継承されてきた遺訓を重んじ、祭政教学一致、仁義忠孝を重視することこそが重要であるとしている。(6)

地方長官会議建議

かくして展開された元田の教学思想が教育勅語へと展開していく上で、重要な意味をもったのが、一八九〇年の二月から開かれた地方長官（知事）会議である。内務大臣（会議開始当時は山県有朋首相が兼任）が各地方長官を招集して開くこの会議で、参加した地方長官の側から、「孝悌《こうてい》忠信《ちゅうしん》」の精神が廃れているとして、道徳教育の目的を一定に定めるべきだとの要求が起こり、芸術智識を重んじて徳育を軽んじている現状の教育の是正を迫る「徳育涵養ノ義ニ付建議」が提出された。さらに、地方長官が大挙して文部省を訪れ、文部大臣・榎本武揚《えのもとたけあき》に改革を迫るという一幕もあった。榎本は、徳育の具体的手段として、儒教的徳育思想を軸とした教科書を編纂したいと応じた。

改革派の一人であった岩手県知事の石井省一郎《しょういちろう》によると、赴任後に県内の学校を巡回したところ、日本の英雄ではなく欧米の豪傑を英雄視し、日本を劣等視する風潮がみられ、欧米化の風潮が著しい印象であったという。こうした印象はほかの地方長官にも共有されており、その結果、右のような事態にいたったのである。

さらに閣議においても、軍人勅諭のようなものを教育についても施すべきだという意見が内閣法制局長官・井上毅などから出され、軍人勅諭の起草に関与していた山県有朋もこれに賛同していた。ここから、山県と井上の教育勅語編纂への関与がはじまる。折しも、この年から閣議への天皇の臨御がはじまっており、閣議でのこうした論議は、徳育問題に関心を寄せ続けてきた天皇の心をさらに動かしたものと思われる。閣議では、まずは学者を集めて意見を聞くこととなり、天皇もその方向性を裁可した。榎本文相は五月の内閣改造で職を辞したため、内務次官だった芳《よし》川顕正《かわあきまさ》が文相となり、この閣議での決定を具体化していくこととなった。そして芳川が文相に就任する際、明治天皇は教育上の基礎となるべき「箴言《しんげん》」の起草を命じたのである。

起草から発布へ

こうして芳川文相のもと、教育の基礎となる「箴言」が編まれることとなった。これに関与したのは、すでに閣議で徳育についての発言をしていた井上毅、かねてより宮中で徳育問題を論じてきた元田、文部省側で原案を作成した中村正直《まさなお》、そして首相の山県有朋であった。芳川が天皇の指示を受けてのち、すぐに中村に依頼して草稿が起草され、成文化されて山県に提出されたが、これをみた井上が批判を加えて自らの草案を提示し、さらに、この二案とは別に元田が草案を起草する、という錯綜した起草過程が展開したが、やがて中村案は廃案となって井上案が採択され、これに元田が修正を加える、という形で教育勅語が成立していった。

井上の勅語に対する基本的スタンスは、政治上の勅令や勅語は所管大臣が輔弼《ほひつ》すべきだが、教育に関する勅語は社会に対して天皇が下すものであるため、特定の大臣や学者の思想や立場を反映したものとなってはならず、ある学説を排除するようなものであってもならない、というものであった。こうして井上は一八九〇年六月から草案起草にとりかかり、以後、元田との間で修正作業が重ねられ、ついに一〇月二一日、最終案が天皇の裁可を仰ぐ文書として上奏された。その後さらに元田による修正が施されて、二四日に修正は完了して裁可された。

教育勅語は、天皇が「皇祖皇宗《こうそこうそう》」（天照大神《あまてらすおおみかみ》や神武天皇と、第二代以降の歴代天皇）が建国した歴史を踏まえ、「臣民」に対して、「億兆心ヲ一《いつ》」にして「世世厥《そ》ノ美ヲ済《な》セル」のが国体の「精華」であり「教育ノ淵源」であるとして、「臣民」に対し父母への孝、兄弟《けいてい》の友、夫婦の和、朋《ほう》友《ゆう》との信、そして恭倹《きょうけん》と博愛の精神を持つことを説き、学問を修めて智能を啓発し、公益に資するよう求め、国難に際しては「義勇公」に奉じて「天壌無窮《てんじょうむきゅう》ノ皇運ヲ扶翼《ふよく》」し、「忠良ノ臣民」

たることを求めたものであり、「斯《こ》ノ道ハ實《じつ》ニ我カ皇祖皇宗ノ遺訓」である、という。

勅語は、一八九〇年一〇月三〇日に発布された。翌日、芳川文相は勅語に関する訓示を発し、謹んでこの謄本《とうほん》を作成して全国の学校に配布し、聖意を奉戴し、学校の式日などには生徒を集めて勅語を奉読するよう命じた。

メディアの受け止め方

主要メディアが、どのように教育勅語の発布に反応したかを検討しておこう。『東京日日新聞』は一八九〇年一一月二日付朝刊に社説「教育に関する勅諭」を掲げて論評を加えている。同社説は、日本国民たるもの、学校はもちろん、「教育以外の者たりとも又た時々これを奉読して国民の資格を失ハざるの心掛なかるべからざるなり」と勅語と訓示に全面的に賛成する姿勢を取り、これまで政府の教育上の方針があいまいであったなかで勅語が出されたことに「今回の勅諭にて其の方針を示させ玉ひしと誠に有り難き事共なり」と絶賛している。儒教主義の復活という懸念を意識して、これは儒教主義ではなく「国体主義」であり、日本人としての資格を備えさせるものだと評した。執筆者は福地源一郎《ふくちげんいちろう》（桜痴《おうち》）である。(7)

陸羯南《くがかつなん》は『日本』の一八九〇年一一月一日付論説「謹読勅語」において、江戸時代の間に仁義忠孝の道が廃れ、維新改革の結果さらに倫理道徳は破綻したとして、教育勅語は「日本臣民が倫理道徳の灯明」であるとして、これを全文紹介した。同月三日付論説「斯道論《しどうろん》」においては、最近の教育家は「学理」ばかりを追究して、これに合わなければ「旧時の迷夢」だといっているが、教育の基礎は「感情」にある、とした上で、教育家に対し、教育勅語を「学理」の側面から読み解くことは「罪人」にあたると釘を刺している。(8) 井上毅と同様の懸念に裏付けられた指摘であろう。

徳富蘇峰《とくとみそほう》の『国民之友』(第一〇〇号)は、同年一一月一三日付の「教育方針の勅語」と題する記事で、今回の勅語はあくまで「我邦人民の心裡に彫刻明記せる者」であって、新たな教育方針を定めたわけではなく、「漢学を以て教育の基本と為すべしと云ふが如き誤解」をしないよう呼びかけた。(9)

『郵便報知新聞』は同月一七日と一八日に社説「教育の方針」を掲げて、「西洋学校の教育法を輸入来りしより智育独り盛《さかん》にして徳育全く衰へたるか如し」という現状を踏まえて、教育勅語によって「徳教を振起し以て上、聖明の盛旨に答へ奉らんと欲する乎」と問題提起している。その上で同紙は、徳育にも智育にも偏らない教育が必要であるとの立場をとり、勅語に「智能啓発」という言葉があるのは、教育を徳育に偏重させないための「明戒《めいかい》」であると解説した。(10)

宗教関係では、『反省会雑誌』が同年一一月一〇日号で「徳義及教育に関する勅語」と題して勅語を紹介しているが、そこでは、「物質的文明」の進歩に伴って「人心内部の徳義」が追い払われる傾向にあることを憂慮した天皇が「人材養成の教育法を奨励」したとして、我々はその「壮大宏遠の叡慮を安んじ奉らずして可ならんや」と訴え、「我々此勅語を拝読し奉り感泣の余り、爰《ここ》に此れを掲げ、長く我国四千万の市民、殊に仏教徒が徳義教育の羅針盤と為さん」としている。[11]

福沢諭吉の『時事新報』も、一八九〇年一一月五日付社説「教育に関する勅語」において、これまで政府の教育の「主義方針」が一定していなかったなかで勅語が発せられたことを歓迎し、当局者が「聖意の在る所」を貫徹するよう期待した。[12] もっとも、福沢自身は儒教主義批判者として知られており、その後も勅語に対して明確な反論はしていないものの、たとえば一八九二年一一月三〇日付の『時事新報』に掲載された社説「教育の方針変化の結果」は、一八八一年以来の政府の「失策」の一つとして、「古学主義を復活」させ「古流の道徳を奨励」して「満天下の教育を忠孝愛国の範囲内に跼蹐《きよくせき》せしめんと試みた」ことを挙げ、「古流」のように「忠愛」を窮屈に理解して、愛国や忠誠を強いる風潮に対して警鐘を鳴らしている。[13] 勅語に対し、表面的には一応の敬意を払いながらも、実際にはこれを敬遠していたようである。そして、慶應義塾独自の道徳教育の指針の作成を思い立って、門下生が『修身要領』を作成することとなるが、それは、独立自尊主義や男女平等、夫婦倫理の尊重を軸とするもので、教育勅語の秩序観とは相容れない性質を有していた。[14]

3　教育と宗教の衝突論争

内村鑑三不敬事件の経緯

教育勅語も宗教も「礼拝」を伴い、信じるか信じないか、礼拝するかしないか、という実践を問うものであった。もとより、教育勅語は宗教的宣言ではないが、「皇祖皇宗ノ遺訓」、すなわち天照大神や歴代天皇の時代から継承されてきた精神という性格を有し、それへの礼拝は、祭政教学一致の思想の実践という側面を有していた。これとは別の「神」や礼拝対象を有する人々にとって、どちらを礼拝するのか、いずれも礼拝するのか、という問題が発生するのは必然であった。天皇は国家の主権者たる君主であり、その勅語を礼拝するか否かは、政治的問題でもある。かくして起こったのが、内村鑑三不敬事件であった。

事件の概要は、次のようなものである。一八九〇年一二月二五日に第一高等中学校に宸署《しんしょ》のある教育勅語の謄本が授与され、翌年一月九日、同校の倫理講堂において、教育勅語の捧読式が実施された。学校側は教員生徒に宸署に対して順次最敬礼をさせたが、同校の嘱託教員だった内村鑑三が、最敬礼をしなかったとして、これが同校の同僚や学生の反感を呼び、さらに全国に報道されるにいたって、キリスト教徒の非国家主義性が非難されることになった。(15)この際に、もっとも激しく内村を攻撃したのが、東京帝国大学教授の井上哲次郎であり、その論説のタイトルが「教育と宗教の衝突」であった。

井上哲次郎「教育と宗教の衝突」とキリスト教批判

井上哲次郎は一八九二年一一月五日付の『教育時論』で「宗教と教育との関係に就《つき》て井上哲二《ママ》郎氏の談話」を発表し、これが反響を呼んだことから、この談話を補正して、「教育と宗教の衝突」と題する論文としてまとめ、『教育時論』の一八九三年一月一五日付第二七九号から二月二五日付第二八三号にかけて四号にわたって連載した[16]。

井上はこの論文で、次のように述べている。教育勅語の発布以来、それに抵抗したのはキリスト教徒のみであり、彼らは勅語の趣旨、すなわち忠孝の論理を東洋古代の道徳として敬遠している。不敬事件が発生したのもこのためであり、内村はキリスト教のいう神以外いかなる神も崇敬せず、キリスト教徒は、天照大神も歴代天皇も尊崇《そんすう》しない。内村だけが例外なのではなく、これはキリスト教徒全体の問題であり、「耶蘇《やそ》教徒が我邦人の国家的思想と相背馳《はいち》する」ことは日々あきらかにされている。また、勅語の精神とキリスト教とは趣旨を異にしており、前者が一家から一国に至るまでの「普通の実践倫理」を趣旨としているのに対し、キリスト教徒は国家精神に乏しく、むしろこれに反しており、それは聖書の中に国家的精神が説かれていないことにもあらわれている。「耶蘇教は実に無国家主義」であり、彼らにとっての国家は「天国」のことであって地上の国家のことではない。こうして井上は、「耶蘇教は非国家主義にして共同愛国を重んぜず、其徒は己れの主君も如何なる国の主君も皆之れを同一視し、隠然《いんぜん》宇宙主義を取る。是故に到底勅語の精神と相和すること能はず」と結論した[17]。

これに対し、内村は「文学博士井上哲次郎君に呈する公開状」を『教育時論』一八九三年三月一五日付第二八五号に寄せて反論した。内村はいう。井上は教育勅語の「儀式」への態度をもってキリスト教徒が国家に対し不忠であり、勅語に対して不敬であるというが、「儀式」より「実行」が重要であり、天皇がこの勅語を発したのは礼拝させるためではなく実行させるためである。キリスト教徒は不忠、不孝、不信、不悌《ふてい》、不和、不遜ではない——。内村はこの公開状を示して、「余に教訓を垂る、あらば豈《あに》余一人の幸福のみならんや」と井上に回答を求めた[18]。内村にとっては不敬事件について正面から取り上げた文章であったが、井上から内村に直接の回答が寄せられることはなかった[19]。

内村鑑三

メディアにおける論争

内村の行為は、天皇、およびその神聖性を

重んじる立場の世論から厳しく追及されることとなった。『民報』『郵便報知新聞』『東洋新報』『日本』『東京日日新聞』など全国の新聞が取り上げ、そのほとんどが「不敬」「無礼漢」「不埒」「不忠」などと内村を非難したが、キリスト者たちはメディア空間でどのように応じたのであろうか。

押川方義《おしかわまさよし》、植村正久、三並良《みなみはじめ》、丸山通一《つういち》、巌本善治《いわもとよしはる》の五名のキリスト者は、「敢て世の識者に告白す」という一文を、『郵便報知新聞』『読売新聞』『福音週報』などに掲載し、勅語を記載した「一片の紙」に学校の子どもたちを礼拝させることは、「迷妄の観念」や「卑屈の精神」を植え付けるとして、その教育上の効果に疑問を呈した。その上で、「皇上」すなわち天皇を「神」として「宗教的礼拝」をさせるのであれば、良心を束縛し、信教の自由を奪い、「帝国憲法を蹂躙」することになり、死をもって抵抗せざるを得ないと論じた。[20]

プロテスタント指導者の植村正久は、『福音週報』一八九一年二月二〇日号（第五〇号）に「不敬罪とキリスト教」と題する社説を掲げて、自分はプロテスタントとしてキリストの肖像にすら礼拝することを好まないとした上で、「何故に今上陛下の勅語にのみ拝礼をなすべきや」と勅語への礼拝そのものに疑問を投げかけ、「ほとんど児戯《じぎ》に類することなり」と断じた。[21]

内村とともに戦前の反戦的キリスト者として名高い柏木義円《かしわぎぎえん》も、『同志社文学』一八九二年一一月二〇日付第五九号・一二月二〇日付第六〇号に「勅語と基督教」を掲げ、立憲君主国家の「通義」として政治上は君主を最高権威として承認するけれども、学問上、倫理上にまでその権威を及ぼして「倫理の主義」を断定するのは理に合わないと批判し、井上のいう「勅語の主義」である「国家主義」についても、これは人を国家の奴隷・器械として酷使するものではないかと追及して、それはキリスト教の精神とも勅語の精神とも相容れず、もし勅語の精神がそこにあるとするなら、「是れ非立憲的の勅語なり」と喝破した。(22)

また、東京英和学校（現在の青山学院大学）校主の本多庸一《よういつ》は、『教育時論』一八九二年一二月二五日付第二七七号に「井上氏の談話を読む」を発表し、井上がキリスト教は忠孝を説かないとしたことに対し、聖書を多数引用しながら、「此思想にして、誠実に人の心にありたらんには、君上を崇敬するに於て、いか斗の勢力あるものなりやは、多言を要せざるべし」と反論した。また、これも聖書に基づいて、「キリストの愛国の志想は、文字にこそなかれ、其言行にてしらる丶なり」と主張し、「基督教信徒……真正愛国心を養ひ、如何なる国体の中にも生息して、良民たることを得べし。と信ずるなり」と強調して、キリスト教を学問として書籍を読むことと、信仰して実践する際には「深浅死活の差」が生まれることにも、注意を喚起している。(23)

のちに同志社長となる横井時雄も、「徳育に関する時論と基督教」（『六合雑誌《りくごう》』第一四四号、一八九二年一二月一五日号）で、井上がキリスト教は忠孝を説かず、国家に損失を与えるとしたことに対し、旧約聖書では父母に不孝な者は死刑に処すべしと記され、新約聖書でも王を尊び、執権者に忠順たるべきと教えており、キリストは、現世界・現社会で「慈悲憐憫の事業」をなすことをもって、神に対する働きといった、と聖書に基づいて批判した。キリスト教が国家的精神に反するとの井上の主張にも、横井は「欧米基督教国の状態を観よ国民をして政治上の権利を重ぜしめ又一致協同の信用を深からしめ又国の為め社会の為めに身命を犠牲にするを敢てせしむるものは是基督教の勢力与て力あるにあらずや」として、アメリカの南北戦争の原因も「黒奴売買の非を唱へたる米国北部の宗教家の良心に基て起りしに非すや」と反論している(24)。

メソジスト派のクリスチャンで、同派の機関紙『護教』の主筆だった山路愛山《やまじあいざん》は、一八九三年四月一五日付『護教』で、「井上哲二《ママ》郎氏に与ふ」と題する社説を掲げ、井上を「無学無識普通の智識をも有せざる者」だと攻撃して、「教育と宗教の衝突」に反論している。山路は、井上が「基督教徒の所為とし言へば成るべく悪しざまに書かんとする傾向を有する」仏教主義やキリスト教批判の新聞雑誌を根拠に内村を批判していることに、「時世を解せざる者に非ずや」と指摘し、井上はキリストの事蹟に関して日曜学校の学生程度も知り得ておらず、「彼れハ聖書を読まずして聖書を議する者なり虚喝を以て天下を誑かんとする者也」と追及した（傍点原文(25)）。

このようにして、メディアの大勢は内村批判に席巻されたものの、主要メディアの一部や宗教機関誌などで、キリスト者たちは内村擁護、井上批判の言説を展開した。その舌鋒は、井上批判を越えて、偶像崇拝の拒否や信教の自由の堅持といった信仰や勅語の本質に迫るものさえ含んでいた。そして、この論争を通じて、勅語の内容とキリスト教教義の整合性はもとより、勅語＝天皇＝人間＝偶像、といった、勅語に対するキリスト教的理解が開示されたことも、注目すべきであろう。

条約改正により、キリスト教が正式に公認される日が近づいている。そこでは、仏教勢力などが、内村批判と似た論理で、その進出を警戒していくことになる。明治政府もまた、対外関係を意識しつつも、警戒の輪の中にいた。次章で、その諸相をみていこう。

参考文献

海後宗臣『海後宗臣著作集 第一〇巻 教育勅語成立史の研究』(東京書籍、一九八一年)
片山清一編『資料・教育勅語——渙発時および関連書資料』(高陵社書店、一九七四年)
国民精神文化研究所編『教育勅語渙発関係資料集』第二巻(国民精神文化研究所、一九三九年)
宮川透・中村雄二郎・古田光編『近代日本思想論争』(青木書店、一九六三年)
赤松徹真「明治中期における政教の関係構造——「不敬事件」・教育と宗教の衝突をめぐって」(『龍谷史談』第六六・六七号、一九七三年)
麻尾陽子「教育勅語起草の契機——明治二三年地方官による建議」(『法学新報』第一二二巻第九・一〇号、二〇一五年三月)
福島清紀「近代日本における政治・宗教・教育——「内村鑑三不敬事件」と「教育と宗教の衝突」論争を中心に」(『法政大学教養部紀要』第五八号、一九八六年)
帆苅猛「教育と宗教の衝突——明治国家の形成とキリスト教」(『関東学院大学人文科学研究所報』第二四号、二〇〇〇年)
森川輝紀「「教育勅語」の成立をめぐって」(『教育文化』第一八号、二〇〇九年三月)

註

(1) 山口輝臣『明治国家と宗教』(東京大学出版会、一九九九年)、六六—一五七頁、尾崎利生「「信教の自由」規定の史的考察(一)——帝国憲法第二八条の成立過程を中心として」(『社会科学研究(中京大学社会科学研究

所）』第一一巻第一号、一九九〇年）、一七―三五頁、同「明治立憲主義と「信教の自由」規定――帝国憲法第二八条の成立過程を中心として」（『東京家政学院大学紀要』第三〇号、一九九〇年）、八七―一〇六頁、同「国家と宗教――帝国憲法の原理と「信教の自由」規定を中心として」（『中京大学大学院法学研究論集』第一〇号、一九九〇年）、一―二六頁。

（2）伊藤博文『憲法義解』（宮沢俊義校註、岩波文庫、二〇一九年）、六六―六八頁。

（3）片山清一編『資料・教育勅語――渙発時および関連書資料』（高陵社書店、一九七四年）、一七―一八頁。

（4）前掲『資料・教育勅語――渙発時および関連書資料』、二九―三四頁。

（5）前掲『資料・教育勅語――渙発時および関連書資料』、五〇―五三頁。

（6）前掲『資料・教育勅語――渙発時および関連書資料』、五三―五六頁。

（7）「教育に関する勅諭」（『東京日日新聞』一八九〇年一一月二日付社説）。

（8）西田長寿・植手通有編『陸羯南全集』第二巻（みすず書房、一九六九年）、七四六―七五〇頁。

（9）「教育方針の勅語」（『国民之友』第一〇〇号、一八九〇年一一月一三日）、七三〇頁。

（10）「教育の方針」（『郵便報知新聞』一八九〇年一一月一七日・一八日付社説）。

（11）「徳義及教育に関する勅語」（『反省会雑誌』第五年第一一号、一八九〇年一一月一〇日）、三三―三四頁。

（12）「教育に関する勅語」（『時事新報』一八九〇年一一月五日付社説）。

（13）「教育の方針変化の結果」（『時事新報』一八九二年一一月日三〇付社説）。

（14）小川原正道「教育勅語」（福沢諭吉事典編集委員会編『福沢諭吉事典』慶應義塾、二〇一〇年、所収）、二一〇―二一一頁。

（15）鈴木俊郎「解題」（内村鑑三『内村鑑三全集』第二巻、岩波書店、一九八〇年、所収）、四九〇―四九三頁。

（16）三枝博音・野崎茂「『教育と宗教の衝突』解題」（三枝博音・清水幾太郎編『日本哲学思想全書』第一五巻 武術・兵法論篇・教育論一般篇、平凡社、一九五七年、所収）、三〇七―三一〇頁。

（17）前掲『日本哲学思想全書』第一五巻、三二一―三六二頁。

（18）前掲『内村鑑三全集』第二巻、一二六―一三三頁。

（19）前掲、鈴木俊郎「解題」、四九〇―四九三頁。

(20)「敢て世の識者に告白す」(『読売新聞』一八九一年二月二二日付別刷)。
(21) 植村正久『植村正久著作集』第一巻(新教出版社、一九六六年)、二八八—二九一頁。
(22) 伊谷隆一編『柏木義円集』第一巻(未來社、一九七〇年)、二二—二九頁。
(23) 本多庸一「井上氏の談話を読む」(『教育時論』第二七七号、一八九二年一二月二五日)、一七—二〇頁。
(24) 横井時雄「徳育に関する時論と基督教」(『六合雑誌』第一四四号、一八九二年一二月一五日)、一—一二頁。
(25) 山路愛山「井上哲二《ママ》郎氏に与ふ」(『護教』一八九三年四月一五日付社説)、六—八頁。

第三章

内地雑居とキリスト教公認問題　一八九四―一九〇三

1　条約改正交渉と内地雑居準備

日清戦争直前の条約改正

豊島沖《ほうとうおき》海戦で日清戦争の火蓋が切っておとされるわずか九日前の一八九四年（明治二七年）七月一六日、ロンドンにおいて、駐英公使の青木周蔵《しゅうぞう》と英国外相のジョン・W・キンバレーとの間で日英通商航海条約が調印された。この条約によって日本は領事裁判権を撤廃し、関税自主権を部分的に回復する。「不平等条約」改正の第一歩であった。条約は翌月に批准され、五年後に実施されることになる。

明治期の外交における最大の課題が条約改正にあったことは、いうまでもない。安政年間に徳川幕府が欧米諸国と締結した条約では、外国人が法を犯した場合、その国の領事が自国の法律に基づいて裁判を行う領事裁判権が認められたため、日本側は自国内の犯罪であるにもかかわらず、口出しできない状態になっていた。日本には関税を自主的に決定する権利もなく、欧米諸国と対等に扱われない、不平等な条約下に置かれていたのである。条約の改正は、法権や税権の回復という具体的なメリットのみならず、日本が欧米と対等の地位に立つ、という象徴的な意味合いもあった。

一八九四年の新条約締結に伴い、日本は外国人の犯罪についても自国の法律と裁判所で処断することができるようになったが、同時に、それまで居住を居留地に限定していた外国人の国内居住、いわゆる内地《ないち》雑居《ざっきょ》を承認し、彼らの権利を全面的に承認することになった。外国人が内地全体に雑居することは、長い鎖国体制から居留地の設置へと、段階的に「開国」を進めてきた日本の社会構造や人々の意識に、大きな影響をもたらすことになる。事実、外国人の雑居に対しては世論や議会に強い反発があり、内地雑居反対運動は条約改正交渉の障害ともなったが、陸奥宗光《むつむねみつ》外相はこれを押し切り内地を解放、財産、信教などの外国人の権利保護も明確にして、条約改正を実現した。

条約の実施とキリスト教の公認・警戒

新条約締結後、政府は五年後に控えた条約の実施に向けて、外国人との和親、その権利保護を繰り返し布達《ふたつ》したが、一方では、内地雑居による外国文化、とりわけキリスト教の浸透については楽観的な態度を取ったわけではなく、むしろ警戒の色もみせた。キリスト教を公認した内務省令第四一号[1]や、省令発布後に提出された包括的「宗教法」案[2]には、宗教の取り締まりという意図が含まれ、改正条約実施の翌年、政治運動や労働運動を対象として成立した治安警察法にも、キリスト教対策という側面がひそんでいた。文部省からは、キリスト教学校での宗教教育の禁止を企図した訓令第一二号[3]が発令される。

政府は外国人やキリスト教に門戸を開きつつ、なお警戒の色をみせていたわけである。第二章で論じたように、キリスト教は、大日本帝国憲法の施行後間もなく、国家との関係をめぐって、論争の対象になった。内地雑居反対派や仏教側は、内村鑑三を批判した井上哲次郎等と似た論理で、キリスト教への警戒を喧伝する。政府側も、キリスト教を公認しつつ、なお警戒の度を緩めることはなかった。

以下、日清・日露戦争間に展開された条約実施とキリスト教対策に焦点をあてて、その実態をみてみよう。

条約改正交渉の展開

徳川幕府によって締結された不平等条約は明治政府に引き継がれ、その改正への取り組みは明治ゼロ年代から継続していたが、井上馨《かおる》、大隈重信《おおくましげのぶ》など、歴代外相による交渉は、いずれも日の目をみないまま、日本は帝国議会の開会を迎えていた。

一八九二年八月八日、第二次伊藤博文内閣が成立すると、外相に就任した陸奥宗光は、すぐさま条約改正交渉に着手する決意を固めたようである。(4)(5) 条約改正交渉に望む伊藤内閣の基本方針は、外国人への私権付与と内地雑居を全面的に認めるというものであった。九月一三日、伊藤首相は地方官（知事）を前に演説し、「条約改正ヲ実行セント欲セハ内地雑居私権共有等ハ許容セサルヘカラス」(6)と主張、これを受けて陸奥も、「平等ノ条約ハ結バネバナラヌガ雑居ハ許サレント云フ様ナコトハ到底行ハレサル空望デア」るとして、内地雑居に批判的な「人民ノ気風」を改めさせるよう地方官に求めている。(7)

ここで、当時の内地雑居反対運動について概観しておこう。一八九二年六月一二日、大井健太郎ら非内地雑居派議員が内地雑居講究会を結成したが、その趣意書には、法権・税権の回復と内地雑居は別問題として、内地雑居は許さず、との方針が記されていた。(8) 講究会が雑居に反対する理由とする「雑居の弊害」は三点あり、その第一は、雑居によって経済競争が生じ、「其競争の結果毎々我国人の失敗に帰すべきや明らか」という経済上の弊害であった。第二には、「国民同朋の観念」は「人種、歴史、言語、文学、宗教、家制、風俗、習慣、儀式、典礼の相同しきより生する」ため、雑居に伴う異文化の流入によって「我国社会的文化の統一及特立を害す」という社会上の弊害が挙げられる。特にキリスト教について強い警戒感が示されており、内地雑居によって「基督《キリスト》教徒亦蔓延するものと覚悟せさるへからす」とした上で、「基督教は世界的なり、博愛主義なり、其眼中人類ありて国民なし」という特徴のため、「宗門の奴隷となりて国民精神を軽侮《けいぶ》するもの」を続出させるとしている。当時キリスト教排撃論を唱えていた仏教との衝突も懸念し、「基督教徒と仏教徒の軋轢あるべきは、誰れも異論なかるべし」と推測した。第三には、内地に居住する外国人が政府に対して「種々なる意見を唱へ、注文を出し、一法律を定むることに、内外人の意見相衝突すべきは疑ひを容れず」といった政治上の弊害が生じるとされた。(9)

かくして内地雑居講究会は一八九三年一月二三日、「条約改正ニ関スル建議案」を提出、税権・法権の回復と、内地雑居を開港場のみに限定し、外国人の土地所有、貿易、鉄道経営権などを制限することを求めた。(10)一方、自由党は内地雑居を許容する条約改正上奏案を提出、これが衆議院で可決されたため、翌月の閣議では「上下心ヲ合セ寧《むし》ロ全国ノ輿論ヲ後盾ト為シ、熱心熟慮以テ此一大事業ヲ完成セザルベカラズ」との改正交渉推進方針が決定され、草案が練られることとなる。(11)七月五日、陸奥外相が改正条約草案を閣議に提出し、外国人の権利については第一条第三項において、居住、旅行、各種動産の所有、相続、授受の権利を規定し、さらに宗教に関しては第四項で、「両締盟国ノ一方ノ臣民或ハ人民ハ他ノ一方ノ版図内ニ於テ良心ニ関シ完全ナル自由、及法律、規則ニ従テ公私ノ礼拝ヲ行フノ権利、並ニ其ノ宗教上ノ慣習ニ従ヒ埋葬ノ為メ設置保存セラル、所ノ適当便宜

陸奥宗光

ノ地ニ自国人ヲ埋葬スルノ権利ヲ享有スヘシ」と定めた。[12] 外国人の信教の自由、礼拝、埋葬の権利を承認したわけである。

一方、内地雑居講究会は一〇月一日に大日本協会へと発展解消し、翌月開会した第五議会で激しい政府批判を展開、一二月八日には外国条約取締法案、現行条約励行建議案、外国条約執行障害者処罰法案の三法案を提出して、現行条約の厳格履行によって欧米諸国との摩擦を生じさせ、条約改正交渉を失敗に帰せしめる戦略に出る。[13] 陸奥外相は強硬な対抗策を打ち出し、一二月一一日に閣議に提出した意見書では、内地雑居反対運動を「攘夷的精神即チ外国人排斥外国人嫌悪ノ感情ニ起因セザルハナシ」と断じ、これを「撲滅鎮圧」することを主張、議会を停会し、法案撤回を要求して容れられなければ「断然議会解散」すべきだと述べている。[14] この後、実際にこの線で政局は推移していく。

陸奥が強硬な態度に出た背景には、外国人排斥運動が条約改正交渉上の障害になりはじめていたことがあった。一八九三年一一月に英国公使館員付牧師アーチデーコン・ショウへの暴行事件が発覚し、同月二五日付の陸奥の伊藤宛書簡によれば、英国公使が事件について陸奥に抗議し、陸奥も「我政府の方針を発表する事必要と被存候《ぞんじられ》」と述べている。[15] 一二月一五日付伊藤宛陸奥書簡では、仏公使も「排外国人気象に……不満足を吐出さむ」様子で「貴政府にても余り打捨て置かれては大に外国人の感触を害すへし」と発言し、陸奥は「帝国政府も自ら熟慮しつゝあれは決して時機は誤らさる積りなれは御安心被下度《くだされたく》」と取り締まりの意思を表明したという。[16]

かくして一二月二九日、大日本協会が現行条約励行建議案を再上呈すると、陸奥は演説して、「非内地雑居トカ、少ナクトモ旧幕時代ノ外人遮断主義ニ外ナラヌ」と喝破し[17]、大日本協会が建議案撤回を拒否すると、議会は停会、同協会は集会及政社法によって解散を命じられ、三〇日、ついに衆議院は解散された[18]。こうした強硬策は英国側の好感を呼んだようで、三一日には駐日英国臨時代理公使から陸奥外相宛の私信が届き、「御措施《そし》ハ必ス最好ノ感触ヲ惹起スヘク候」と伝えられた[19]。この後も外国人排斥の動きは度々改正交渉のノイズとなり、翌年一月二一日、交渉に当たっていた駐英公使・青木周蔵は陸奥に対し、「各新聞紙上ニ東京ニテ耶蘇《やそ》教堂ヲ毀壊《きかい》セシ旨ヲ掲載セリ此風説ハ全ク虚聞《きょぶん》ナリヤ」と問い合わせ、陸奥は「風説ハ全ク虚構ナリ」と回答[20]、さらに「政府ハ此先キモ今迄通リ続ヒテ厳重ナル手段ヲ執ル」と強調している[21]。陸奥は翌月にようやく、英国公使から「英国政府ハ此等ノ流説ニ意ヲ介セサルコトハ確カ」との言質《げんち》を得るにいたった[22]。かくして交渉はまとまる方向となり、日本側草案の第一条第四項は修正されることなく、七月一七日の調印をみることとなったのである。日本はその後、米、仏、伊、露、独、蘭などの各国とも同様の条約を締結し、一八九九年七月をもって、これを実施することとなった（仏のみ八月に実施）。

外国人との雑居が国内社会に甚大な影響をもたらし、特に異文化、キリスト教の流入が「国民」の形成を阻害するとして展開された内地雑居反対運動を押し切って条約改正を実現した政府は、当然、雑居反対論を沈静化させ、条約実施を円滑に実現することを求められることとなる。

内地雑居準備と外国人への配慮

明治政府は、五年後に控えた改正条約の実施を円滑に実現するべく、国民に対して外国人との友好と、その権利尊重を求めることとなった。一八九九年六月三〇日、明治天皇は次のような詔勅を発して、国民に外国人との友好関係を構築するよう求めている。

列国ノ和親愈々《いよいよ》其ノ基礎ヲ鞏《かた》クシタルハ朕カ中心ノ欣栄《きんえい》トスル所ナリ……朕ハ忠実公ニ奉スルニ厚キ臣民ノ深ク朕カ意ヲ体シテ開国ノ国是ニ恪遵《かくじゅん》シ億兆心ヲ一ニシテ善ク遠人《えんじん》ニ交リ国民ノ品位ヲ保チ帝国ノ光輝ヲ発揚スルニ努メムコトヲ庶幾《こいねが》フ……列国ノ和好ヲ永遠ニ鞏固《きょうこ》ナラシメムコトヲ期セヨ(23)

これを受けて七月一日、内閣は訓令第一号をもって、条約の「実施ノ方法ニシテ其宜キヲ得サルカ如キアラハ啻《ただ》ニ改訂ノ目的ヲ失フノミナラス或ハ信義ヲ友那ニ失シ帝国ノ威信ヲ毀損スルニ至ラム」と述べた上で、「外人ノ権利ヲ保全シテ各々其ノ堵《と》ニ安《やすん》セシメ楽ミテ我国内ニ住居セシメムコトヲ努ムルハ帝国政府ノ責務ニシテ亦国民ノ義務ナリトス」と、外国人の権利尊重、雑居推進に努めることは政府の責務、国民の義務であると声明した(24)。

内務省ではこれに先立つ四月二五日の地方官会議で西郷従道内相が「新条約実施の始めに際し

万一失態あるに於ては帝国の威信に関し延《ひい》て国交上の前途に障礙《しょうげ》を及すことなきを保《ほ》せす」として、「条約実施の準備に関し必要なる事項」を指示している。警察関係では、各県の警察部および枢要警察署に「通訳専務の者を配置」することや、外国人は言語習俗の相違、土地不案内から「知らす識らす法令に違反するの行為」を犯しうるため、「懇切」に対処すること、また外国人の埋葬の権利について「差支《さしつかえ》なき様措置」すること等が盛り込まれ、外国人への配慮と権利保護が企図された(25)。

条約実施を円滑に実現しなければ「帝国の威信」を損なうという認識は、警察内で徹定して広められており、翌月の警部長会議では、西郷内相が「外国人雑居の後は内外人の保護を全ふし改正条約実施上円満の結果を収むることに注意せらるへし」と演説し、安楽兼道《あんらくかねみち》警保局長も「改正条約実施の暁には内外人関渉の事起るに従ひ之れか取扱上に就ては最も注意周到ならざるを得す」として、「如何なる事項に対しても公平と厳正とを以て取裁《しゅさい》の標とせられんことを望まさるを得す」と述べている(26)。地方においても、たとえば北海道警部長は「我国民ノ外人ニ対スル態度如何ハ啻《ただ》ニ外交上至上ノ関係ヲ有スルノミナラス又タ実ニ国家ノ栄辱ニ繋ル」として「国民ノ友情ヲ深厚ナラシメル」ことを「此レ本官ノ切ニ各位ニ望ム処ナリ」と訓示していた(27)。

その警察当局において条約実施上まず課題となったのは、旧居留地の警察権をスムーズに引き継ぐことであった。それまで外国人居留地では場所ごとに異なった形で警察業務が執られており、たとえば東京や横浜の場合、居留地内も日本の警察機関が取り締まりを行い、警察官は帯剣していたが、大阪や神戸では居留地住民の執行機関が取り締まりを行って、その職員中に日本人の警察官を含める手法を執っていた。大阪の警察官は丸腰で、神戸では帯剣していた[28]。かくも区々《まちまち》にわたっていた居留地の警察業務が日本に引き継がれることとなり、たとえば神戸の場合、一八九九年七月一七日に居留地行政自治機関「行事局」において、居留地の管理権を兵庫県知事・大森鍾一《しょういち》に委譲する授与式が行われ、行事局警察署が廃止、新たに神戸市明石町派出所が設置されている。行事局警察に勤務していた日本人巡査一一名は兵庫県巡査として、また行事局警察署長だったヘルマン・トロジックは内務省雇・警察顧問として採用された[29]。管理権を委譲されるにあたり、大森には相当の苦心があったようであり、兵庫県の改正条約実施委員会の委員であった有吉忠一は、次のように回想している。

漸くにして大成したる対等の条約を、各地方の開港場における事態により、万一にも実施し得ない様なことに相成つては、国家の為めに由々しき事件であります、随《したが》つて之れに対する知事の苦心は、実に甚大なものでありました、乃ち或は告諭を発したり、或は違警罪規則の改正を行つたり、或は外人を招致して意見の緩和策を講じたり、其の懇切周到にして機宜を得たる処置は、私共の敬服して止まなかつた所であります[30]

ヘルマンを警察顧問としたのも、外国人への配慮のためだったのであろう。

内務省では委譲状況の実態調査を行っており、実際に内務書記官として各地を視察した松井茂によれば、横浜では「条約改正後も別段注意を払ふほどの事もなかつた」といい、大阪も「別段の事はな」く、長崎も「実に落付いたもの」で、神戸では、当人が「大学卒業後警視庁試補となつた時初めて同地を視察した」際に署長に門前払いされていたため、このたび「内務大臣の代理として」視察し、元署長が「平身低頭唯々諾々として余を迎へ」たので「得意」だったと記している[31]。いずれにせよ、地方官の努力もあって居留地の警察権委譲は概ね順調に進んだようである。

では、この他先述した大臣の指示において示された各種の外国人保護策は、どのように実施されていったのか。その状況についてみておこう。まず、通訳の養成である。警視庁をはじめ全国の警察部では、さかんに英語講習が実施されており、東京の場合、「警視庁にては管内各警察署より多少英語の素養ある巡査二十余名を召集し外国人を教師として日日練習[32]」を重ね、この後「通弁《つうべん》巡査」を設置して主要警察署に配置、特別手当を支給したといわれる[33]。

地方においても、たとえば徳島県では条約実施前から、「英語講習会を開設し其教師には数年間当地にありて居住され語学教授には最も適任なる人にて河合署長始め三十余名左の誓約書を作り各自勉強」に励んでいた。その「誓約書」には、「今ヤ改正条約実施ノ期目睫《もくしょう》ノ間《かん》ニ迫リ内地ノ開放ト与《とも》ニ欧米人吾カ邦ニ来往スル者蓋《けだ》シ少少ナラサルヘシ吾吾警察官タルノ職ニ在ル者ハ其準備ノ急ヲ告クルモノ一《いっ》ニシテ足ラスト雖《いえど》モ洋語講習ノ如キハ最モ焦眉《しょうび》ノ急ニ属ス……百難ヲ排シ其志ヲ貫カンコトヲ誓フ」とあり、欧米人の内地雑居に現実に対応しなければならないという切実感があらわれている。[34] こうした各県の取り組みについて内務次官・小松原英太郎は一九〇〇年四月一八日の警部長会議において、「英語講習に付ては、前年来各地に於て之を企て。大に望を将来に属すへきものあり」と評していた。[35]

一方、内地雑居と治外法権の撤廃に伴って早急に改善を求められたのが、外国人犯罪者を収監する監獄である。一八九九年四月二五日の地方官会議で山県有朋首相は、「今後新条約の実施果して好結果を奏するや否やは一に制定したる法令の運用如何にありて存す」と述べた上で、「監獄の如きは洋の東西習俗習慣等の異なる所もあれは多少改良を加へさるへからさることもあるへし」と、監獄の改善を求めていた。[36] かくして、翌年七月には監獄則および同施行細則が改正され、外国人については出身国の「国祭及宗教的祭日に免業を認むる」とし、また同月には内務省は内訓第七一二号をもって「風俗習慣を異にする囚人処遇標準」を定めて、監房の整備、暖房の設置、衣服・食料の便宜、各人の宗教に応じた宗教者による祈祷・説教等を可能とした。枢要府県については国庫補助金によって外国人拘禁用分房監《ぶんぼうかん》も整備している。[37]

さらに、内務省では条約実施準備の一環として、一八九九年九月、警察監獄学校を設立し、警察官・監獄官に専門教育を施すこととなった。日清戦争後の財政逼迫情況の下でこの新規要求が認められたのは、先にみたような山県首相の熱心な支持によったと思われる。[38] 開学にあたって安楽警保局長は祝辞を述べ、「改正条約ノ実施ニ因リ外国人ハ我警察監獄ノ利害ノ関係ヲ有スルニ至リ刮目《かつもく》シテ事務ノ弛張《しちょう》紀律ノ振粛《しんしゅく》如何ヲ注視セリ」として、これに応えるため、警察官や監獄官に専門教育を施す学校を設けたのだとしている。[39] 所長は内務次官兼任で、外国人教師による監獄学の講義から、憲法、刑法、刑罰論、教誨《きようかい》法、監獄建築法、作業経理等が講じられた。[40] また、外国人を収監する監獄では、外国語に通じている書記・看守が採用されたようである。[41]

キリスト教の保護

先述の西郷内相の指示は外国人の埋葬権の保護についても言及していたが、それは、キリスト教の保護を象徴的にあらわした表現であった。一八七三年にはキリシタン禁制の高札が撤去されたものの、キリスト教の法的扱いはあいまいであり、実質的には布教活動が活発に行われながら、法的には公式的に布教が許されていたわけではなく、いわば黙許《もつきよ》状態が続いていた。しかし、葬儀に関しては神官僧侶および教導職のみに葬儀が認められていたため、キリスト教式の葬儀が法的には認められておらず、これがキリスト教を禁制とみる立場の論拠となっていた。それが一八八四年、教導職廃止と葬儀の自由化によってキリスト教式の葬儀が解禁され、実質的にキリスト教徒の活動を阻害する要因が撤廃されるにいたる。[42] 埋葬権の保護は、いわばキリスト教保護の代名詞であった。

当時、実際にキリスト教との確執や紛争が懸念されていたのは、仏教であった。仏教側では、内地雑居に際して豊富な資金力を持つキリスト教が大規模な伝道を展開し、その勢力が拡大することを必至とみており、キリスト教徒は横暴で忠孝の精神を阻害するといったマイナス面を強調してキリスト教排撃論をさかんに唱え、一方で仏教を公認教とすることでキリスト教との差別化をはかり、有利な立場を獲得しようとする公認教運動を盛り上げていた。(43) 一八九九年七月六日には仏教各宗管長が西郷内相に面会し、宗教政策について所信を確認したいと要請しているが、内務省側では同月二七日、後述する省令第四一号を発令し、さらに三一日、内務省に仏教各宗管長を召集して西郷内相が次のように訓示し、憲法第二八条を根拠として安寧秩序を害する宗教を取り締まることを伝えた上で、他宗教との反目を停止し、勅諭の趣旨に従うよう求めている。

憲法第二十八条を以て安寧秩序を妨けず及臣民たるの義務に背かざる限り其自由を許与せられ臣民ハ均しく此恵沢に浴さるを得ると共に政府ハ信教の自由をして秩序安寧を妨害し臣民たるの義務に背くこと勿《なか》らしむることを期せざるべからず……各管長に於てハ右の趣旨を了知せられ門末《もんまつ》及檀信徒をして宗教の異同に依り相反目せるが如きこと勿らしむるハ勿論政教の区域を錯綜し苟《いやしく》も軽作の挙動無之様注意せられ度特に条約実施に関してハ曩《さき》に詔勅を下し給へり宗派に於ても既に　聖旨に基き訓諭を発せられる向《むき》あり各宗派一般宜しく詔勅の御趣旨を奉体し国家の為め其本分を尽くされんことを望む(44)

仏教側としてはあてがはずれた形になったわけだが、政府としてはあくまで、外国人の権利保護の方針を示したわけである。ただそれは、内地雑居反対派が唱えていたような、雑居のもたらす悪影響への懸念を、政府が共有していなかったことを意味しない。むしろ、外交上の信義を保って外国人雑居を積極的に推進し、その私権を保障しつつ、なお、雑居による国内社会の混乱を回避する対策、時に私権に制限を加えるような策をも採らざるを得なくなったところに、明治政府のジレンマが存在していた。次に、外国人保護政策と同時並行的に進められていた、条約実施準備作業におけるキリスト教対策についてみておきたい。

2　条約実施準備作業とキリスト教対策

内務省令第四一号の発令

第二次伊藤内閣の後を受けて成立した第二次松方正義《まつかたまさよし》内閣は一八九六年一一月、関係省庁の次官・局長級で構成する「改正条約実施準備委員会」を設置して、各省で検討すべき課題を列挙し、答申を求めた[45]。内務省に対しては、「外国宗教ニシテ堂宇ヲ設立シ、公然信徒ヲ結集スル者、及屋外ニ於テ公衆ヲ集メ説法ヲ為ス者等ニ対シ、相当ノ取締法ヲ設クルノ必要ナキヤ」と、外国宗教の取り締まり方法について問い合わせが行われている[46]。その後外務省からも内務省に、これまで「神仏両教以外ノ宗教ハ一切之ヲ宗教トシテ認ムルコトナキノ有様」であったとして、「是非共第一ニ耶蘇教其他外教ヲ宗教トシテ認ムルノ措置ヲ採ルコト」が要請されている[47]。憲法第二八条は信教の自由を認めていたものの、これまでキリスト教の公許が法的に確認されたことはなく、あいまいな状態が続いていたためである。(48) 外務省としては、すでに条約上で外国人の宗教活動の自由が規定されていたため、キリスト教を宗教として認めるよう求めた形であった。

内務省はこれに応じて「神仏道以外ノ宗教ニ関スル省令」案を作成し、一八九九年六月一六日に閣議に提出、これが法典調査会（第一次大隈重信内閣で改正条約実施準備委を改組して発足。条約実施のための首相諮問機関）に回付されて若干の字句が修正され、六月二四日、再び閣議に提出された。同案では、布教活動を行う際には「宗教ノ名称並教旨及儀式ノ大要」「布教ノ方法」を地方長官に届出ること、堂宇《どうう》、会堂、説教所を設立する場合は「設立ヲ要スル理由」「宗教ノ名称並教旨及儀式ノ大要」等につき地方長官の許可を得ること、さらに、「公益ニ害アリト認ムルトキ」は地方長官が許可を取り消す権限などが盛り込まれていた。(49)

内務省にとってこの省令は、行政的な管理のもとに公式的にキリスト教の布教を認めるものであったが、西郷内相が省令案請議において、「本案ニ於テハ主トシテ有形ノ設備ノ取締ニ止メ無形ノ団体即チ教会宗派等ニ至テハ現行結社ニ関スル法規ニ依ルノ外之ヲ法律制定ノ秋《とき》ニ譲ラントス」と述べているように、「有形」と「無形」のキリスト教取り締まりを前提とした上で、これは「有形」の設備を取り締まるものと位置付けられており、「無形」の信徒団体については結社法規と、のちに提出される宗教法によって取り締まるとしていた。さらに、この「無形」は、教規や宗則も含むものと考えられていたようである。(50)

実際、この年一二月に提出された宗教法案では、宣教、儀式などが安寧秩序、風俗を妨げ、臣民の義務に背く場合は内務省が取消・変更・禁止する権限を有するとしていたが、その提出理由を述べて山県首相は、「国家ハ信仰ノ内部ニ立入ッテ干渉セザルコトハ勿論」としながら、「寺院教会ノ設立又ハ信徒ノ結集其他教規宗制等總テ其外部ニ現ル、所ノ形ニ至リマシテハ国家ハ之ヲ監督シテ社会ノ秩序安寧ヲ妨ゲズ又臣民ノ義務ニ背カナイヤウニ致スト申スコトハ是レ国家ノ義務デアルノミナラズ又其職責ニ属スルモノト存ジマス」と述べ、国家が宗教活動を監督して社会秩序維持をはかるのが、その義務であるとの見解を示していた(51)。

内務省の省令案に対しては、外務省サイドから苦情が出た。憲法が信教の自由を保障している以上、「教旨ノ大要」を届け出させることは憲法違反ではないか、というものである。青木周蔵外相は七月二二日、「一省令ニ由リ教旨ノ大要ヲ届出シムルトキハ事無形ノ区域ニ亘リ且憲法ノ精神ニ違背スルモノナリ」と指摘し、さらに地方長官が「公益ニ害アリ」として許可を取り消す権限を有するのも問題があるとして削除を要求、内務省側も譲歩してこれが受け入れられ、七月二七日、内務省令第四一号が発せれることとなった(52)。

青木がこのような批判を行った背景には、後にみるように、当時文部省で検討されていた宗教教育の禁止措置に対して宣教師や米国公使から抗議を受けていたことや、キリスト教の扱いについて英国公使から不満を述べられていたことなどがあったと思われる。一八九九年六月に創刊された雑誌『三眼《さんがん》』にキリスト教徒を「非愛国者」とする記事が掲載された際には、英国公使のアーネスト・サトウが青木のもとを訪れ、サトウの日記によれば、「これは言語同断だと言った。この文章の意味しているのは、クリスチャンなら誰でも日本の国の敵だというのか」と追及している。[53] 青木自身キリスト教徒であり、その自伝において、「個人」は「思想行動に関し概ね自由なざらるべからざるは実に天地の通則にして、我国独り此の通則の外に脱出すること能はざるなり」と個人の自由の重要性を述べ、またプロテスタントの勃興が西洋人の「不羈《ふき》独立の思想行為」を発達させたと賞賛していた。[54] こうした青木の信条も、右の内務省批判に反映されているのかもしれない。

　なお、サトウは発令された省令に満足したらしく、七月三一日に青木に私信を送り、「内務省令ハ信教ノ自由ヲ保障シタル憲法ノ精神ト些《いささか》モ相戻《あいもと》ル事無之モノニ有之小生ノ大ニ満足スル所ニ有之候」と伝えた。ただ、続けて「日本国法律中宗教信者ノ礼拝儀式等執行ニ関スル保護並埋葬地ニ於ケル墳墓ノ損害等ヲ防止スル為メニ設ケラレタル規定有之候哉」と問い合せており、宗教問題に対する神経質な姿勢もうかがわせている。[55]

　かくして内務省令四一号が制定され、キリスト教に対する「有形」の取り締まりが行われることとなり、同時に、「無形」の取り締まりは治安法規と宗教法制によって担われることとなった。この背景には、改正条約実施準備委員会や外務省からの要請があったが、内務省自身、キリスト教の浸透にはかなりの脅威を感じていたようである。一八九九年五月二三日、同省は外務省に対して次のような情報を伝えている。

英米両国基督教派布教ノ大計画

本年改正条約ノ実施ト共ニ英米ノ基督教宣教師ニ於テハ連合一致シテ大《おおい》ニ日本ニ該教《がいきょう》ノ伝播ヲ計ランカ為メ男子宣教師三百人女子宣教師五百人ヲ我国ニ派遣シ明治三十五年ヲ期シ信徒八百万人ヲ得ント欲シ先《ま》ツ布教ノ根拠ヲ我国中央ノ京都ニ定メ宏大ナル寺院ヲ同地ナル東西本願寺ノ近傍ニ建造シ以テ人心ヲ収攬《しゅうらん》シ同教ノ領分ヲ拡張セントノ謀略ヲ旋《めぐ》ラシ居ル由聞込メリ而シテ寺院建築ノ費用ハ凡ソ四百五拾万円ヲ要スル見込ノ由ニテ是等ノ計画ニ対シテ我国同教ノ信徒ニ於テ大ニ賛成ヲ表シ東西呼応シテ之カ運動ヲ為シ居ルトノ事ナリ然ルニ仏国カソリック派ノ宣教師等密ニ謀図《ぼうと》ヲ探知シ是又英米ノ基督教宣教師等ト競争角逐《かくちく》シ我国ニ於テ同様ノ計画ヲ為サント欲シ専ラ其運動方法ヲ講シ居ル趣ナリ(56)

英米のキリスト教宣教師八〇〇名が来日して、三年間で八〇〇万名の信徒を集めようとしており、仏のカトリックもこれに対抗して同様の計画を練っているという。当時英米諸国では、一九〇一年の二〇世紀第一年を迎えるに際して種々の伝道計画が立てられており、日本でも一九〇〇年、福音同盟会が翌年からの大挙伝道を決議しているから(57)、実際にこうした計画はあったのかもしれない。いずれにせよ、条約実施に伴って英米仏のキリスト教宣教師がこぞって来日して「競争角逐」を繰り広げるという情報は、内務省のキリスト教対策の一背景を形成したと思われる。

さて、内務省令第四一号によるキリスト教の行政管理の窓口は地方官とされたが、東京府の場合、一八九九年九月頃から続々と宣教届が提出され、知事がこれをまとめて内相に進達した一二月五日段階では、日本聖公会四一名、日本基督教会二七名、ハリストス正教二六名、メソジスト監督派一三名、日本メソジスト派一〇名、天主公教一〇名、救世軍一〇名、バプテスト派九名、その他四九名の計一九五名（うち外国人六三名）が宣教届を提出していた。たとえば日本基督教会の植村正久は次のような届を出しており、その他もほぼ同様の体裁となっている。

宣教届

私儀従前ヨリ宗教ノ宣布ニ従事致居候間別紙履歴書相添左記事項ヲ具シ此段御届申上候也

一　宗教ノ名称　日本基督教会

二　布教ノ方法　下谷区御徒町三丁目六十一番地下谷教会堂ヲ始メ他人ノ家屋又ハ自宅ニテ伝道シ説教講義日曜学校通信伝道其他印刷物ノ配布等便宜ニ応シ之を行フ

明治三十二年九月

東京麴町区上六番町三十六番地　植村正久　印

東京府知事男爵千家《せんげ》尊福《たかとみ》殿(58)

植村の履歴書が添付されたこの届は下谷区長を経て東京府内務部長にあげられ、東京府知事から内相に進達されている。捺印の欠落や履歴書の記載漏れといった書類上の欠陥がある場合は内務部長から区長を経て再提出を求められたが、それ以外はそのまま内相の決裁を得た。会堂教会については一一月一六日、日本基督教会二三、日本聖公会一八、天主公教一二、メソジスト監督派二二など計九〇の会堂教会の設立について知事が内相に進達し、許可を得ている。この場合も書類上の不備を除いて、すべてが許可された[59]。いかにも「設備の管理」といった対応だが、それは「無形」の取り締まりが法的に担保されていないためだったようで、この後治安立法などが整備されると、許認可も厳格化されていく。この点については、後に論じたい。

宗教法案の提出・否決

さて、省令第四一号発令後の一二月九日、第二次山県有朋内閣は帝国議会に宗教法案を提出した。山県首相は提出理由として、宗教について各種法令で規定が設けられているものの、「未ダ宗教大体ニ関スルノ法律ハ欠ケテ居ル」こと、また一八九八年施行の民法で「祭祀宗教慈善ノ団体ニ関シ法人ノ資格ヲ認メ」たものの、宗教は他法人と性質を異にするとして民法施行法から除外され、その後法規定がないままとなっており、宗教団体の財産管理などが「不便利」となっていることを挙げている[60]。

ただ、所管官庁である内務省としては、やはり改正条約実施に伴うキリスト教普及への対応という側面が強かった。西郷内相は一一月二九日付の請議において、「改正条約ハ外人ノ信教並礼拝ノ自由ヲ担保セルヲ以テ内地雑居ニ伴ヒテ神仏道以外ノ各種ノ宗教益々内地ニ宣布セラルヘク一般宗教ニ関スル法規ヲ制定スルハ目下ノ急務ナリト認ムルヲ以テ本案ハ当期帝国議会ニ提出アランコトヲ望ム」と述べている(61)。

この法案は、教派教会の設立や教会規則の事前認可、教派宗派教会への命令・処分を含む監督といった主務官庁の取り締まりの範囲内で、宗教団体の自治権や非課税特権を認めるものであった。取り締まりという点では、宗教儀式の執行その他宗教事項に関して「安寧秩序」「風俗」「臣民たるの義務」に背く行為があると認めるときは主務官庁が許可の取消等を行うことができる(第九条)、「教師は政治上の意見を発表し其の他政治上の運動を為すことを得ず」(第三七条)、といった条項が注目される。

宗教法案は、「神道・仏教・キリスト教を同一待遇とし、同様の特権を与えた」ものであり、その意味で、自らを公認教とし、キリスト教には法人格を認めないよう求める仏教側に比して「〝進歩〟」的であった(62)。それゆえに、仏教側の猛烈な反対によって同法案は貴族院で否決に追い込まれることとなる。

山県内閣が各宗同一の待遇をとった理由については、西郷内相が法案請議で、「外国ニ在テハ特権ノ宗教ニ属スル団体ニ限リ公法上ノ権力其他特別ノ特典ヲ付与スルノ例少キニアラスト雖モ是レ各国特別ノ沿革ニ基クモノナルヲ以テ直チニ我邦ニ採ルヘキノ制ニアラス」と述べている(63)。それは、特定の宗教に特権を与えない「文明主義(64)」に基づくものでもあったろうが、すでに条約実施に向けて外国人の権利保護を打ち出し、キリスト教排撃論を唱える仏教側に取り締まりを示唆して自粛を求めていた政府にとって、仏教に「特別ノ特典」を与えることも、またキリスト教を排除することもできなかったはずである。そして、この法案が条約実施に伴うキリスト教浸透への対応という趣旨を持っており、また省令第四一号請議に「宗教上ノ集会結社ニ対シ設立等ニ付キ制限ヲ加ヘ特ニ届出ヲ徴スルカ如キハ法律ノ規定ヲ待ツ(65)」として待たれた法案であったことを想起するとき、山県内閣がキリスト教を歓迎したわけでもなかったことも理解されよう。それは次に見るような文部省における対応にもうかがえる。

いずれにせよ、宗教法案の否決によってキリスト教対策の「無形」面を担うべき法制の一方が欠けることとなった。

私立学校令・文部省訓令第一二号の発令

条約改正実施準備委員会の設置を受け、貴衆両院議員や官僚などの間で一八九七年七月、近衛《このえ》篤麿《あつまろ》を中心とする条約実施研究会が設立された。同年一一月に開催されたその会合で伊沢修二《いざわしゅうじ》は、「耶蘇教各派ハ政府ニ於テ一ノ宗派トシテ認メ神仏各派ノ同一ノ管理ニ属スベキヤ否ヤ、又耶蘇教徒ノ設立セル学校ニ於テ普通教育ヲ施ストキハ其教科ニ宗教ヲ加フルコトヲ許スベキヤ否ヤ」との課題につき報告し、出席者の間で激しい議論が交わされた(66)。条約実施に伴うキリスト教対策は、宗教法をめぐる問題と、宗教教育の是非をめぐって惹起されていたことがうかがえる(67)。

実際、改正条約実施準備委員会ではキリスト教の教育への介入について問題となっていたようであり、会議に出席していた江原素六《えばらそろく》によれば、「ある議員」が「条約改正が実施された暁には外人が入って来る。之は止むを得ぬが、こゝに考ふべきは基督教の伝はる事である。……青年男女が教会へ出入りする事は国家の前途にゆゝしき事である」として、「外国人の学校をして発達せしめざると同時に法律にて設置を禁ぜねばならぬ。それには学校内に於て宗教的儀式を禁ずる旨の法律を発布さす」と問題提起したと述べている[68]。実際準備委は文部省に対し、「外国人ニ日本臣民ノ為ニ私立小学中学及普通教育ニ関スル造営物ノ設立ヲ許可スヘキヤ否ヤ」、「外国人ノ設立スル学校ニ於ケル宗教上ノ関係ニ就テハ、何等ノ規定ヲ設クル必要ナキヤ」と、外国人による学校設立と、そこにおける宗教教育の是非について問い合わせている[69]。

これに対し文部省は勅令「私立学校令」案を作成し、一八九九年四月一七日、高等教育会議に諮問する[70]。その第一七条には、「小学校中学校高等女学校其他学科課程ニ関シ法令ノ規定アル学校及政府ノ特権ヲ得タル学校ニ於テハ宗教上ノ教育ヲ施シ又ハ宗教上ノ儀式ヲ行フコトヲ得ス」と規定していた。これについて岡田良平参与官は、法によって学科課程が規定されている学校や特権を受けている学校は「私ノ事業デハナイ、公ノコトデアル」として、教育の公平性、宗教と教育の分離といった観点から、宗教教育・儀式の禁止が必要だと述べている[71]。

高等教育会議はこれを原案通り可決して内閣に提出し、六月二一日、法典調査会に諮問された。ここで各省からの意見が徴されたが、内務省は当時、「有形」「無形」のキリスト教取り締まりを想定しており、キリスト教教育の禁止に異存はないものの、仏教・神道系学校は適用外とすべきだと考えており、また法令による規制を受ける学校は、その法令によって取り締まればよく、新たな規定を設ける必要はないとの立場をとっていた。外務省も宗教教育禁止事項の削除を求めており、結局私立学校令からこの規定は削除、別途文部省訓令として発布することで妥協が図られた[72]。

これを受けて閣議決定された内閣原案は七月一五日、枢密院に提出されるが、その際、樺山資《かばやますけ》紀《のり》文相は、「条文ニ宗教云云ヲ掲クルトキハ或ハ日本ハ尚排外思想ヲ有スルカト思ハルルノ嫌ナキニ非ス故ニ明文ニハ之ヲ掲ケスシテ此ノ方針ヲ採用スルコトニ閣議ニ於テ決シタルナリ」と述べ[73]、条文に宗教教育禁止事項を盛り込むと日本が排外思想を持っていると受け取られかねないため、その明文化を避けたとしている。いわば外交的配慮からの措置であった。先の外務省からの要求も、こうした配慮からのものだったのであろう。実際、英米公使の間では、この問題がたびたび持ちあがっており、五月一六日のサトウの日記は、「宣教師の件および学校での宗教教育について。彼（駐日米国公使のアルフレッド・E・バック――引用者）は一一日に非公式に青木にその話をしたらしい[74]」と、米国公使が青木に抗議したことを示唆している。

かくして、宗教教育禁止事項を削除した私立学校令案は枢密院で決議され、一八九九年八月三日に公布、同日、「一般ノ教育ヲシテ宗教ノ外ニ特立セシムルハ学政上最必要トス依テ官立公立学校及学科課程ニ関シ法令ノ規定アル学校ニ於テハ課程外タリトモ宗教上ノ教育ヲ施シ又ハ宗教上ノ儀式ヲ行フコトヲ許ササルヘシ」との文部省訓令第一二号が発せられた。(75) 改正条約の実施に伴って、外国人による学校設立と、そこでの宗教教育への対応を迫られた文部省は、教育の公平性、宗教・教育の分離といった原則を用いながら、宗教教育・儀式の学校からの排除を実現したことになる。

　キリスト教が排除されたのは、キリスト教が教育、とりわけ教育勅語による徳育を阻害すると考えられたためだったようである。(76) 実際、私立学校令の審議過程では、冒頭に教育勅語を明記した上で教育と宗教を分離すべきとの意見が出され、文相もその趣旨には同意していた。(77) 文部省内教育史編纂会編『明治以降教育制度発達史』も文部省訓令第一二号について、次のように述べている。

> 我国では学校に於ける徳育の根本を教育勅語に置きて其徹底を期し、一方宗教的なるものの精神界に於ける重要なる元素たり大なる勢力たることは之を認むるも、之を国民教育と混同することは種々の弊害を生ずべきを慮《おもんぱか》り、諸外国に於ける過去の苦き経験にも顧み教育宗教分離の方針を確守して今日に至つて居る(78)

　この訓令については、さっそく異議申し立てが行われており、青山学院、明治学院などキリスト教系学校の代表者が米国公使の支持を得て文部省・東京府に抗議した。(79) こうした抗議や欧米諸国への配慮から、文部省は翌年四月までは従来通り宗教上の儀式・教育を行っても差し支えないこととするなど、訓令の適用緩和をせざるを得なくなる(80)。

かくして、条約実施前後の段階では、一方で外国人との和親、外国人の権利保護が強調されつつ、一方でキリスト教の管理・警戒といった政策もとられ、かつ外交的な配慮から、「規制色」が表面化しないよう注意されたのであった。

3 条約実施後のキリスト教対策

治安警察法の制定

内務省におけるキリスト教対策は、西郷内相の省令第四一号請議にみられるように、同省令によって「有形」の取り締まりを行い、結社法規と宗教法によって「無形」の取り締まりを行うこととされていた。その後、結社法規たる集会及政社法は、治安警察法の制定によって廃止されることとなったため、内務省は治安警察法と宗教法を組み合わせた宗教取り締まりを検討していった。この間、宗教法案が否決されたことは多少の混乱を生むが、結局宗教法によって規定しようとした条項を治安警察法に取り込む形で、対策が整理されていく。

治安警察法の制定には、政党内閣であった隈板《わいはん》内閣で廃止された保安条例をはじめ、日清戦争後の政府と政党との提携の中で当時改廃の機運が高まっていた治安法令の空白を埋め、治安対策を再建する意図と、工業化・都市化の進展に伴う同盟罷工《どうめいひこう》（ストライキ）問題への対処という目的が込められていた。(81)同法は、政治結社の結成・集会の際の届出、警察官や女子、外国人等の政治結社加入の禁止、警察官の集会の解散権、内相の結社禁止権、街頭や公衆が自由に交通する場所での「安寧秩序」「風俗」を害する印刷物の掲示・頒布・朗読の禁止等を定めている。宗教については政府原案に明記されておらず、衆議院でも特に議論されなかったが、貴族院での審議過程で、重要な修正および政府見解の表明がなされることとなった。

まず問題となったのは、政治結社への加入を禁じる者の中に、宗教教師の記載がないことであった。この点について一九〇〇年二月二一日、貴族院特別委員会で岡部長職《ながもと》委員長が、治安警察法に宗教教師の政治結社加入禁止規定が抜けているのは、宗教法案に政治活動の禁止規定があったために、「アノ法デ制裁シテ居ルカラ此方デハ制裁ヲ加ヘンデモヨイト」考えたためではないか、宗教法案が否決された以上、「是非此処ニハ入レテ置カナケレバナラヌモノト思ヒマスガ如何」と問うたところ、小松原英太郎内務次官は「宗教法案ト此治安警察法ト云フモノハ相俟《あいま》ッテ取締ガ付クヤウナモノト考ヘテ居ッタノデアリマスガ、宗教法案ガ潰レマシテ……教師ノ取締ノ如キモ全ク抜ケマシタデス」と明かした。宗教法案によって宗教教師の政治結社加入を禁じようとしていたため、治安警察法案にはこの規定が入っておらず、宗教法案が否決された結果、この規定が抜け落ちたわけである。この後、改めて神官僧侶も明記すべきであるとの意見が出され、政府委員側も同意、ほかの宗教の教師との整合性も考慮して、「神官僧侶其他諸宗教師」の政治結社加入禁止規定が盛り込まれることとなった(82)。

続いて、「公事ニ関スル結社又ハ集会ニシテ政事ニ関セザルモノト雖《いえども》安寧秩序ヲ保持スル為届出ヲ必要トスルモノアルトキハ」届出を命じるとの第三条について、「公事」の範囲が問題となるが、特別委員会で小松原は、「宗教ニ関スルトカ云フヤウナコトハ皆公事ニ関スル事項ト見テ宜イ」と、宗教を含むものであると述べ、さらに「宗教ニ関スル事デモ……随分不穏ナ言論ヲ吐イテ安寧秩序ニ害ガアルト云フヤウナ傾キノ集会モ近来段々アル」と漏らしている。これについて村田保《むらたたもつ》が具体例の提示を求めると、治安警察法の起草者である有松英義《ありまつひでよし》内務書記官は、次のような発言をした。「内地雑居ノ結果ト致シマシテ外教ガ追々内地ニ盛ンニナリマスルト宗教上ノ争モ起ル、随ッテ宗教上ノ目的ヲ以テ団結スルコトモ盛ンニナッテ参ラウト存ジマス、其時ニ至リマスレバ又随ッテ政治上団結ト同一ノ取締ヲナスノ必要モ生ジヤウト存ジマス」(83)。内地雑居に伴うキリスト教の浸透によって国内社会に宗教上の争い、団結が生じることを警戒し、これを政治団体と同様取り締まる必要を述べたわけである。続く本会議で小松原は「「公事ニ関スル」ト申シマスルノハ……例ヘバ宗教上ノ組合結社」と明言し、治安警察法は宗教団体をも対象とすることが確認された(84)。かくして一九〇〇年二月二三日、治安警察法の貴族院修正案が成立する。

これを受けて五月一二日、西郷内相は、治安警察法による宗教取り締まりについて以下のような訓第五〇七号を通牒した。長文だが、重要なものであるため、全文引用したい。

近来宗教ニ関スル集会又ハ結社ニシテ宗教制度ニ関スル意見ノ遂行即チ例ハ仏教ハ公認教ト為サ、ルヘカラスト云フガ如キコトヲ目的トスルモノアリ此等ハ国家ノ制度ニ対シ云為《うんい》スルモノナレハ政事集会又ハ政事結社ト看做スヘキモノナルヲ以テ治安警察法第一条第二条ニ依リ届出ヲ徴スルハ勿論厳重ニ之カ取締ヲ為スヘシ而シテ今面発布ノ治安警察法ニ於テ僧侶及諸宗教師ハ政社ニ加入スルコトヲ禁止スルヲ以テ此ノ規定ハ之ヲ励行スルノ方針ヲ取ルヘシ尤此ノ種結社ニシテ従来ヨリ成立セルモノニ対シテハ一応其ノ代表者ト看做スヘキ者ヲ説諭《せつゆ》シテ届出ヲ促シタル上尚届出ヲ為サ、ルトキニ限リ訴追ノ手続ヲ出ツヘシ其ノ他集会ニ於ケル言論又ハ結社ノ行為ニシテ政事ニ渉ルモノハ其ノ之ヲ行フ者ノ教師僧侶タルノ故ヲ以テ特ニ寛假《かんか》スルカ如キコト勿カルヘシ又教師僧侶ノ犯罪ハ勿論其ノ犯罪ニ渉ラサルノ例ハ無稽《むけい》ノ言語若ハ詐術ヲ逞フシテ民ヲ惑《まどわ》スカ如キ苟《いやしく》モ公安ヲ害シ風俗ヲ乱スノ行為ハ警察上相当ノ措置ヲ為シテ之ヲ防制シ且法規ノ定ムル所ニ従ヒ厳重処分シ其ノ稍《やや》重大ナルモノハ本大臣ニ報告スヘシ又街頭其ノ他公衆ノ自由ニ交通スルコトヲ得ル場所ニ於ケル説教及宗教ニ関スル演説等ニ対シテハ治安警察法ニ依リ相当取締ヲ為スヘシ
右内訓ス(85)

国家の宗教制度について意見する集会・結社は政治集会・政治結社とみなして治安警察法によ

って取り締まること、教師僧侶の政治結社への加入を監視し、詐術や民心困惑、公安、風俗を混乱させる行為を法に基づいて厳重処分に付すこと、さらに街頭、公衆が交通する場での説教、演説を取り締まることなどを命じている。当初宗教法案に盛り込まれていた宗教教師の政治活動の禁止や安寧秩序、風俗を害する宗教団体の取り締まりが、治安警察法の枠組みに吸収されているのがわかる。具体例として挙げられたのは仏教公認教運動であり、これは前年来行われていた同運動対策を治安警察法の枠組みに取り込み、対象を拡大した措置でもあった。すでに述べたように、内地雑居後に拡大が予想されるキリスト教も、その念頭に置かれていた。

訓令の同日には警保局長安楽兼道《あんらくかねみち》と宗教局長斯波淳六郎《しばじゅんろくろう》が連名で、既存の宗教団体については規則規約を内偵して報告し、本省の指示を得て政社の届出をさせ、拒否する場合は訴追することなどを改めて通牒し、警視庁では五月一六日、警視総監・大浦兼武《おおうらかねたけ》が各警察署長に対して秘第二号を通牒し、大臣内訓の内容に沿って取り締まるよう伝達した。[86]

さて、右の大臣内訓を起案したのも有松だが、その内訓案の末尾には、「外教ニ就テハ現ニ宣布セラレツ、アルナルモノニシテ其性質未タ明カナラサルモノナキニアラス（例へハ救世軍、耶蘇旧教修道院、クエカーノ如シ）又今後奇異ノ宗教ニシテ新ニ宣布セラルヘキモノモ之レアルベキヲ以テ外教宣布者及其会堂等ニ付テハ昨年七月本省令第四十一号ニ依リ届出テシメラルルハ勿論尚ホ右等宣教者ノ動作ニツキ亦周到ナル注意ヲ加ヘ必要ナル事項ハ毎《ごと》ニ報告セラレンコトヲ望ム」と記されていた。[87] 有松は、新たに浸透しつつある救世軍、カトリック修道院、クエーカーなどのキリスト教団体への対処について、内務省令第四一号による届出に加え、宣教師の行動に注意・報告する方針を考えていたのである。この部分は、特定の団体を名指しするのが避けられたためか、訓令には盛り込まれなかったが、実際にこうした対策は次項でみるとおり、実施されることとなる。

衆議院議員選挙法の改正

治安警察法による取り締まりと並行するようにして、一九〇〇年二月二三日、衆議院議員選挙法改正案が成立した。これによって選挙人資格の直接国税納税額が一五円以上から一〇円以上に緩和され、被選挙人資格では納税資格が撤廃、小選挙区制を改めて郡部を大選挙区に、人口三万以上の市を独立選挙区とし、議員定数では独立選挙区が優遇された。これも都市化・工業化への対応という色彩が強く、実際、背後には商工業団体の運動と彼らへの勢力扶植をねらう憲政党の強い支持が存在していたとされている[88]。

この中で、宗教教師についてはむしろ被選挙人資格を認めない範囲が拡大され、一八八九年の制定時には「神官及諸宗僧侶又ハ教師ハ被選挙人タルコトヲ得ス」とされていた規定が、「神官、神職、僧侶其他ノ諸宗教師、小学校教員ハ被選挙権ヲ有セス」と改正された。内務省が改正を行った理由ははっきりしないが、省令第四一号や治安警察法と平行して検討されていたことからも、キリスト教対策を念頭に置いたものであったものと推察される。

実際、内務省はキリスト教公認後に、この条項によって同教教師の被選挙人資格を禁止することを考えていたようである。一八九九年二月一四日、第一三議会の衆議院審査特別委員会で、「諸宗ノ教師ト云フノハ、基督教ノ牧師、伝道師モ矢張此中ニ這入《はい》ルト認メテ宜シウゴザイマセウカ」との質問に対し、政府委員の一木《いちき》喜《き》徳郎《とくろう》は、「神官僧侶……其他ノ者ハ公認セラレテ居リマセヌ、又教師ノ身分モ明カデアリマセヌカラ、実際ノ所ハ此中ヘ這入ラヌ」[89]と答えながらも、三月六日の貴族院特別委員会では同様の問いに対して、「将来宗教制度ガ立チマシテ明ラカニナリマス迄ハ是マデノ解釈ヲ執ッテ居リマス」として、「諸宗ト云フノハ神官僧侶諸宗ノ教師ヲ指スノデアリマスカラ耶蘇ノ如キモ這入ルベキモノデアリマス」と述べている[90]。この後、七月に省令第四一号によってキリスト教が公認されたわけだから、翌年二月の衆議院議員選挙法改正段階では、キリスト教教師の被選挙人資格は禁じられることとなった。実際、林田亀太郎《はやしだかめたろう》衆議院書記官長は一九〇二年刊の選挙法注釈書において、「諸宗教師とは耶蘇教回々《フィフィ》教其の他の僧官を称す此等の者をして議員たるを得さらしむるは宗教と政治とを分離するの目的に出てたるものなり」と解説している[91]。

「宗教と政治とを分離」したのは、キリスト教教師の影響力を政治から排除したかったためだと思われる。一木は被選挙人資格を禁止した小学校教師について一九〇〇年一月一五日の衆議院審査特別委員会において、「感化力ノ多イ者ニ政治上ノ運動ニ這入ル途ヲ開クノハ、教育ノ為メニモ甚ダ不利益デアル[92]」と述べている。同じ条文でキリスト教教師の被選挙人資格も否定したことは、彼らの「感化力」を警戒して政治参加を禁じたことを示唆していよう。

かくして、改正衆議院議員選挙法と治安警察法によって、宗教教師の被選挙人資格および政治結社への加入が禁じられ、宗教法案に盛り込まれながらも実現しなかった宗教教師の政治活動の禁止を担保することとなった。都市化・工業化への対応や政治運動対策の再建という面が強い両法規に、内地雑居に伴う脅威の排除という意味も込められていたことは、注目されてよいだろう。

許認可行政の厳格化とモルモン教問題

内地雑居に伴うキリスト教流入に関して、内務省がもっとも懸念していたのは、キリスト教排撃論を喧伝していた仏教勢力との衝突であった。条約実施後、仏教側が恐れていたキリスト教の大規模な浸透とそれによる混乱はほとんど起こらず、キリスト教排斥論は沈静化するが[93]、内務省側の不安はすぐには晴れない。この後も内務省は省令第四一号や治安警察法に則りながら、キリスト教の大規模伝道の展開や他宗教との衝突、そして安寧秩序の妨害を防ぐ対策を採っていく。

内務省令第四一号発令直後、東京府ではキリスト教派の宣教届や会堂設立届がほぼそのまま許可されたことは先述の通りだが、治安警察法公布（一九〇〇年三月一〇日）とほぼ時を同じくして、手続きが厳格化されている。

たとえば一九〇〇年二月二六日、カトリック東京大司教のピエール・M・オズーフは東京府知事に対し、小石川に「聖母教会」を設立する旨を申請したが、三月六日に小石川区長がそのまま知事に上申したところ、翌日に阪本釤之助《さんのすけ》内務部長から「御調査……無之処理上差支」があると回答があり、区長は建設理由や信者数、周辺の同教既設教会の場所、土地の所有者名、資金調達方法などを調査して返答し、ようやく府知事は内相に上申した。これに対して八月一三日、斯波淳六郎内務省宗教局長から「本会堂設立ノ為既設ノ神社寺院説教所講義所ノ類ニシテ直接間接ニ影響ヲ蒙リ紛擾《ふんじょう》ヲ惹起スルカ如キ虞《おそれ》ナキヤ」について「御取調御回報相成度」との指示があり、内務部長は区長に伝達、区長は「専ラ取調候処右ノ虞ナキ者ト承知仕候」と返答し、ようやく一〇月五日、内相から設置許可が下りるにいたった(94)。内務省がキリスト教と他宗教との「紛擾」を恐れていたことが理解されよう。

こうした姿勢はプロテスタントについても同様であった。同年一〇月にバプテスト派から芝区に教会移転申請が出された際も、内務部長は移転の理由、信者数、資金調達方法、さらに次の二点について調査するよう求めた。「本会堂設立ニ付テハ安寧風俗等ヲ紊《みだ》ルコトナキヤ否ヤ」「既設ノ神社寺院仏堂祠宇《しう》会堂教会所講義所説教所ノ類ニ付シ紛擾ヲ惹起スルノ虞ナキヤ否ヤ」。これに対し区長は、「安寧秩序及風俗等ヲ紊乱《びんらん》スルノ虞ナシ」「紛擾ヲ惹起スルノ虞ナキモノト認ム」と回答、知事は一二月五日に許可方を上申している。しかし斯波宗教局長は、資金調達方法に「米国伝道会社及内国信者任意ノ寄付金ニ依リ」とあることを警戒し、「伝道会社ノ目的及設立地並本教会トノ関係御取調相成度」と指示した。外国の伝道会社の進出を警戒したものと思われる。芝区では申請者の栗原清次郎を呼び出して説明を求め、これを受けて、伝道会社は「宣教師ヲ諸国ニ派出シ其地ノ信者ヲシテ教会ヲ認識セシメ当分若干ノ額ノ寄付金ヲスルコトアリ」、教会とは同一教派であっても相互に独立し、「分教会等ノ関係毫《ごう》モ無之」と回答し、知事は再度上申、翌年一月二四日に許可を受けている。一九〇〇年一二月の日本聖公会からの講義所設立願、翌年四月の日本メソジスト教派からの教会設立申請の際も、他宗教との「紛擾」や「治安之妨害」が懸念されて調査が行われた（いずれも後に内相は許可(95)）。

　これらの事例は宗教局のみが対応しているが、「安寧秩序」の妨害が強く懸念される場合、警保局も共同歩調をとっていた。その例が、モルモン教である。同教の宣教師が来日したのは、一九〇一年八月一二日だが、この直後から、同教が一一年前まで維持していた一夫多妻が国内社会に与える悪影響に対する警戒感から、布教反対を唱える世論が高揚した。たとえば『時事新報』同年八月二〇日付社説「モルモン宗の渡米に付き」は、「モルモン宗なるものは実際に一夫多妻主義を主唱し又それを実行するものにして西洋の文明国にては一般に之を排斥して共に歯《よわい》するものなし」として、「我国も文明国の一国として世界に対して体面を全うせんとするには多妻の慣習の如き断じて排斥せざる可らざるは勿論」と論じている(96)。沼野治郎《じろう》の調査によれば、八月一四日から九月八日までに、七紙に二六のモルモン教関連記事が掲載され、うち六紙が排斥的論調であったという(97)。こうした世論の高揚は、内務省の警戒も呼ぶこととなった。

　同年八月二四日付『東京朝日新聞』はモルモン教を警戒する内務省当局者の談話を伝えているが、そこでは、モルモン教は一夫多妻を維持していると警戒し、まず省令第四一号による届出を求め、さらに布教内容が安寧秩序を妨げる場合は治安警察法によって取り締まるとしている。ただ、「特別の行為なきに於てハ信教ハ自由なり漫然たる推測を以て之を禁止すること能はざるべし」とも述べていた(98)。

実際この八月二四日、内務省警保局長および宗教局長は通牒秘甲第一三八号を発し、五月の通牒に基づき、次のようにモルモン教宣教師の行動、布教方法、説教要旨などを内偵するよう命じている。

今般モルモン宗教師「ヘーバー、ジエー、グラント」ナル者本邦へ布教之目的ヲ以テ「エル、エー、ケルスチ」「エー、オン、テーラー」「エッチ、エス、インサイン」ナル三名ノ教師ヲ随へ米国ヨリ渡来シ目下横浜ニ滞在之趣ニ有之候処同宗布教ニ関シテハ特ニ厳密視察之必要有之候条同宗教師ニシテ貴管下ニ罷越《まかりこし》候際ハ其行動ハ勿論布教之方法説教之要旨等細密御偵察之上至急御内報有之度依命此段及通牒候也(99)

この後、九月三〇日に神奈川県知事に布教届が提出されると、両局長は一〇月一九日に秘甲第一八四号を通牒、公衆集会や個人訪問伝道の際の情況や演説内容等を報告し、「其説教所講義所等ヲ設置セントスル場合ニハ三十二年当省令第四十一号ニ反スルナキヤ否ヤ等厳重監視」することを求め、特に次のような点に注意するよう命じている。

一　一夫多妻ヲ勧説スト認ムヘキ点ナキヤ否ヤ
一　彼等ノ宗長（プレジデント）タルモノ、宗旨上並ニ政治上ノ無限権力ヲ説キテ国法無視スト認ムヘキ点ナキヤ否ヤ
一　彼等ノ根拠地タル米国ユータ州ニ移住ヲ勧説スト認ムヘキ点ナキヤ否ヤ(100)

内務省は同教の国内社会への影響について、特に一夫多妻制、宗長の無限権力・国法無視、そして米国ユタ州への移住勧誘の有無を警戒していたわけである。ただ、内偵の結果から特別問題とされる行為は報告されなかったようで、結局一一月には布教が許されるにいたっている(101)。

もっとも、この後も内務省側の警戒感は緩んでおらず、警保局・宗教局内では「秘　モルモン宗」と題する詳細な報告書が作成され、一九〇三年に内相に提出された。そこでは、先述の三つの注意点について次のように述べられている。一夫多妻については、公式には一八九〇年に廃止宣言を行っているものの、「宗議トシテハ多妻制尚モルモン宗ニ存スルモノト云フベク」と、依然宗義としては維持されているとし、また宗長の無限権力・国法無視の有無についても、「宗長ノ権力ハ実ニ絶対無限ナリ其及フ所独リ宗教上ノミナラス政治上経済上人事百般ノコト凡テ及ハサル所ナシ」と述べ、規律教義違反に対して教団内で私刑が行われていることなどを根拠として

あげている。移住の勧誘に関しても、「モルモン宗ノ目的ノ一ノ王国ヲ作ルニアルヲ以テ其外国ニ布教スルヤ移住民ヲ「ユーター」ニ誘拐スルノ一事アリトス」として、実際に移住基金を創設して英仏などから改宗者を移住させていると述べていた[102]。内務省内の強い警戒感がうかがえよう。この後、同宗の活動に何らかの制約が加えられた形跡はみられないが、それは、このような情報の根拠となっているのがアメリカやイギリス、フランスの事例に限られ、国内では特に安寧秩序を乱す行為が認められなかったためだと思われる。先の談話にあるように、「特別の行為なきに於てハ」、憲法上も信教自由が規定されている以上、禁止することはできなかった。モルモン教は一九二四（大正一三年）に伝道を閉鎖しているが、それは宣教師や広報媒体の不足、言葉の壁、そして多妻への世論の反発から、改宗者が一〇〇名程度と伝道の成果が挙がらなかったためだといわれている[103]。

ともあれ、内務省が他派に比して強い姿勢でモルモン教に対応した背景には、同教が安寧秩序を害する高い蓋然性を持っていると判断されたことに加え、同教は「西洋の文明国にては一般に之を排斥」していることから、対外関係の面でも思い切った施策をとりやすかったためではないかと推察される。

4　キリスト教対策の背景と展望

「独立」の希求と規制の強化

内地雑居反対論を押し切って条約改正を実現した明治政府は、条約相手国に対し、外国人排斥の動きを抑え、その権利を尊重することを確約した以上、国民に対して広く、強く、外国人との和親、その権利尊重を周知せざるを得なかった。

しかし、内地雑居反対論を根拠付けていた、雑居が国内に与える社会的、政治的、文化的弊害については、政府も楽観してはいられなかった。キリスト教については、条約において外国人の宗教活動を承認しただけに、これを公許して布教を認めざるを得なかったが、内務省は「有形」のキリスト教対策として内務省令第四一号を位置づけ、また文部省においても、外国人学校における宗教教育を排除する対策がとられることとなった。かつて駐英公使として条約改正の交渉にあたった青木周蔵と外務省は、英米からの批判を受けつつ、こうした「規制色」が表面化しないよう、内務省・文部省に働きかけることとなる。(104)

ともあれ、キリスト教の公認と管理・取り締まりが共存する内務省令第四一号や、勅令に盛り込むことをはばかられ、文部省訓令として出された宗教教育禁止事項、そして「安寧秩序」保持の観点からキリスト教各派を警戒しつつ、結局はその活動を認めざるを得なかった内務省の対応は、いずれも、外交と内政のジレンマ、「対等条約」にふさわしい外交的体裁の整備と未だ不安定な要素をぬぐいきれない国内体制の防衛という明治日本の相克を映し出している。ただ、外交関係の安定に動機付けられたキリスト教の保護も、また国内秩序の安定を志向したキリスト教の警戒も、ともに「独立」を維持するための懸命な模索であることに違いはなかった。そして、「独立」への希求は、雑居反対派にも通じるものだったといえよう。

かつて、この時期の条約改正をめぐる有識者層の対外意識を分析した岡義武《おかよしたけ》は、そこに「民族の独立確保への烈しいひたむきの欲求」という共通点を読み取ったが[105]、それは、条約締結から実施にいたる諸政策をも動機付けていたものと思われる。対等条約の締結を急ぐ陸奥宗光は、たしかに内地雑居反対論を感情的攘夷論と断じて打破したものの、内地雑居講究会がキリスト教と仏教の衝突による「国民的勢力ノ衝突」を警戒したように、内務省もまた「安寧秩序」のため、条約実施前には仏教側にキリスト教との和親を求め、条約実施後は仏教公認教運動を取り締まる同じ治安警察法の枠組みによってキリスト教の取り締まりを行っていったのである。それが、日清戦争と日露戦争の狭間で、外国人の内地居住にともなう異文化、特にキリスト教の流入に直面した日本の現実であったことは、記憶されてよい。

「臣民タルノ義務」をめぐって

こうした取り締まりの方向性は、日露戦争を経て、より一層強化されていく。それは、憲法二八条に規定された信教の自由を制限する第二の条件、すなわち「臣民タルノ義務」をめぐってであった。

もともと、「無形」の取り締まりを担うとされた宗教法案では、「安寧秩序」と「臣民の義務」に背くものを取り締まり対象としていたが、これは成立せず、治安警察法では「安寧秩序」面のみが警戒対象となっていた。しかし内務省内では、一八九九年七月の仏教各宗管長に対する西郷内相の訓示にもみられるとおり、憲法第二八条に基づいて臣民の義務に背く宗教も取り締まるべきだという見解が強まり、外国人犯罪対応の専門家を養成する警察監獄学校の講師を務めた松井茂も、「信教ノ自由ニ対スル制限ハ宗教ヲ離レタル一般臣民ノ義務ト安寧秩序ニ違反セサルコト是ナリ」とした上で、国家は、宗教が「臣民タルノ義務ニ背クコトナキヤ否ヤヲ監察スヘキ」であるとしていた。そしてその「義務」とは、「憲法第二章ニ明記セルモノニ限ラス或ハ皇祖皇宗ノ神霊ニ対シ敬礼ヲ表シ或ハ天皇ニ対シ忠誠ヲ尽ス義務ヲモ含ム」ものである、と。[106][107]

一九〇六年五月の地方長官会議において、神社合祀の勧奨、招魂社創立、そして神職の任用といった諸政策、すなわち地方改良運動と結びつけて神社を町村の中心に位置づけていく諸政策が示されたが[108]、その前月に警視庁には高等課が新設され、宗教に関する業務が高等警察の範疇に含められることとなり、その後、各教会講社の台帳が警察署に備え付けられて、「世教風俗《せいきょう》」を害することがないよう厳しく視察することとなった。それは、「安寧秩序」を保持することに加え、「神霊」に対して敬礼をあらわし、「天皇」に対して忠誠を尽くす義務に反する宗教を監視することで、国家の神社政策をサポートするものであった(109)。

こうした「危険」な宗教に対する警戒と、「有用」な宗教の利用については、第六章で扱いたい。

註

(1) 内務省令第四一号の制定過程については、山口輝臣『明治国家と宗教』(東京大学出版会、一九九九年)、二五一頁以下、参照。

(2) 宗教法案については、小林和幸『明治立憲政治と貴族院』(吉川弘文館、二〇〇二年)第二部第二章「第二次山県内閣「宗教法案」と貴族院院内諸会派」、小林和幸「第二次山県内閣「宗教法案」をめぐる諸相」(『青山学院大学文学部紀要』第二九号、一九八八年)、参照。

(3) 文部省訓令第一二号については、佐伯友弘「明治三二年私立学校令の制定過程」(『教育史学会紀要』第二八集、一九八五年一〇月)、石田加都雄「明治三二年文部省訓令第一二号宗教教育禁止の指令について」(『清泉女子大学紀要』第八号、一九六一年)、松川成夫「明治期における教育と宗教の分離問題」(『東京女子大学附属比較文化研究所紀要』第三〇巻、一九七一年三月)、藤原政行「私立学校に対する法的規制について」(『日本大学教育制度研究所紀要』第二三集、一九九一年三月)、高橋昌郎『明治のキリスト教』(吉川弘文館、二〇〇三年)、高橋昌郎「明治三十二年改正条約実施とキリスト教界」(中央大学人文科学研究所編『近代日本の形成と宗教問題〔改訂版〕』中央大学出版部、一九九三年、所収)、など参照。

(4) 以下、条約改正交渉の経緯と国内政治の動向については、小宮一夫『条約改正と国内政治』(吉川弘文館、二〇〇一年）、酒井正敏『近代日本における対外硬運動の研究』（東京大学出版会、一九七八年）、などに多くを負った。
（5）陸奥宗光『新訂 蹇蹇録』（中塚明校注、岩波文庫、一九八三年）、一二〇頁。
（6）「府県知事ニ対スル総理大臣ノ演説筆記」（「陸奥宗光関係文書」国立国会図書館憲政資料室蔵、所収）。
（7）「府県知事ニ対スル演説草稿」（前掲「陸奥宗光関係文書」、所収）。
（8）辻治之編『内地雑居講究会報告』第一（安達謙蔵発行、一八九二年）、二一―三頁。
（9）国友重章『条約改正及内地雑居』（内地雑居講究会、一八九二年）、六七―八五頁。
（10）前掲『条約改正と国内政治』、一三二―一三三頁。
（11）伊藤博文編『秘書類纂8 帝国議会資料』下（原書房、一九七〇年）、七一頁。
（12）中田敬義編『日英条約改正記事』（外務省、一八九四年）、六頁。
（13）前掲『条約改正と国内政治』、一八九―一九〇頁。
（14）前掲「陸奥宗光関係文書」、所収。
（15）伊藤博文関係文書研究会編『伊藤博文関係文書』第七巻（塙書房、一九七九年）、二七九頁。
（16）前掲『伊藤博文関係文書』第七巻、二七九―二八〇頁。
（17）前掲「陸奥宗光関係文書」、所収。
（18）前掲『条約改正と国内政治』、一九六頁。
（19）前掲『日英条約改正記事』、二〇五頁。
（20）前掲『日英条約改正記事』、二〇七頁。
（21）外務省編『日本外交文書』第二七巻（日本国際連合協会、一九五三年）、九頁。
（22）前掲『日英条約改正記事』、二二九頁。
（23）『明治天皇紀』第九（吉川弘文館、一九七三年）、六七五―六七六頁。
（24）前掲『明治天皇紀』第九、六七六―六七七頁。
（25）『不眠不休 警察眼』第九巻第八号（一八九九年四月二五日）、五二―五九頁。
（26）『不眠不休 警察眼』第九巻第九号（一八九九年五月一〇日）、六八―六九頁。

(27)『不眠不休 警察眼』第八巻第一一号(一八九八年一二月一〇日)、六〇頁。
(28)高橋雄豺「明治年代の警保局長(九)安楽兼道(その一)」(『警察学論集』第二三巻一号、一九七〇年一月)、一五二頁。
(29)兵庫県史編集委員会編『兵庫県百年史』(兵庫県、一九六七年)、四六〇―四六一頁、前掲「明治年代の警保局長(九)」、一五四―一五五頁。
(30)有吉忠一「故大森男爵を偲びて」(故大森男爵事績編纂会編『大森鍾一 再版』故大森男爵事績編纂会、一九三一年、所収)、八四頁。
(31)松井茂『松井茂自伝』(松井茂先生自伝刊行会、一九五二年)、一五〇―一五一頁。
(32)『不眠不休 警察眼』第一〇巻第四号(一八九九年八月二五日)、五七頁。
(33)前傾「明治年代の警保局長(九)」、一五七頁。
(34)『不眠不休 警察眼』第九巻第四号(一八九九年二月二五日)、六四頁。
(35)『警察協会雑誌』第一号(一九〇〇年六月三〇日)、三二頁。
(36)『不眠不休 警察眼』第九巻第八号(一八九九年四月二五日)、五三頁。
(37)刑務協会編『日本近世行刑史稿』下巻(刑務協会、一九四三年)、六五〇―六五一頁。
(38)前掲『日本近世行刑史稿』下巻、三〇七―三〇八頁。
(39)『不眠不休 警察眼』第一〇巻第六号(一八九九年九月二五日)、四五―四六頁。
(40)前掲『日本近世行刑史稿』下巻、三〇九頁。
(41)『不眠不休 警察眼』第九巻第一号(一八九九年一月一〇日)、六六頁。
(42)前掲『明治国家と宗教』、八一―一〇九頁。
(43)前掲『明治国家と宗教』、二五九頁。宗教法案への仏教側の対応、および仏教公認教運動、同法案における法人規定については、稲生典太郎「仏教徒側の内地雑居反対運動とその資料について」(『中央大学文学部紀要』史学科第三号、一九五七年九月)、佐伯友弘「明治三二年における条約改正論議と第一次宗教法案」(『日本仏教教育学研究』第九号、二〇〇一年三月)、町泉寿郎「第一次宗教法案と東本願寺―唐津高徳寺資料の紹介」(川邉雄大編『浄土真宗と近代日本――東アジア・布教・漢学』勉誠出版、二〇一六年、所収)、中西直樹『新仏教とは何であったか――近代仏教改革のゆくえ』（法藏館、二〇一八年）第六章、林義大「明治三二年宗教法案における「宗教法人構想」」（『日本歴史』第八七五号、二〇二一年四月）、など参照。

（44）『読売新聞』一八九九年八月一日付朝刊。

（45）以下、改正条約の実施準備、および内務省令第四一号の制定過程については、小林和幸「明治二七年調印の改正条約実施準備について」（『日本歴史』第五〇九号、一九九〇年一〇月）、稲生典太郎「新条約実施準備期における二三の事実」（稲生典太郎『条約改正論の歴史的展開』小峰書店、一九七六年、所収）、前掲『明治国家と宗教』第四章など、参照。

（46）「改正条約実施要項」（大山梓・稲生典太郎編『条約改正調書集成』下巻、原書房、一九九一年、所収）、六四二頁。

（47）「条約実施ノ為メ新タニ法律ヲ制定シ又ハ改正ヲ加フルヲ要スヘキ事項ニ関シ外務大臣ヨリ回送ニ付法典調査会総裁ヘ回付ノ件」（「公文雑纂」国立公文書館蔵、明治三一年・第一一巻・外務省三）。

（48）前掲『明治国家と宗教』、二五一頁。

（49）「神仏道以外ノ宗教ニ対シ内務省令ヲ以テ取締法ヲ設ク附省令案」（「公文類聚」国立公文書館蔵、第二三編・明治三二年・第三五巻・社寺・神社・雑載、賞恤・褒賞・恩給・賑恤）。

（50）前掲「神仏道以外ノ宗教ニ対シ内務省令ヲ以テ取締法ヲ設ク附省令案」。

（51）『帝国議会貴族院議事速記録』第一六巻（東京大学出版会、一九八〇年）、九二頁。

（52）前掲「神仏道以外ノ宗教ニ対シ内務省令ヲ以テ取締法ヲ設ク附省令案」。

（53）E・サトウ著／長岡祥三・福永郁雄訳『アーネスト・サトウ公使日記Ⅱ』（新人物往来社、一九九一年）、二六三―二六四頁。一八九九年六月二二日条。

（54）坂根義久校注『青木周蔵自伝』（平凡社、東洋文庫、一九七〇年）、三四三―三四四頁。この自伝は、一八九八年以降、断続的に記録されたものである（同、三四八頁）。

（55）「宗教関係雑件」第一巻・三・一〇・一・八（外務省外交史料館蔵）。

（56）前掲「宗教関係雑件」第一巻・三・一〇・一・八。

（57）前掲『明治のキリスト教』、一七九頁。

(58)「明治三二年・第一課文書・社寺・教会講社　第三巻」(東京都公文書館蔵)。
(59)「明治三二年・第一課文書・社寺・教会講社　第四巻」(東京都公文書館蔵)。
(60)前掲『帝国議会貴族院議事速記録』第一六巻、九二頁。
(61)「宗教法案否決ノ件」(「公文雑纂」国立公文書館蔵、明治三三年・第一一巻・内務省一)。
(62)前掲「第二次山県内閣「宗教法案」をめぐる諸相」、三三二頁。宗教法案提出の背景には、曹洞宗紛擾問題などの宗教争議もあった。この点に関しては、高野裕基「第一次宗教法案と明治二十年代の宗教紛議――「都筑馨六文書」を中心に」(『神道宗教』第二四五号、二〇一七年月)、二一―四二頁、など参照。
(63)前掲「宗教法案否決ノ件」。
(64)一九〇〇年二月二〇日付山県有朋宛伊東巳代治書簡(「山県有朋関係文書」国立国会図書館憲政資料室寄託、所収)、前掲「第二次山県内閣「宗教法案」をめぐる諸相」、三二一頁、参照。
(65)前掲「神仏道以外ノ宗教ニ対シ内務省令ヲ以テ取締法ヲ設ク附省令案」。
(66)前掲「新条約実施準備期における二三の事実」、五三一―五三二頁。
(67)以下、私立学校令および文部省令第一二号問題については、註三の諸文献、参照。
(68)平塚益徳『日本基督教主義教育文化史』(日独書院、一九三七年)、一四八―一四九頁。
(69)前掲「改正条約実施要項」、六五六頁。
(70)前掲「明治三二年私立学校令の制定過程」、三三五頁。
(71)『第三回高等教育会議議事速記録』(文部大臣官房秘書課、一八九九年)、五九―六〇頁。
(72)前掲「明治三二年私立学校令の制定過程」、三三五―四五頁。
(73)『枢密院会議議事録』第八巻(東京大学出版会、一九八四年)、四三頁。
(74)前掲『アーネスト・サトウ公使日記Ⅱ』、二四八頁。
(75)文部大臣官房宗務課内宗教研究会編『現行宗教関係法規集』(民生会本部、一九四八年)、三五一頁。
(76)前掲「明治三二年私立学校令の制定過程」、四一―五一頁、前掲「明治三二年文部省訓令第一二号宗教教育禁止の指令について」、六四―六八頁、など参照。
(77)前掲『枢密院会議議事録』第八巻、四一―四三頁。

(78) 文部省内教育史編纂会編『明治以降教育制度発達史』第四巻(教育資料調査会、一九六四年)、六六三頁。同書は一九三八年から三九年にかけて出版され、一九六四年に再刊された。
(79) 前掲『明治のキリスト教』、一七四―一七九頁、前掲「明治三二年改正条約実施とキリスト教界」、二八一―二九四頁など、参照。
(80) 立教学院百年史編纂委員会編『立教学院百年史』(立教学院、一九七四年)、二五三頁。
(81) 三谷太一郎「政友会の成立」(『岩波講座日本歴史』第一六巻、岩波書店、一九七六年、所収)、高島道枝「治安警察法の成立」(『経済学論集』第一七巻第一・二・三・四号、一九七六年五月・七月)、参照。治安警察法の制定過程については、中澤俊輔「日清・日露戦間期の警察改革」(『本郷法政紀要』第一三号、二〇〇四年)、参照。
(82)『帝国議会貴族院委員会速記録』第一〇巻(東京大学出版会、一九八六年)、四二三―四三六頁。
(83) 前掲『帝国議会貴族院委員会速記録』第一〇巻、四二六頁。
(84)『帝国議会貴族院議事速記録』第一七巻(東京大学出版会、一九八〇年)、六九六頁。
(85)「内務大臣決裁書類　明治三三年」(「内務省警保局文書」平成九年度警察庁移管、国立公文書館蔵、所収)。
(86) 荻野富士夫編『特高警察関係資料集成』第二四巻(不二出版、一九九三年)、四五―四六頁。
(87)「有松英義関係文書」(国立国会図書館憲政資料室寄託)、所収。
(88) 前掲「政友会の成立」、一六六頁。
(89)『帝国議会衆議院委員会議録』第一三巻(東京大学出版会、一九八六年)、一三二頁。
(90)『帝国議会貴族院委員会速記録』第八巻(東京大学出版会、一九八六年)、三三八頁。
(91) 林田亀太郎『改正衆議院議員選挙法釈義』(東京専門学校出版部、一九〇二年)、三五―三六頁。
(92)『帝国議会衆議院委員会議録』第一五巻(東京大学出版会、一九八六年)、二五六頁。
(93) 前掲「仏教徒側の内地雑居反対運動とその資料について」、五二四―五二五頁。
(94)「明治三三年・文書類纂・第一課文書・社寺・教会講社及教師・第三巻」(東京都公文書館蔵)。
(95)「明治三四年・文書類纂・第一課文書・神社宗教・教会講社及教師・第一巻」(東京都公文書館蔵)。
(96)「モルモン宗の渡来に付き」(『時事新報』一九〇一年八月二〇日付社説)。

(97) 沼野治郎「日本におけるモルモン教会」(『立命館言語文化研究』第六巻第四号、一九九五年一月)、七一頁。
(98)『東京朝日新聞』一九〇一年八月二四日付朝刊。日本伝道開始当初のモルモン教、およびメディアの反応や内務省のモルモン教への対応などについては、杉内寛幸「明治中期の宗教行政と外来系新宗教――日本伝道開始当初のモルモン教への反応を事例として」(『國學院大學研究開発支援センター』第一〇号、二〇一六年三月)、二〇一一―二二六頁、も参照。
(99)「内務大臣決裁書類　明治三四年」(「内務省警保局文書」平成九年度警察庁移管、国立公文書館蔵、所収)。
(100) 前掲「内務大臣決裁書類　明治三四年」。
(101) ただ、一夫多妻については何らかの交渉が行われた可能性もあり、『読売新聞』(一九〇一年一一月二三日付朝刊)は、「日本へ布教の目的を以て米国より渡来し認許出願中なりし『モルモン宗』八一夫多妻主義を捨つる条件を以て布教を許可されたりと云ふ」と伝えている。
(102)「内務大臣決裁書類　明治三六年」(「内務省警保局文書」平成九年度警察庁移管、国立公文書館蔵、所収)。
(103) 前掲「日本におけるモルモン教会」、七一頁。
(104)「無形」の取り締まりを担う宗教法案や治安警察法、宗教教師の被選挙人資格を禁じた改正衆議院議員選挙法については目立った諸外国からの批判はみられない。宗教法案については、国内のキリスト教界が、神仏両教と同一待遇を受けることから法案を積極的に評価して賛意を示しており、外交筋を巻き込んだ抗議が起こる状況になかった(前掲「第二次山県内閣「宗教法案」をめぐる諸相」、二七―二八頁。もっとも、キリスト教界は法案には賛成しつつも、その取り締まり規定については緩和するよう求めている)。治安警察法は貴族院審議段階で修正が加えられて二日後に成立しており、ほとんど議論になる間がなく、成立後も文部省訓令第一二号のように、すぐに取り締まりの対象が明確になるわけでもなかったため、批判は起こりにくかったものと思われる。被選挙人資格の否認もすでにあった神官僧侶に「追加」されたにすぎず、宗教法案で「同一待遇」を歓迎していたキリスト教界からは、大きな批判が出にくい状況にあった。
(105) 岡義武「条約改正論議に現われた当時の対外意識」(岡義武『岡義武著作集』第六巻、岩波書店、一九九三年、所収)、一六〇頁。
(106) 警察監獄学校では宗教問題が重視されていたようであり、第一回生徒試験第一問でも「信教の自由の何ものたるを諭し警察の宗教に立ち入る範囲を評論すべし」と問うていた（『不眠不休 警察眼』第一〇巻第三号、一八九九年八月一〇日、五九頁）。
(107) 松井茂『日本警察要論』（警眼社、一九〇二年）、一四九―一五四頁。
(108) 宮地正人『日露戦後政治史の研究』（東京大学出版会、一九七三年）、一八頁、前掲『明治国家と宗教』、三一三頁。
(109) 大日方純夫『近代日本の警察と地域社会』（筑摩書房、二〇〇〇年）、一一三頁。

第四章

公害・戦争・遊郭・社会主義との対峙　一八九〇―一九一一

1　宗教と社会問題の接点

宗教社会福祉の位置

キリスト教の公認をめぐって、政府内で様々な試行錯誤が続けられていた当時、キリスト教を含めた宗教勢力は、広く社会に進出していた。足尾鉱毒事件に代表される公害問題への対応や、日清・日露戦争への協力、廃娼《はいしょう》運動などが、それである。未だ政府による十分な社会福祉・社会保障制度が整備されていなかった当時、キリスト教や仏教による社会福祉への参画は、困難に陥っている人々が救済を求める際、極めて重要な意味を持っていたのである。

そこで本章では、明治後期、特に一九世紀末から二〇世紀初頭にかけて、宗教が社会問題や戦争にどのように対処し、また当時台頭してきた社会主義とどう共存し、あるいは社会主義からいかなる反発を受けたのかについて、その思想的な側面を中心に考察する。宗教が形成した社会的基盤が、政治や社会が宗教との関係を考えるにあたり、大きな前提となるためである。実際、社会問題の解決にあたって、運動家や宗教者が天皇や政府、議会に意見を申し立てることは頻繁にあり、それに同調する議員も少なくなかった。足尾鉱毒問題をめぐって田中正造《しょうぞう》が明治天皇に直訴を試み、これが宗教者たちの同問題への関与を強く促したのも、その一例である。

社会主義と足尾鉱毒問題

キリスト者や仏教者が社会のあり方を問う際、社会主義の提示する理想的な社会像は、時に、魅力的に映った。キリスト教社会主義や仏教社会主義が生まれた所以である。他方、社会主義者のなかからは、幸徳秋水《こうとくしゅうすい》のような、宗教否定論者も生まれてくる。諸刃の刃ともいうべき社会主義——それは政府からは強く警戒され、否定された——との共生・対立の思想的構図を、ここで把握しておきたい。

まずは、足尾鉱毒事件に対する宗教者の関与について論じてみよう。

一八九〇年（明治二三年）以降、日本最大の銅山であった足尾銅山において、大量の廃石、鉱滓《こうさい》、酸性排水が流出し、流域の渡良瀬《わたらせ》川の漁業被害と、広大な農地・農作物に鉱毒被害を引き起こした。衆議院議員の田中正造は一八九一年、議会において政府の鉱山監督行政を批判したが、一八九六年、大洪水によって被害が拡大すると、田中の指導のもと、政府に対して鉱業停止運動が展開された。以後、「押し出し」と呼ばれる被害住民による請願運動が続くが、政府側の弾圧に遭って後退を余儀なくされ、一九〇一年には田中が明治天皇への直訴に及び、これを契機として運動は再度活性化、政治問題化した(1)。

2　足尾鉱毒事件

鉱毒事件と精神主義・新仏教運動

宗教界でも、足尾鉱毒事件に対して機敏な反応がみられた。田中の天皇直訴の年、真宗大谷派の学僧で精神主義運動の指導者であった清沢満之《きよざわまんし》が発刊した『精神界』一九〇一年一二月号は、直訴した田中の「熱心を貴しと存じ」、「けだかき」行為であると評した(2)。一九〇二年一月には鉱毒被害民救済仏教有志会が組織されたが、同月の『精神界』は、次のように論じて、鉱毒地民の救済、田中への援助を訴えた。

鉱毒地人民の難をいたはるは私共の大に賛するところに候。私共も一臂《いっぴ》の労を惜まず候。されど私共はこの鉱毒問題の為めに古河市兵衛氏を悪しざまに云ふは面白からぬことゝ存じ候。何にも鉱毒地の人民を憐れみたりとて、足尾銅山の悪口《あっこう》する必要な之れなき事にあらずや。私共は鉱毒問題の為めに尽粋《じんすい》せらるゝ田中正造氏を助けんとする者に候。されど古河市兵衛氏の事業的功業は賞めざらんとするも得ざるものに候。(3)（傍点原文）

日本の資本主義発達に貢献した古河市兵衛（足尾銅山の経営者）の「事業的功業」を讃え、資本主義に圧殺された人権に対する注意が欠落している点が注目されるが、『精神界』は、その「無視」と田中への援助とを両立させる態度を示していたのである。

『精神界』が資本主義、あるいは明治国家への批判的視座を欠いていたのはなぜか。清沢の門下生であった暁烏敏《あけがらすはや》は、『精神界』（一九〇二年四月）に寄せた「服従論」のなかで、田中が「鉱毒地の人民」に「権理思想を吹き込む」事に尽力したと聞いたとき、「いらぬ御世話をやいたものだと思ふた」と述べている。暁烏は、鉱毒地の人民に思ってもらいたいことは、むしろ、「権理意識を捨てよと云ふ事」であり、「男らしき服従をせよ」と勧めた。人民が苦しむか苦しまないかは、銅山によるものではなく、自分自身の心の中にあることだ、と暁烏はいう。暁烏は、「自由」や「権利」を掲げて人に苦しみを与えるよりは、「自由」が「空想」であることを示して「従順」を完全にするために「自由」があるのだと述べる。そこに国家との緊張関係をみいだす事は、困難であったといえよう。もとより、それは暁烏自身の仏教理解に基づいており、彼は、「服従」できない理由を「無我」の未成立に見いだし、「無我」の境地にいたれば、どんなことにも「服従」できるようになる、という。暁烏は、そうした自らの宗教を「私の宗教は明に奴隷的

である」と称し、自分の道徳も「奴隷的」であると述べていた。(4)

こうした暁烏の姿勢を、清沢の「精神主義」の反映だとみる見解には、賛否両論があるが、近藤俊太郎《しゅんたろう》は、清沢においては「安慰」を招来する「絶対無限者」への信仰が徹底されており、現実における「不足」や「弊害」は、信仰の不徹底によるものだと理解されていたとする。このため、権力に対する制限、権力からの自由といった問題は成立し得ず、それゆえに暁烏は「服従」を説いたと指摘している。(5)

新仏教運動に参加した仏教徒も、足尾鉱毒事件に強い関心を寄せた。機関誌『新仏教』は、一九〇二年二月号の社説「鉱毒問題につきて仏教徒に告ぐ」で、鉱毒被害民救済に対して社会が無関心であると指摘した上で、「此の事件に対する政府の責任や実に大なり、山上に精錬所の設立を許可して、其の鉱毒の氾濫するに及び、民の之を訴ふるや、常に之を隠蔽せんとするの策を取りしが如き事実は、殆んと疑なきが如し」と政府の責任を厳しく追及する。古河に対しても精錬所の移転を促した。仏教界に対しては「病院、養育院、並びに学校の三事業を之に勧めんと欲す」（傍点原文）と力説し、各宗本山が力を合わせ、渡良瀬川沿岸の同胞救済のために投資するよう訴えた。(6) 精神主義が欠いていた権力との対抗という図式を、新仏教運動は持っていた。『新仏教』は三月三一日を期限として義損金の募集に乗り出し、鉱害地の実地調査や義損金募集に奔走する新仏教徒もいた。(7)

鉱毒事件とキリスト者

　キリスト者の多くも、足尾鉱毒事件に強い関心を寄せた。一九〇〇年、神田青年会館で開催された鉱毒演説会では、キリスト者の津田仙《せん》が演壇に登っている。この演説会は、青山学院に在学していた栗原彦三郎の奔走によって実現したものだが、栗原は青山学院長の本多庸一《よういつ》の紹介で津田と知り合い、協力を願い出たと言われている。津田は、被害地の視察も行っている。島田三郎や木下尚江《なおえ》、安部磯雄、内村鑑三なども現地視察を行った。木下は沿岸の渡良瀬川沿岸の後背地を放置していた政府の怠慢を批判し、沿岸の蘇生と鉱業継続を実現する建設的方策を探った。巌《いわ》本善治《もとよしはる》も辛酸を嘗めていた被害民に身を寄せ、救済を政府と社会に訴えていった。一九〇〇年、鉱毒調査有志会が結成されるが、そこには巌本善治、島田三郎、安部磯雄、小崎弘道《こざきひろみち》、留岡幸助《とめおかこうすけ》といった多くのキリスト者が名を連ねた。田中の天皇へ直訴後、木下、安部、内村らは被害地視察に赴き、路傍演説、病院設立、議員歴訪などに励むことを決めた。(8)

　キリスト教婦人の活動にも一瞥しておこう。後述する廃娼運動で活躍する日本基督教婦人矯《きよう》風《ふう》会を母体として、鉱毒地救済婦人会が組織され、潮田千勢子《うしおだちせこ》が会長に就任した。一八八二年に洗礼を受けた潮田は、横浜聖経《せいきよう》女学校を経て婦人伝道師として働き、日本基督教婦人矯風会《きようふうかい》の幹部となった。矯風会は島田三郎を通じて田中正造と接し、潮田も一九〇〇年頃から足尾鉱毒問題に関心を寄せていった。一九〇一年に現地視察に参加した潮田は、同年に鉱毒地救済婦人会を組織して会長となり、鉱毒演説会で被害地の住民の救済を訴えたほか、古河に鉱業停止を要請し、貴衆両院議員に檄文《げきぶん》を配布している。以後も、婦人会は演説会開催、金品の寄贈・援助、被害地少女・婦人の教育、被害地病人の入院施療などに取り組んだ。島田三郎、木下尚江、安部磯雄などの男性キリスト者も助言と協力を続けた。(9)

田中正造自身、晩年にキリスト教の影響を受けていたことが知られている。一八九〇年頃からキリスト者との関わりを持ち、徐々にキリスト教に感化されていった。一九〇〇年の書簡では、田中は「神の道」を行くのは疲れ乾いた際に水を得るようなものである、と記し、鉱毒被害民救済活動の活力の源のひとつとして、キリスト教を位置付けはじめていた。一九〇二年に川俣《かわまた》事件での官吏侮辱罪で入獄した折には、聖書を差し入れられて読んだ。田中は、神への従順は良心による足尾鉱毒への闘争である、というキリスト教理解を持っていたようである。最晩年の田中は、物質欲、世俗価値、虚飾の文芸・学芸の否定という「三無教会」を信条とし、精神の聖化、真実の価値、誠実な文芸・学芸を対置させて、政治社会や世相、教育への批判を試みたといわれている。(10)

田中と特に深い接点をもったキリスト教思想家が、新井奥邃《あらいおうすい》である。一九〇〇年に田中と出会った新井は、足尾鉱毒事件に深い関心を示し、被害者に同情を寄せ、古河を批判している。鉱毒問題についての政府への陳情書の起草も手伝った。田中にとって新井は、心身の疲労を癒やしてくれるエネルギー源であり、新井にとって田中は「神の嬰児」であったとされる。(11)

3　好戦論と非戦論

日清戦争と宗教界

一八九四年二月に朝鮮で発生した甲午農民戦争を契機として、同年八月、日清戦争が勃発した。仏教界では、この戦争を肯定し、協力するのが一般的であった。たとえば、大内青巒《せいらん》は宣戦直後、『戦争と仏教』と題するパンフレットを刊行し、「凡《およ》そ仏教に依て以て安心立命する者ハ、日々夜々《にちにちやや》、着衣喫飯放屎送尿《ちゃくいきつぱんほうしそうねん》、行住座臥《ぎょうじゅうざが》、造次顚沛《ぞうじてんぱい》の間に於て、常に戦陣に臨みて馳駆《ちく》するの思《おもい》に従し、念々生死《しょうじ》を超出して自在無礙《むげ》なる可きなり」と仏教徒の戦争協力を呼びかけた。(12)

浄土真宗本願寺派では、明如《みょうにょ》法主（大谷光尊）が次のような教諭趣書を発して、「真俗二諦《しんぞくにたい》」の観点から国家に貢献するよう求めている。

今回、日清戦争ハ我国未曾有ノ事変ト謂ツヘシ、是時ニ当テ苟《いやしく》モ帝国臣民タル者ハ各々報国ノ誠ヲ抽テサルヘカラス……仏教ハ単ニ未来得脱《とくだつ》ノ事ノミヲ説クモノニアラス、未来ノ得脱ヲ期スルト同時ニ、人々其本分ヲ尽シ国ノ為メ君ノ為メニ身命ヲ惜マス忠誠ヲ致スカ即チ仏教ノ本意ニシテ、吾宗ニ所謂ル真俗二諦トハ是ナリ(13)

真俗二諦とは、仏法に基づく真理（真諦《しんたい》）と世俗的な真理（俗諦《ぞくたい》）のことで、この双方が重要であるとされ、似た概念として、社会において法律やルールを遵守することを説く、王法為本《おうぼういほん》という理念も提唱されて、戦争が正当化された。

戦争がはじまると、本願寺派では「臨時部」が設置され、全国に僧侶を派遣して軍資献納を奨励し、明如は明治天皇に拝謁して、その戦争協力方法について上奏、天皇は満足である旨を述べた。内務大臣の井上馨から公債募集について相談を受けた明如は、天皇や政府の意により、自ら積極的に各地の師団や鎮守府を慰問していった。開戦から三カ月後には、一三名の従軍布教使を派遣することとなり、彼等は各軍営や病院の慰問や布教、説話、葬儀、法要、さらに看護活動などにあたった。軍事援護事業は、軍事公債五〇万円、清酒五〇万石、献金約一万七〇〇〇円、直諭《じきゆ》約一〇万通、書籍八万五〇〇〇部、薬約一万包などに及んでいる。真宗大谷派でも八月、現如法主《げんにょほっす》（大谷光瑩《こうえい》）が垂示を発し、門徒は帝国臣民として「真俗二諦」の宗義にならって報国の忠誠を尽くすよう求めた。本山に臨時奨義局が設けられ、従軍兵士への名号の付与、戦士への法号の下付、献金・寄付などが実施され、従軍布教使も派遣された(14)。

浄土宗で後に管長となる岩井一水《いわいいっすい》は、「世の論者稍《やや》もすると仏教は殺生戒を説くものなれば、仏教を信するものは敵国に亡さるゝも刃向ひの出来ぬわけ故、戦乱の場合には啻《ただ》に必要なきのみならず寧ろ有害なりなど途轍もなき盲論を吐きて得たり顔する先生もまゝあるそふですが誠に粗忽な議論といわねばなりません」と強調し、「国民たる者は、徹頭徹尾東洋平和の為め朝鮮救助の為め天地正義の為めに生命財産を犠牲に供して当るの一大覚悟を定めざる可からず」と訴えた(15)。同宗も、献金募集、軍隊慰問、演説・説教、戦死者追弔《ついちょう》、戦捷祈願、従軍布教などに積極的に取り組んだ(16)。

好戦論を主張して戦争協力に奔走したのは仏教だけではない。キリスト教界も同様であった。日本メソジスト教会の牧師・山田寅之助は、一八九五年に刊行した『軍人と宗教』において、「吾人は人類として、造物主に対し敬礼を尽くすべきの義務を有す、啻に人類として義務を有するのみならず、国民として敬神の義務を有するを忘るべからず」として、「亡状《ぼうじやう》を極めたる支那帝国を懲らし、国威を四海に発揮したるは天佑の優渥《ゆうあく》なるを証するにあらずや」と説いている(17)。

このほか、本多庸一、植村正久、井深梶之助《いぶかかじのすけ》などの著名なキリスト教指導者が清韓事件基督教徒同志会を結成して各地に遊説した。たとえば植村は、日清戦争を新旧勢力の精神的衝突と捉え、日本にとっては開進的立場を全世界に披露する機会であり、東洋を改造する先駆者としての大義ある戦いであるとして、キリスト教徒はこの戦争を「精神問題」として捉えるべきであると説いた。日露戦争で非戦論を唱えることになる無教会派の内村鑑三も、日清戦争を「義戦」と捉え、日本はアジアの救世主として中国を覚醒させることが天職であると述べていた(18)。

日清戦争時の宗教界は好戦論にほぼ塗り尽くされていたが、非戦論に目を向けると、フレンド教会の日本平和会があった。同会では北村透谷《とうこく》などが戦前から非戦論を展開していたが、北村は開戦前夜の一八九七年五月に自殺し、開戦後も、クエーカー教徒の間で戦争の賛否をめぐって対立が起こり、フレンド教会は分裂し、日本平和会は解散してしまった。来日していた英国フレンド教会のジョージ・ブレスウェイトは、自宅に「大日本平和会」を設置して平和運動の再構築をはかり、雑誌を発行して国会議員やキリスト教会に配布するなどの活動を展開したが、政府の圧迫を受けて活動は制約された(19)。

日露戦争と宗教界

日清戦争開戦から約一〇年後の一九〇四年二月、日露戦争が勃発した。この戦争でも、宗教界の大勢は好戦的であった。

浄土真宗本願寺派の例をみてみよう。本願寺派では、開戦直前の一九〇四年一月に日清戦争と同様「臨時部」を設置して「戦時奉公」の拠点として位置付け、開戦すると鏡如《きょうによ》法主（大谷光《こう》瑞《ずい》）は帝国未曾有の危機にあたって挙国一致して事態に対処しなければならず、門徒は死を軽いものと覚悟し、兵役に就かない者も軍資の募集に応じ、王法為本を信徒の本分としてあらわして、「皇国の光栄」を発揚すべきである、と呼びかけた。出征する門徒兵には「不惜身命《ふしゃくしんみょう》」の奉公を望む親示《しんじ》も発せられている。臨時部では、軍資献納、恤兵品《じゅっぺいひん》の寄贈、軍事公債応募の奨励、出征・凱旋兵の送迎・慰問、出征軍人の留守家族の慰問・救護、傷病兵の慰問、戦死者の葬儀、戦死者遺族の慰問・救護などにあたった。日清戦争時は一三名だった従軍僧は一〇五名に達し、法主やその代理も内地の師団に積極的に出張した(20)。

本願寺派のリーダーの一人であった赤松連城《れんじよう》は、「真俗二諦の教義であれば、未来さへ助かれば、此世はドーでもよひではなひ、王法為本の御宗風であれば、此世と未来とが、別々であつてはならぬことである……本宗に流を汲む者は、此時に当りて益《ますます》皇国《みくに》の光威《ひかり》を発揚《かがやか》し、天晴なる日本国民と、真宗信徒の本領《ほんぶん》を顕はすが、今此時であるとの善知識様《ぜんちしきさま》のやるせなき、思召であれば心得違《ちがい》のなひ様」にと説いている(21)。

真宗大谷派においても、法主から直諭が下され、帝国臣民として報国の誠を尽くし、真俗二諦に基づいて、進んで軍事に従うべきであると主張していた。大谷派は臨時奨学義局を設置して軍事援護事業に従事し、満洲軍慰問使を派遣して戦地を巡回したほか、九名の従軍布教使が中国に赴いた。三五〇回の公開演説が開催され、包帯四〇〇〇個、煙草一万個、菓子六万個、書籍一万五〇〇〇部、新聞・雑誌一五万部、念珠一万五〇〇〇個、扇子三万本などが軍に提供され、軍人遺族や出征軍人家族にも念珠や祝い餅、白米などを贈った。支出された軍事援護関連事業費は総額二〇〇〇万円弱に及んでいる。日蓮宗でも、開戦直後に報国義会を設置して報国尽忠の丹誠を示し、戦勝祈祷や義勇を鼓舞する演説、軍への金品献納などを実施した。報国義会からは従軍僧も派遣された。曹洞宗は数十名の従軍布教使を各師団に配属させることとし、布教使は、死地に飛び込んで迷いが消えたときに悟りを得る、という禅語を用い、「七生報国《しちしようほうこく》」を誓って、爽快な往生を全うすべきだと説いた。キリスト教界でも、日清戦争時と同様、大多数は好戦的な態度を示し、本多庸一や小崎弘道といった著名なキリスト者も日露戦争を「義戦」と捉えて、国民の士気高揚に尽力し、軍隊慰問使の派遣や軍人用小冊子の発行・配布、募金の促進などに努めた[22]。

こうした傾向に抵抗して、非戦論を唱えたのが柏木義円や内村鑑三である。木下尚江、安部磯雄、石川三四郎といったキリスト教社会主義者も非戦論をとった。内村は日清戦争を義戦とした過去を恥じ、日露戦争だけでなく戦争そのものに反対する「戦争絶対的廃止論者」であることを表明している。聖書研究を通じて、「平和を求むる者は幸いなり」「すべて剣を取るものは剣にて亡ぶべし」といった聖句と出会い、当時の世界情勢が非戦論に向かいつつあると認識したこと、などが背景にあったと言われている。木下尚江も、一九〇四年に『毎日新聞』紙上で「火の柱」を連載し、戦時下のキリスト教指導者を批判して、キリスト教は共産主義の伝道士であると攻撃した。仏教界での非戦論者として知られているのは、高木顕明《たかぎけんみょう》である。日露戦争当時、真宗大谷派の僧侶として紀州新宮《しんぐう》・浄泉寺の住職を務めていた高木は、被差別部落問題や廃娼運動などの過程で社会主義に接近して、日露戦争に際して非戦論を唱えた。高木は、教義と人師、社会の三つを信仰対象とし、教義としては南無阿弥陀仏、人師としては釈迦や親鸞、そして社会としては極楽を設定した。高木は、極楽は社会主義が実現された社会だと捉えて、浄土教の教義と社会主義とを結びつけていく。高木は後に大逆事件に連座して起訴された際に、大谷派から擯斥《ひんせき》されることとなる[23]。

4　廃娼運動と女性の問題

日本基督教婦人矯風会と廃娼運動

宗教者による廃娼運動の嚆矢《こうし》として位置付けられるのは、日本基督教婦人矯風会《きょうふうかい》である。同会は京浜婦人祈祷会を基盤として設立された東京婦人矯風会を前身とした組織で、一八九三年に霊南坂教会において各地の婦人団体矯風団体を連合して結成された。設立前から、万国婦人矯風会遊説員のメリー・C・レビットが来朝して各地で矯風演説会を開いており、津田仙などの尽力によって一夫一婦主義の民法および刑法の改正、在外醜業婦《しゅうぎょうふ》取締に関する建白書を政府に提出していた。設立前年にはやはり万国婦人矯風会遊説員のメアリー・A・ウェストが来日し、各地で矯風演説会を開いて、日本基督教婦人矯風会結成の機運を盛り上げた。一八九三年、日本基督教婦人矯風会は請願書を帝国議会に提出し、衆議院では島田三郎、根本正《しょう》、江原素六等、貴族院では清浦奎吾《きようらけいご》等が紹介者となった。以後、民法および刑法の改正、在外醜業婦取締に関する請願書は合計四七回にわたって提出され、一八九三年には「醜業婦」またはこれに陥ろうとする婦人の救済所を設け、慈愛館と名付けた。のち、東京婦人ホームと改称される。以後、群馬県をはじめ、全国で廃娼運動が盛り上がるが、その背景には自由民権運動、キリスト教信仰、国粋主義の三側

4月の新刊 ●14日発売

筑摩選書

0252
寅さんとイエス【改訂新版】
カトリック司祭
米田彰男

イエスの風貌とユーモアは寅さんに似ており、ともに人間性を回復させる力を持つ。寅さんとイエスを比較する試みが大きな反響を呼んだロングセラーの改訂新版。

01764-2
1980円

0253
悟りと葬式
▼弔いはなぜ仏教になったか
仏典翻訳家
大竹晋

悟りのための仏教が、なぜ弔いを行っているのだろうか。各地の仏教を探り、布施、葬式、戒名、慰霊、追善、起塔などからアジア各地に共通する背景を解明する。

01770-3
1870円

0254
日本政教関係史
▼宗教と政治の一五〇年
慶應義塾大学教授
小川原正道

統一教会問題でも注目を集めている政治と宗教の関係の変遷を、近現代の様々な事例をもとに検証。信教の自由と政教分離の間で揺れ動く政教問題の本質に迫る。

01772-7
1870円

好評の既刊 ＊印は3月の新刊

公衆衛生の倫理学 ―国家は健康にどこまで介入すべきか
玉手慎太郎 誰の生が肯定され誰の生が否定されているか
01762-8 1870円

平和憲法をつくった男 鈴木義男
仁昌寺正一 憲法9条に平和の文言を加えた政治家の評伝
01765-9 1980円

ストーンヘンジ ―巨石文化の歴史と謎
山田英春 最新研究にもとづき謎を解説。カラー図版多数
01763-5 2200円

東京10大学の150年史
小林和幸 編著 東早慶＋筑波＋GMARCHの歩みを辿る
01767-3 1870円

敗者としての東京 ―巨大都市の隠れた地層を読む
吉見俊哉 「敗者」の視点から巨大都市を捉え返す！
01768-0 1980円

変容するシェイクスピア ―ラム姉弟から黒澤明まで
廣野由美子／桒山智成 翻案作品を詳細に分析し、多様な魅力に迫る
01766-6 1760円

＊丸山眞男と加藤周一 ―知識人の自己形成
山辺春彦／鷲巣力 戦後を代表する知識人はいかに生まれたか
01771-0 1870円

＊戦後空間史 ―都市・建築・人間
戦後空間研究会 編 戦後の都市・近郊空間と社会の変遷を考える
01769-7 1980円

6桁の数字はISBNコードです。頭に978-4-480をつけてご利用下さい。

好評の既刊

＊印は3月の新刊

お江戸暮らし●杉浦日向子エッセンス
杉浦日向子　江戸にすんなり遊べるしあわせ
43815-7　924円

ドライブイン探訪
橋本倫史　日本の戦後史も見えてくる渾身のルポ
43817-1　990円

増補 本屋になりたい●この島の本を売る
宇田智子　高野文子・絵　ここで働く理由がある
43829-4　836円

見えない音、聴こえない絵
大竹伸朗　世界は絵画だと思った
43813-3　990円

貸本屋とマンガの棚
高野慎三　「俗悪文化」の全貌に迫る！
43838-6　990円

ジンセイハ、オンガクデアル●LIFE IS MUSIC
ブレイディみかこ　『アナキズム・イン・ザ・UK』から文庫化
43808-9　858円

オンガクハ、セイジデアル●MUSIC IS POLITICS
ブレイディみかこ　イギリスの出来事が、今の壊れた日本を予見する
43810-2　858円

傷を愛せるか 増補新版
宮地尚子　ケアとは何か？ エンパワメントとは何か？
43816-4　792円

神田神保町書肆街考
鹿島茂　日本近代を育んだ知と文化の一大交差点のクロニクル
43831-7　2200円

高峰秀子ベスト・エッセイ
高峰秀子　斎藤明美 編　大女優のおそるべき随筆を精選
43840-9　946円

砂丘律
千種創一　伝統と革新がしなやかに交わりあう新世代短歌の傑作、文庫化!!
43836-2　880円

人間の解剖はサルの解剖のための鍵である 増補新版
吉川浩満　結局、人間とは何なのか？ 知ることの〈喜び〉に溢れた本
43834-8　1320円

O・ヘンリー ニューヨーク小説集 街の夢
青山南＋戸山翻訳農場 訳　「賢者の贈り物」含む23篇を収録！
43850-8　1100円

小さいコトが気になります
益田ミリ　どーでもいいこと、確認中！
43855-3　660円

生きていく絵●アートが人を〈癒す〉とき
荒井裕樹　堀江敏幸氏、柴田元幸氏、川口有美子氏推薦！
43856-0　990円

十六夜橋 新版
石牟礼道子　紫式部文学賞受賞の傑作、待望の復刊！
43860-7　1100円

82年生まれ、キム・ジヨン
チョ・ナムジュ　「これは、わたしの物語だ」
43858-4　748円

地理学者、発見と出会いを求めて世界を行く！
水野一晴　アフリカ、南米、ドイツ…調査旅行は冒険に満ちている！
43805-8　990円

＊**しかもフタが無い**
ヨシタケシンスケ　デビュー作を文庫化！
43875-1　880円

＊**できない相談**●piece of resistance
森絵都　描き下ろし2篇を加え、待望の文庫化！
43867-6　748円

6桁の数字はISBNコードです。頭に978-4-480をつけてご利用下さい。

4月の新刊　●7日発売

ちくま新書

1718
金正恩の核兵器
井上智太郎（共同通信記者）▼北朝鮮のミサイル戦略と日本

金正恩の核兵器をいかに封じるか。ミサイル発射による挑発。背後に見え隠れする中国とロシア。カネと核技術の世界ネットワーク。北朝鮮の戦略を読み解く。

07548-2
1034円

1719
心理学をつくった実験30
大芦治（千葉大学教授）

パヴロフの犬、エビングハウスの忘却曲線から、ミルグラムの服従実験やマシュマロテストまで。30の名実験を紹介しつつ、心理学の流れを一望する画期的入門書！

07544-4
968円

1720
主権者を疑う
駒村圭吾（慶應義塾大学法学部教授）▼統治の主役は誰なのか？

「最終的に決めるのは主権者たる国民の皆様です！」しかし主権とは何で、主権者とは誰なのか？ 恐怖と期待に満ちた〝取扱い注意〟の概念を掘り下げる禁断の書。

07546-8
1012円

1721
紛争地の歩き方
上杉勇司（早稲田大学教授）▼現場で考える和解への道

カンボジアからシリア、ボスニアまで世界各地の紛争地で現地の平和に貢献する活動を行ってきた国際紛争研究者が、紛争の現場を訪ね、和解とは何かを問いなおす。

07550-5
1210円

1722
K‐POP現代史
▼韓国大衆音楽の誕生からBTSまで
山本浄邦（立命館大学授業担当講師・佛教大学総合研究所嘱託研究員）

K‐POPの熱狂は、いかにして生まれたのか？ 日韓関係、民主化、経済危機、ヒップホップ、アイドル、ロック、演歌――国境もジャンルも越えた激動の一〇〇年史。

07547-5
946円

1723
健康寿命をのばす食べ物の科学
佐藤隆一郎（東京大学特任教授・名誉教授）

健康食品では病気は治せない？ 代謝のメカニズムから、丈夫な骨や筋肉のしくみ、本当に必要不可欠な栄養素まで。健康に長生きするために知っておきたい食の科学。

07549-9
946円

6桁の数字はISBNコードです。頭に978-4-480をつけてご利用下さい。

面があったとされる[24]。

函館の娼妓であった坂井フタが、廃業するために楼主《ろうしゅ》と取締役に連署加判を請求したが、聞き入れられず、坂井は調印書請求の訴訟を起こした。廃業のためには楼主と貸座敷組合長の連印が必要だったためである。裁判は大審院まで持ち込まれたが、大審院は控訴院での再審を命じ、控訴院は一九〇〇年、娼妓はいつでも借金の有無にかかわらず廃業することができるという判決を下した。この裁判に触発されたのが、名古屋美普《みふ》教会のアメリカ人宣教師ユリーズ・G・モルフィであった。モルフィは木下尚江の支援を得て名古屋をはじめ愛知県下で廃娼演説会を開き、坂井の判決が伝わると、キリスト教徒の弁護士、岩崎義憲とともに「娼妓廃業届に連署捺印請求の訴訟」を起こした。原告は藤原さとという娼妓である。名古屋地裁は藤原の自由廃業を認める判決を下した。モルフィは各地で裁判を起こして娼妓の勝訴を勝ち取り、矯風会から感謝状を贈られている。一連の訴訟では廃業は自由とされたが、借金は返さねばならないという判決となった[25]。

廃娼運動と救世軍

モルフィに刺激されて廃娼運動を社会運動として盛り上げたのは、救世軍である。救世軍では婦人ホームを設けて救済婦人の安住所とし、機関誌『ときのこゑ』を発行して「醜業」は罪深いとして、すみやかに廃業すべきことを訴え、救世軍はいつでも婦人を世話する旨を主張した。廃業者を続出させるべく遊郭に進軍し、演説を試み、遊郭側と衝突して流血事件に発展することもあった。この活動を支援したのが、キリスト教徒であった島田三郎の主宰する『毎日新聞』である。編集長は木下尚江であった。また、秋山定輔《ていすけ》を社長とする『二六新報』も自由廃業運動を支援する側に回った。『二六新報』は社を挙げて娼妓の自由廃業支援に乗り出し、遊郭側と衝突して負傷者を出すこともあったが、一九〇一年にはその成果として警視庁が娼妓は廃業後三日以内に届ければよいこと、楼主が連署を拒む場合は本人だけの捺印でも構わないことなどを指令している。(26)

明治末期、一九一一年に吉原が全焼すると、そのニュースは海外に伝播され、英国の廃娼同盟会は幹事モリス・グレゴリーを日本に派遣して廃娼運動の支援に乗り出した。矯風会会頭の矢島楫子《かじこ》は、内務大臣に対して「公娼廃止に関する陳情書」を提出し、日本の公娼制度は「文明諸国」として奇異なる制度であり、外国人から「奇習」と捉えられており、「日本の文明に汚点を加へしめ候」と非難し、吉原遊郭が全焼したこの時こそ、「弊害を一掃すべき好機会」だと論じた。廃娼演説会も盛んに行われ、矢島をはじめ、島田三郎、山室軍平《やまむろぐんぺい》、林歌子《うたこ》、木下尚江、安部磯雄、本多庸一、などが演壇に登り、吉原遊郭の廃止を訴えた。しかし、吉原は仮営業を再開したため、江原素六を発起人として、島田三郎、安部磯雄、山室軍平、鈴木文治《ぶんじ》などが集って廓清《かくせい》会《かい》を発足させた。以後の廃娼運動史は、この廓清会と矯風会を軸に展開していくことになる。(27)

女性論からの批判

以上、主に伊藤秀吉《ひできち》による廃娼運動の通史的叙述を試みてきたが、近年になって、この廃娼運動に対して女性論などの立場から批判的な見解が寄せられていることも指摘しておかなければならない。

たとえば救世軍の廃娼運動は、歴史研究、社会福祉研究において女性の人権擁護の先駆として高く評価されてきたが、「醜業婦」という差別的な呼称が使用されていたことに象徴されるように、娼婦の存在を母性に反し、夫婦関係を破壊し、性病を蔓延させる元凶とみなしていた点や、国家主義や優性思想と親和的であった点など、否定的な側面も指摘されるようになってきている。廃娼運動自体、公娼制度を天皇制国家にふさわしくないとするイデオロギー的要素が強かった点や、キリスト教の廃娼運動が「純潔日本」推進運動の筆頭格になったこと、対外的な体面のために売娼が問題として浮上したこと、植民地支配や帝国主義的侵略行為を肯定していたこと、などの問題点が指摘されている(28)。

廓清会や矯風会とともに、廃娼運動を支えた組織として一八九〇年結成の全国廃娼同盟会があるが、林葉子は、その機関誌『廃娼』が廃娼運動を「男児」の運動として表象しており、そこには同盟を実質的に支えていた巌本善治のジェンダー観が影響していたと指摘している。巌本は、男女異質同権論を主張し、言論活動、政治活動の担い手は男性であり、女性は主に「ホーム」作りを行うべきだと論じており、男性は性欲を抑制できるとして、あくまで男性の責任・改革としての廃娼を訴えていた。女性による廃娼運動を提唱していた佐々城豊寿《ささきとよじゅ》は批判され、矯風会から追われていくこととなる。このような、「日本社会全体が女性を政治的活動から排除する傾向」を、林は問題視し、日露戦後においても女性が矯風会の活動に加わろうとするのは容易ではなかったと指摘している。会頭の矢島でさえ、「調整役として裏方で働くことが多かった」という。廃娼運動が女性主導になっていくのは、大正期を待たねばならない(29)。

なお、仏教に目を向けると、吉田久一《きゅういち》は、キリスト教の社会的政治的廃娼運動に対して、より「個人的な非娼主義や不邪淫戒《ふじゃいんかい》の実践に特色があった」という。仏教徒による廃娼運動の特色を具体的にみてみると、第一に、仏教不邪淫戒に立脚して廃娼・非娼を打ち出したこと、第二に、消極的な廃娼論を唱えたこと、第三に、存娼論を唱えたこと、がある。第一の立場では、廃娼よりも遊蕩男子に対する仏教不邪淫戒を説き、娼妓の人権や社会倫理的側面は希薄であった。一八九〇年には、仏教不邪淫戒の復興を説く仏教不邪淫会が設立されている。第二の立場においては、理論的には廃娼論を認めつつ、現実的には公娼を認めざるを得ないという見解をとった。第三の立場では、積極的に存娼論を説くわけではなく、宗教論として廃娼を否定したわけでもなかったが、檀家に娼家があったり、廃娼論が消極的であったりしたため、世間からは「仏教徒は存娼」とみられることが多かったという。一般仏教徒においては、キリスト教の主導する廃娼運動に感情的に反発する傾向が強かった。これに対して新仏教運動の担い手であった仏教清徒同志会は一九〇〇年、人道上から人身売買の蛮風を打破しようと試み、存娼論をとる旧仏教徒に挑み、大日本廃娼会に加盟している。仏教徒は存娼だという誤解を解きたいという意図からであった(30)。たとえば、後述する毛利柴庵《もうりさいあん》は、一九〇〇年、日本の廃娼運動に奔走しているのはキリスト教徒であるとし、仏教徒は有志が声援を送っているだけだとして、苦悶する娼妓を救済する事業は仏教徒のために授けられたものではないか、と訴え、仏教各宗管長に全国の遊郭へ親教に出向くよう主張している(31)。

新仏教運動の機関誌である『新仏教』では、婦人解放問題についてもさかんに論じられた。新仏教徒は旧仏教徒が婦女を劣等視するのを批判し、また、男子に純潔を要求しない女子の弱さを突いた。鈴木大拙《だいせつ》は、従来の日本における結婚は、「相互の愛情」を第一義とせず、「関係の家族の都合を当然の条件」としており、その結果「愛情の満足は此外に求むべきもの」となり、「姦淫の流行」につながっていると指摘している。また、妻が夫に対する態度は「下婢《かひ》の主人に対するが如く」であり、夫は外に遊びに行っても「良妻」は「妻たる道」を守って洗濯や家計、子どもの世話などに明け暮れており、そこには対等の「愛情」関係が成立していないという(32)(33)。

5　宗教社会主義

キリスト教社会主義と安部磯雄

日清戦争後の産業資本主義の成長とともに、賃金労働者の増加、軍備拡張、租税増徴、物価騰

安部磯雄

貴、労働者の貧困、などさまざまな社会問題が発生した。その解決策として重視されはじめたのが社会主義であり、社会主義の紹介と普及に大きな役割を果たしたのが、アメリカ帰りのキリスト教社会主義者を中心にして一八九八年に組織された社会主義研究会であった（一九〇〇年に社会主義協会に発展改組）。このアメリカ帰りの代表的人物の一人が、安部磯雄である。安部は聖書の歴史的価値と社会問題の研究を目指してアメリカに留学し、神学校に学んだが、新神学の影響によって伝統的キリスト教からは遠ざかり、キリスト教社会主義者エドワード・ベラミーのユートピア小説（*Looking Backyard*, 1888）を読んで社会主義に目覚め、帰国後は貧困問題が最も重要な社会問題であるとみなして、社会事業による一時的な応急措置ではなく、社会主義による根本的な改革が必要であると説いた。安部は後年、自叙伝の中でこの間の経緯を次のように振り返っている。

> 今や社会事業が貧乏撲滅の方法として不充分であることを覚つた私は最早一歩で社会主義の領

土に踏み入るといふ所まで進んで居たのだ。丁度其時私は偶然にもベラミーの小説ルッキング・バックラード《ママ》を読んだ。私はハッと驚いた。恰も盲者の目が開いて天日《てんじつ》を仰いだ如く、私はハッキリと社会問題解決の方法を会得《えとく》することが出来た。(34)

一九〇一年、安部も参加して日本最初の社会主義政党、社会民主党が結成される。六名の創立者のうち、幸徳秋水を除く五名がキリスト者であった。安部の起草による「宣言」では、社会主義と民主主義により貧富の格差を克服して平和主義を実現すると謳われており、軍備全廃、身分制全廃、生産機関の公有化、富の公平な分配、平等な参政権などの理想を掲げた。しかし、一九〇三年の平民社の設立後、指導的地位がキリスト教社会主義者から幸徳等唯物論派社会主義者に移り、日露戦争が終結する前後に、両者は分裂することになる。安部の立場は、キリスト教も社会主義も弱者のために同情を表するという点において一致しており、キリスト教が精神面から平等主義を唱えるのに対して、社会主義はまず経済上の平等を実現し、それを政治、社会、道徳の面に及ぼそうとするものとされた。木下尚江は、人生革命の福音はキリストの精神であり、地上の天国は共産的生活である、と述べている。しかし、こうした木下の立場は、唯物論派やキリスト教派の双方から攻撃を受けることになる。その批判者であった唯物論派の幸徳は、一九一一年に後述の『基督抹殺論』を発表するにいたる。(35)

仏教社会主義の形成

いずれにせよ、キリスト教社会主義は日本の社会主義発展史の基礎を築く上で、大きく貢献した。これに対し、同じく宗教でも、仏教は社会主義の受容が遅れ、明治期においてはむしろ反社会主義的立場をとっていた。仏教社会主義があらわれるのは、昭和になってからのことである。[36]一九三一年（昭和六年）に妹尾義郎《せのおぎろう》が設立した新興仏教青年同盟がそれであった。妹尾は、マルクスの無神論に対し、仏教はもともと無神論であって科学とは矛盾しない、と説き、仏教と社会主義との親和性を強調した。また、資本主義社会は貧困と失業、搾取に汚染されているが、搾取のない相互扶助の生活を営む共同社会の実現、そして生産機関の公有化という社会主義の実現は、仏教徒が率先して取り組まねばならないと妹尾は主張し、さらに、宗派的仏教を厳しく批判して、仏陀のもとに進歩的仏教徒が団結することを説いた。[37]妹尾は、結論として次のように論じている。

仏教が無常なる人生への正視を促がすことは永久に正しくも必要なことだ。だが、現代人はそれゆゑに死後霊魂の不滅や未来の浄土を約束せねば安心がえられぬほど暗愚ではなくなつた。無常なればこそ生きゆく一日の生活にも全人生の意義を観じて相愛互恵のよろこびを十二分に味はうと欲することを以て霊魂の正しい自覚と観ずべきだ。そして、この要求を妨ぐる不合理なる社会組織の改造運動のごときは、相愛の理想にめざめた魂のやむにやまれぬ必然的行動であることを承知しうるのだ[38]。

さて、明治仏教界にあって社会主義に同情的な態度をとった例外的存在が、先述の清沢満之であった。暁烏敏は、一八九二年頃、東京の丸善にマルクスの『資本論』が出たが、清沢はそれを買って読んだといい、暁烏は「日本で共産主義のマルクスの本を最初に読んだのが清沢先生です」と証言している[39]。清沢は、「仏教は一種の社会主義を包有す。真正の宗教は皆な一種の社会主義を欠くべからざるなり」と述べて、仏教が社会主義を包含すると述べた。しかし、社会主義者が「平等」と「自由」を叫び、「君臣上下」の「分」を破壊し、「国家社会の秩序」を壊乱するとして、これは「決して宗教的の社会主義にあらざるべし」と主張した。仏教は「平等」とともに「差別」を認め、「自由」とともに「不自由」を認め、「分」を守って「全体の幸福」に資することを求める。「個人主義」と「国家主義」を調和させ、衝突させないのが仏教の「正鵠」である。社会主義と仏教とは相容れない側面も持っていたのであった[40]。

では、社会主義を包含する仏教とはいかなるものか。清沢は、この仏教社会主義とは国家的社会主義であると述べている。「国家的社会主義」とは、「国家を以て一段の社会の範囲とし、其の社会の間に、飢渇に苦しむの民なからしむるの方法を実行するにあり」と清沢は説明した。このためには「国家社会の民人に、最下級の可忍的生計を与ふる、国家の任務と為すこと」と「生存競争を転じて、収益の競争たらしむること」の二つの方法があるとする。また、社会の変遷は、

「虚無共産の党人」を生み、これを警戒すべき今日の急務は、富者が先んじて「国家的社会主義」を宣揚することにあるという。[41][42]

二〇世紀初頭の仏教革新運動の代表的なものが、右の清沢の精神主義運動と、新仏教運動である。精神主義運動は人間精神の内面に沈潜することで、近代的な信仰を打ち立てようと試み、新仏教運動は、積極的に社会的なものに近づくことで近代宗教の資格を獲得しようとした。その意味で、後者は社会主義に接近しやすい性質を持っていた。新仏教運動から生まれたのが仏教清徒同志会であるが、この「清徒」という言葉に、資本主義や帝国主義に伴う精神構造にいかに仏教を対置させるかという姿勢があらわれていた。吉田久一は、「新仏教運動は公権力に対し激しい対立を示しはするが、社会主義運動ではない。特に彼らは資本家を含めて権力階級に対立し、その限りでは社会主義者に多大の同情を寄せてはいるが、新らしい生産階級として登場してくる労働階級をとらえることはできなかった」と評している。しかし、新仏教運動に参加した仏教徒のなかには、宗教と社会主義の両者によって霊肉が救われるとして、この二思想を調和させるべきだと説いた和田不可得《ふかとく》、同志会は綱領に社会主義を標榜せよと要求した鷲尾教導《わしおきょうどう》、現社会に不満を持つ者は心身の慰安を得るため社会主義を研究せよと謳った毛利柴庵など、仏教社会主義者と呼ぶべき人々もいた。このほか、高木顕明が社会主義に傾倒していたことは、先述の通りである。[43]

6　幸徳秋水と宗教批判

『基督抹殺論』

幸徳秋水の遺稿となった『基督抹殺論』は、大逆《たいぎゃく》事件の獄中で脱稿され、一九一一年に新仏教徒の高島米峯《たかしまべいほう》の尽力によって出版された。幸徳と新仏教徒との関係は、幸徳の『万朝報《よろずちょうほう》』時代からはじまる。幸徳はたびたび『新仏教』に記事を寄せ、大逆事件で逮捕される一九一〇年には、キリストを歴史上の人物として抹殺する研究をはじめたと述べ、警察が執念深く干渉してくると伝えている。幸徳は無宗教主義、無政府主義者であったが、新仏教徒とは親しい交友関係を結んだ。吉田久一は、それが仏教と無政府主義との思想的対決が論理的にし尽されなかった要因だと指摘している(44)。

これに対し、キリスト教との思想的対決は激烈であった。それを象徴するのが、『基督抹殺論』(丙午出版社)である。

冒頭部分で幸徳は問う。聖書、殊に新約聖書、殊に福音書は果たして正確、真実、貴重なものであるか。キリスト教徒の家に生まれず、常識的な立場から虚心坦懐《きょしんたんかい》に福音書を通読すれば、それらが「奇怪不思議の談話」によってつづられていることに気づく。これは「歴史的事実」として信ずるよりも、「古来の神話小説」の収集としてみるのが安全であろう。記事の前後の矛盾が多い、として幸徳は福音書間の矛盾点を指摘する。それにより、「此辻褄の合はざる談話に対し、誰か之を神話小説視せずして、直ちに史的事実として首肯することを得んや」と幸徳は批判する。

続いて幸徳は、新約聖書がいつ、誰の手で編集されたのかを問題とする。聖書の成立年についての諸説を列挙し、幸徳は今日の四福音書は紀元一八〇年以前においては存在の跡を認めることができず、世に知られるようになってからも今日と同一であったかどうかは疑うべきである、と結論する。さらに、今日の新約聖書は「杜撰虚偽《ずさんきょぎ》」の作と言わなければならないとして、「曰く、四福音書は疑ふ可し」と追及する。

この四福音書は二世紀後半以降、「教会の必要」に応じるために「口碑伝説」を補綴《ほてつ》し、「私意」を加えて書かれたものであり、幸徳にいわせれば、「今の新約全書が、少なくとも其大部が、虚妄詐偽の者なりと謂ずるも、決して公平を欠く者に非ざるを信ず」。聖書は神話であり小説であって、読むのも研究するのも結構だが、「基督の伝記としては半文銭の価値なき也」と幸徳は喝破する。幸徳は皇帝ネロによるキリスト教徒の迫害の有無さえも疑問の余地があると指摘し、キリスト教徒を「卑陋なる迷信の徒にして、甚だ論するに足らざる者なりしを見るのみ。彼等の信仰せる本尊が基督と名くる者なりしを見るのみ」と批判する。さらに、一世紀、二世紀の「正史古文書」が「耶蘇基督の存在を認知せざる」として、それは当然であり、生誕死亡の時が判然としていないからである、と追及し、キリスト教徒は「文書偽造と投票買収と暴力の多数に依て、其信条を建設するの已なきに至れるまでに其根拠の薄弱なる、何ぞ如此く、夫れ甚しきや」と述べる。

さらに、「正史」上にあらわれてきたメシヤの事例を列挙し、すべてのメシヤのうち「最大最高」と称せられる「耶蘇基督」の生死、言行に関して文献的裏付けがないとして、「黙殺」するほかないではないか、とする。キリスト教の十字架についても、キリスト教専有のものではなく、十字は「野蛮蒙昧」の時から世界いたるところで礼拝されてきたとし、太陽や生殖器を礼拝してきた古代信仰の遺物にほかならない、と断じる。また、聖母マリアの信仰も、古代の女性崇拝の遺物に過ぎないと幸徳は論じた。そして、キリスト教は「根本の教義」から「枝葉の式典」にいたるまで何等独創的なものはなく、古代の太陽信仰、生殖器信仰に起源を発した諸信仰の遺物にほかならず、インドやユダヤ、ギリシャ、ローマなどの「残肴冷杯のみ」であり、史的人物としてのキリストの影像は「益々薄くなり行けるを覚ゆ」と幸徳は論じ、世界のキリスト教徒がキリスト教の由来と信仰の何物たるかを解せば、「大半は其信仰を失墜すべし」と言い、キリスト教のよって立つところの基礎はただ「無智」のみであるとする。

そして幸徳は、「基督が血あり肉ある史的人物として、曾て一たび此世界に存在せしとの証左は絶てあること無し」とキリストの実在性に疑問を投げかけ、キリストの復活についても、古代各種の「太陽神話」に共通の事件であると指摘し、クリスマスも、上古以来太陽の復活を祝すために常に行われてきたものだとする。

全体の結論として、幸徳は「基督教の諸君は、今将た何の処に其基督及び基督教なる者を認めて之を誇らんとする乎」と呼びかけ、キリスト教が「現代宗教としての生命」を喪失していると指摘して、学術に合わず、道理にかなわず、批評に堪えず、常識と容れないものを、倫理道徳の主義、安心立命の基礎とすることができようか、と述べている。幸徳は次のように結ぶ。

基督教徒が基督を以て史的人物となし、其伝記を以て史的事実となすは、迷妄なり、虚偽也、迷妄は進歩を礙げ、虚偽は世道を害す、断して之を許す可らず。即ち彼れが仮面を奪ひ、粉粧を剝ぎて、其真相実体を暴露し、之を世界歴史の上より抹殺し去ることを宣言す。(45)

幸徳秋水の宗教批判

幸徳は、早い段階から科学的社会主義者の立場から神を否定し、キリスト教を含めた宗教を批判していた。『中央公論』一九〇二年二月号に掲載された「社会主義と宗教」では、宗教の骨髄は「神」であるが、「近世社会主義」は、哲学的、歴史的、科学的道理の基礎に立って、「自由と平等を実現し、人間自ら支配せん」とするものであって、「無上の権者」を認めない、と述べている。また、キリスト教徒は、個々人によって異なる「神」観を持っており、内村鑑三の神と海老名弾正の神は異なり、それは「滑稽至極」ではないかと追及して、「科学的社会主義は、強て神なる空名を存するの必要はないのである」と断じた。その上で、幸徳は宗教にとって代わって

「将来の人生を支配すべき宗教」として、「社会主義」を挙げ、それは「人類社会全体の健全なる幸福なる進化を希ふものである」とする。(46)

この二年後、新聞紙条例違反で入獄した幸徳は、獄中に聖書を持って行ったが、何のために持って行くのか尋ねた木下尚江に対して、「彼は左も気の毒そうに予の顔を見上げて、『牢屋で一つ耶蘇の穴探しをしてやるのだ』と軽く笑つた」という。(47) 幸徳と木下は友人であったが、キリスト教をめぐっては論争を繰り返し、幸徳は木下に棄教するよう説得していた。以後、獄中時代からキリスト教批判の腹案を練り上げていった幸徳は、一九一〇年四月から『基督抹殺論』の執筆をはじめ、一一月には脱稿したといわれている。一九一一年二月一日、幸徳の死刑執行の八日後に発行された。(48)

参考文献

伊藤秀吉『日本廃娼運動史』（廓清会婦人矯風会廃娼聯盟、一九三一年）
小川原正道『近代日本の戦争と宗教』（講談社選書メチエ、二〇一〇年）
近藤俊太郎『天皇制国家と「精神主義」——清沢満之とその門下』（法藏館、二〇一三年）
孝橋正一『社会科学と現代仏教——仏教の社会化をめざして』（創元社、一九六八年）
佐藤任『毛利柴庵——ある社会主義仏教者の半生』（山喜房仏書林、一九七八年）
吉田久一『日本近代仏教史研究』（吉川弘文館、一九五九年）
吉田久一『日本近代仏教社会史研究』（吉川弘文館、一九六四年）
出原政雄「明治社会主義の思想構造」（西田毅編『近代日本政治思想史』ナカニシヤ出版、一九九八年、所収）

船山信一「明治仏教と社会主義思想」（法蔵館編集部編『講座　近代仏教』第二巻、法蔵館、一九六一年、所収）

註

（1）菅井益郎「足尾銅山鉱毒事件」（秋庭隆編『日本大百科全書』第一巻、小学館、一九九五年、所収）、二八二頁。
（2）浩々洞「東京だより」（『精神界』第一巻一二号、一九〇一年）、四七頁。
（3）浩々洞「東京だより」（『精神界』第二巻一号、一九〇二年）、五二頁。
（4）暁烏敏「服従論」（『精神界』第二巻四号、一九〇二年）、三〇—三九頁。
（5）近藤俊太郎『天皇制国家と「精神主義」——清沢満之とその門下』（法蔵館、二〇一三年）、六一—八七頁。
（6）『新仏教』子「鉱毒問題につきて仏教徒に告ぐ」（『新仏教』第三巻第二号、一九〇二年）、五七—六一頁。
（7）吉田久一『日本近代仏教史研究』（吉川弘文館、一九五九年）、四一六—四六頁。
（8）葛井義憲「足尾鉱毒事件と一群れのキリスト者」（『名古屋学院大学論集　人文・自然科学篇』第二三巻第二号、一九八七年）、一三八—一八八頁。
（9）工藤英一「足尾鉱毒事件における潮田千勢子——キリスト教の問題を中心として」（『三田学会雑誌』第七五巻第三号、一九八二年）、二三一—二四四頁。
（10）長江弘晃「田中正造晩年のキリスト教的特性」（『日本大学教育制度研究所紀要』第三一号、二〇〇〇年）、一九—四七頁。
（11）小松裕「新井奥邃と田中正造」（コール・ダニエル・金泰昌編『公共する人間5　新井奥邃—公快共楽の栄郷を志向した越境者』東京大学出版会、二〇一〇年、所収）、二五—四五頁。
（12）大内青巒『戦争と仏教』（国母社、一八九四年）、六七頁。
（13）福間光超他編『真宗史料集成』第六巻（同朋舎出版、一九八三年）、三四〇—三四一頁。
（14）小川原正道『近代日本の戦争と宗教』（講談社選書メチエ、二〇一〇年）、一〇六—一一二頁。
（15）岩井一水『日清開戦仏教演説会筆記』（法蔵館、一八九四年）、一四—二〇頁。
（16）小林惇道『近代仏教教団と戦争——日清・日露戦争期を中心に』（法蔵館、二〇二二年）、七五—一四七頁、参照。
(17)山田寅之助『軍人と宗教』(メソヂスト出版舎、一八九五年)、七頁。
(18)前掲『近代日本の戦争と宗教』、一一五―一一七頁。
(19)前掲『近代日本の戦争と宗教』、一二二―一二五頁。
(20)前掲『近代日本の戦争と宗教』、一六二―一六四頁。
(21)真谷旭川編『日露戦争と仏教』(興教書院、一九〇四年)、△一二―△一六頁。
(22)前掲『近代日本の戦争と宗教』、一六九―一七九頁。
(23)前掲『近代日本の戦争と宗教』、一七九―一八三頁。
(24)伊藤秀吉『日本廃娼運動史』(廓清会婦人矯風会廃娼聯盟、一九三一年)、一一九―一三四頁。
(25)前掲『日本廃娼運動史』、一五六―一六七頁
(26)前掲『日本廃娼運動史』、一六七―一八〇頁。
(27)前掲『日本廃娼運動史』、二〇八―二二九頁。
(28)杉山博昭『キリスト教福祉実践の史的展開』(大学教育出版、二〇〇三年)、一〇八―一二六頁。
(29)林葉子『性を管理する帝国――公娼制度下の「衛生」問題と廃娼運動』(大阪大学出版会、二〇一七年)、一〇六―一一八、三九二―三九八、四二七―四三八頁。
(30)吉田久一『日本近代仏教社会史研究』(吉川弘文館、一九六四年)、三七四―三七九、五六三―五六七頁。
(31)佐藤任『毛利柴庵――ある社会主義仏教者の半生』(山喜房仏書林、一九七八年)、五五頁。
(32)鈴木大拙「家庭の問題」(『新仏教』第一二巻第四号、一九一一年)、三〇七―三一三頁。
(33)前掲『日本近代仏教史研究』、四二〇―四二二頁。
(34)安部磯雄『社会主義者となるまで――安部磯雄自叙伝』(改造社、一九三二年)、二〇一―二〇二頁。
(35)出原政雄「明治社会主義の思想構造」(西田毅編『近代日本政治思想史』ナカニシヤ出版、一九九八年、所収)、二一五―二五六頁。
(36)船山信一「明治仏教と社会主義思想」(法蔵館編集部編『講座　近代仏教』第二巻、法蔵館、一九六一年、所収)、一一九頁。

(37) 孝橋正一『社会科学と現代仏教――仏教の社会化をめざして』(創元社、一九六八年)、三七―四一頁。
(38) 妹尾義郎『社会変革途上の新興仏教』(仏旗社、一九三三年)、八五―八六頁。
(39) 清沢満之先生五〇回忌記念会編『絶対他力道』(大谷出版社、一九五二年)、六一頁。
(40) 清沢満之『清沢満之全集』第七巻(法蔵館、一九五五年)、一〇三―一〇四頁。
(41) 清沢満之『清沢満之全集』第五巻(法蔵館、一九五六年)、九三頁。
(42) 前掲「明治仏教と社会主義思想」、一二〇―一二六頁。
(43) 前掲『日本近代仏教史研究』、三五五―四〇二頁、前掲『毛利柴庵――ある社会主義仏教者の半生』、六六―七二頁。
(44) 前掲『日本近代仏教史研究』、四〇八―四一一頁。
(45) 幸徳秋水『基督抹殺論』(丙午出版社、一九一一年)、一―一四七頁。傍点原文。
(46) 幸徳傳次郎「社会主義と宗教」(『中央公論』第一八年第三号、一九〇三年)、二六―二九頁。傍点原文。
(47) 木下尚江「「基督抹殺論」を読む」(木下尚江『木下尚江著作集』第一二巻、明治文献、一九六九年、所収)、一〇七―一〇八頁。
(48) 林茂・隅谷三喜男「解題」(幸徳秋水『基督抹殺論』岩波文庫、一九五四年、所収)、一六三―二〇〇頁。

第五章
飢饉と救済　一九〇五―一九〇六

1　東北大飢饉の発生

一九〇五年、東北

　宗教による社会問題への取り組みの一環として、本章では、一九〇五年（明治三八年）に発生した東北大飢饉に対する仏教者の取り組みについて紹介しておきたい。従来、キリスト教宣教師による救済活動が目を引いてきたが、仏教者もかなり積極的に関わっていたためである。

　この年、岩手、宮城、福島の三県を低温多湿、低日照の気候が襲い、平年の一割から三割しか収穫できないという大凶作となり、翌年にかけて大飢饉が発生した。これは、衆議院が「宮城、福島、岩手三県ニ於ケル凶作ノ程度ハ之ヲ飢饉ノ歴史ニ徴スルモ遠ク天明、天保度大飢饉時代ノ凶作ニ勝ルノ惨状ヲ呈セリ……自治機関ハ停止シ一家衣食ニ窮シテ児童学ヲ廃シ小学校ハ為ニ閉鎖ノ已ムヲ得サルニ至ラムトス加フルニ時厳寒ニ際シ飢寒交々至リ数十万ノ窮民座シテ死ヲ待ツノ悲境ニ瀕セリ」として、政府に「適当ノ救恤《きゅうじゅつ》方法」を設けて予算を提出し、窮民救済にあたるよう建議するほど深刻なものであった(1)。

この大飢饉に際し、ドイツ改革派教会の宣教師、ウィリアム・ランプを中心に海外支援委員会が組織され、飢餓に苦しむ人々の救済にあたり、世界中のメディアや外国政府が救済に取り組んだ過程が、すでにウィリアム・M・スティールによって詳細にあきらかにされている。外国人だけでなく、日本のメディアやクリスチャンなども積極的に活動に加わった(2)。

これまでの研究と課題

外国人宣教師の救済運動については、宮城県編『明治三十八年宮城県凶荒誌』(宮城県、一九一六年)の第六編・第八章「宗教家の救済運動」でも、すでにその概要が言及されている。ここでは、仙台市の仏教各宗が輪王寺《りんのうじ》に救済運動の本部を置いて浄財の喜捨を募ろうとした活動についても言及があるが、詳細については、なおあきらかにされていない。日本の仏教界の対応についてのまとまった成果としては、吉田久一の『吉田久一著作集6　改訂増補版　日本近代仏教社会史研究』下(川島書店、一九九一年)第三部・後編・二章「一　東北大凶作の救済活動」がある程度である。ランプは、日本仏教は資金を集めようと努力したものの、日本の人々はほとんど貢献していないと嘆いているが(3)、吉田の研究では、かなり活発な活動をみてとることができる。本当に日本の仏教側の活動はうまくいかなかったのであろうか。

そこで本章では、当時発行されていた宗教新聞『中外日報《ちゅうがいにっぽう》』の記事を追いながら、補足的に『東京朝日新聞』と『読売新聞』の報道も用い、日本の仏教界が大飢饉に対してどのように対応していったのかについてあきらかにしたい。「国内的・国際的に連携して危機救済にあたった最初の大きな事例」だったこの飢饉[4]において、本章は、日本の仏教界がどのように救済にあたったかを検証する試みである。

2 『中外日報』紙上の東北大飢饉と仏教——一九〇六年二月まで

仏教による救済運動の開始

『中外日報』は一八九七年に、浄土真宗本願寺派寺院に生まれた真渓涙骨《またにるいこつ》によって超宗派の宗教新聞として創刊された[5]。以下、同紙の飢饉関連記事を追っていこう。

『中外日報』の紙面を調査したところ、一九〇五年一二月一〇日付同紙に「各宗救済会の飢饉救済」と題する記事がみいだされた。「東奥三県凶作地中宮城県は其中心にして悲惨も甚しとて同県の天台、真言、浄土、臨済、曹洞、真宗、日蓮、黄檗《おうばく》、時宗《じしゅう》の各宗協同して仙台仏教各宗救済会を組織し広く仁人義士に訴へて義捐金を募集し同県の窮民を恤《めぐ》む由」と伝え、仙台仏教各宗救

中外日報

仏教の東北飢饉救済活動を伝える中外日報の紙面（1905年12月10日付）

済会なるものが組織されて義捐金募集をはじめたことがわかる。[6] 次いで同月一八日付の同紙には「仏教徒の飢饉救済」という記事が掲載され、「宮城県下に於ける本年の飢饉は実に名状すべからざる惨状を極めつゝあるか、同県下各宗寺院は之を見るに忍びずとして今回仙台市北山町輪王寺《りんのうじ》内に各宗救済会なるものを設け屢々《しばしば》有志の義捐を募りて窮民の救助に努めつゝある由、たとひ山川を隔つる遠国と云へとも僧侶と信徒たるを問はず奮つて此美事に応せられたきものなり」と、仙台の輪王寺に設けられた各宗救済会への義捐金募集を呼びかけている。[7]

救済会の規程は、以下の通りであった。

一　本部を仙台市北山町輪王寺に置く
一　義捐金は多少に拘わらざると
一　義捐金は救済会本部又は宮城県庁へ御送

致を乞ふこと
一　義捐金は受領の上宮城県庁へ預け窮民へ配布を委託すること
一　義捐金の受領後は県庁の交付を受けたる上之を本会より義捐諸君に配付す(8)

また、仙台市の天台宗、真言宗、浄土宗、臨済宗、曹洞宗、真宗（本願寺派、大谷派）、日蓮宗、黄檗宗、時宗の「各宗協同救済会」名で発せられた檄文は、「宮城県仙台市仏教各宗寺院等哀泣して天下慈仁の諸士に訴ふ」として、天候不順による凶作の実態を切々と訴え、「平年収穫し来れる百三十万石は一粒米だも得て望むべからず」とし、「糧食なく空しく手を拱《きよう》せんか飢餓を如何せん或は老幼婦女争ふて山野に草根木実を採堀し壮齢の男子は救済工事に多少の日雇賃を得るに勤めて日夜汲々たる」現状を吐露し、「各宗協同一致し以て此救済団を組織し天下仁人諸士が相憐み相救はんとする悲涙の血滴々《てきてき》なる義捐金を仰ぎ依て此の窮民を救恤《きゆうじゆつ》せんと欲す」と訴えた。(9)

広がっていく支援

各宗協同救済会の義捐金募集活動はその後活性化し、同会の委員・氏家浄眼《うじいえじようげん》と平井学俊の二名が上京し、各宗管長の同意を求め、「義援金募集奔走中なり」と『中外日報』一九〇六年一月一四日付は伝えている。同記事によれば、この活動はもっぱら窮民に医療と糧食を提供するためのものであり、「同情の人々に多寡に拘らず同会本部なる仙台市北山町輪王寺内若くは宮城県庁内

仏教救済会へ送金ありたし」と呼びかけている。(10)

『中外日報』一九〇六年一月二四日付と『東京朝日新聞』同年一月二四日付朝刊によると、福島県では、新学期から小学校がはじまるにあたり、飢饉のため教科書を購入できず同県の小学校が閉鎖されることとなったため、福島県仏教救済会が設立され、運動委員が上京して教科書や資金の募集を勧誘中であると伝えている。(11)『読売新聞』一九〇六年一月二日付朝刊では、日蓮宗青年会が「救済袋」五〇〇〇〇袋を印刷して各方面に配布し、金米の募集に従事し、幻灯、道路布教などに熱心に取り組んでいると報じられている。(12)この間、一月一五日には真言宗連合各派管長は派内寺院に仙台に設置された各宗救済会に浄財を投ずべきことを勧めている。(13)

『中外日報』一九〇六年一月二九日付によると、東京では「仏教主義の新聞雑誌記者」が浅草伝《でん》法院《ぼういん》において相談会を開き、各種の決議をなして連合事務所を浅草山の一九風光社内に設けた。参加したのは、『仏教新聞』（松浦育英）、『無尽灯』（宮谷法含）、『東光』（梶寶順《かじほうじゅん》）、『三寶叢誌《さんぼうそうし》』（拓殖信秀）、『教界時事』（妻木直良）、『浄土新報』（三星與市）、『新仏教』（高島圓）、『東亜の光』（田中弘之）、等であった。一月二八日、三〇日、二月四日と「救済演説会」が、それぞれ浅草伝法院、芝増上寺《ぞうじょうじ》、九段坂仏教倶楽部で開催され、村上専精《せんじょう》、田中弘之、南条文雄《なんじょうぶんゆう》、大内青巒などが演台に立った。(14)また、『中外日報』一月三〇日付は、天台宗の青年たちが発起した慈善音楽会の寄附金五八〇余円が凶作地に寄附されることとなったと伝えている。(15)このほか、東京府芝区栄《えい》立院《りゅういん》の住職・荒川弁達は東北救済の挙を思い立ち、浄土宗有志の名義で本山の許可を得て托鉢し、その浄財を東北三県に送ろうとしているという。[16] 長野県の善光寺は同情袋を作り、白米を集めて東北三県へ送る計画を示した。[17]

『中外日報』一九〇六年二月八日付によると、先述の新聞雑誌記者連合会は、二一カ所に義捐金受付所を設け、演説会も予定通り開会し、一五円の義捐金を得て、芝増上寺での演説会でも三〇円を集めたが、まだ十分ではないとして、本郷、芝、四谷、赤坂、深川など九カ所に会場を設けて運動を展開するとしている。[18] 東京府芝区の浄土宗有志救済会は救済のため府内を托鉢して廻っているという。[19] 義捐金募集のため上京中だった氏家浄眼などは「仏教徒の同情」を獲得すべく、東京市内各所で演説会を催すこととなり、二月九日（品川）、二月一〇日（本所、小石川）、二月一一日（深川）、二月一七日（日本橋、四谷）、二月一八日（下谷）、で演説会が開かれることとなった。[20] 主催団体は「仏教各宗連合救済会」で、「世上の仁人に向つて義捐金（一口金五銭以上、三月三十一日限）」を募集した。[21] また、仏教主義新聞雑誌社連合会は大日本仏教青年会と合同で慈善音楽会を開催することとなった。[22]『中外日報』二月一四日付は「凶作地の雪の夜」と題して、極寒下の凶作地の悲惨な状況を活写し、「寒風吹き入れども防がんに由なく夜暗けれとも油なければ火を点ずるを得ず、あはれや」などと伝えている。[23] 二月一一日には本郷湯島の寺院で救済演説会が催され、聴衆の一人が自身の羽織を脱いで救済費に加えて欲しいと申し出る一幕もあった。[24]

京都・妙心寺の花園学林（現在の花園学園）学徒が二月一五日から托鉢をはじめ、東京朝日新聞京都支局前で読経して東北飢饉救済義捐金募集への協力を求め、市民から義捐金や米を集めたという。[25] 福岡県の少林寺では、東北地方凶作救済のための演説会が二度開催され、僧侶の天本梅《あまもとばい》可《か》などが演台に立った。[26]「仏教主義新聞雑誌社連合会」は東京市内で仏教各宗派団体連合会と共同し、米一升を入れる麻袋数十万個を造って「慈善袋」と名付け、信徒たちへ配付し、一袋が一人にわたるよう措置している。[27] 東北三県救恤会なる団体が二月二二日に第五回目の寄附として一万一七五八円を凶作地に寄附し、五回で計一〇万七六〇六円に達したという。[28]

被害の実態と動きの鈍い本山

内務省の調査によると、宮城県の窮民は八〇〇〇戸、四万二〇〇〇人、福島県は一万四〇〇〇戸、七万三〇〇〇人、岩手県が一万七九一戸、五万七九三八人であった。[29]『中外日報』一九〇六年二月二八日付は、福岡市の仏教団体精養会と求道会の主唱で東北凶作救済のための仏教演説会が二月一六日から三日間、少林寺において開催され、毎回四〇〇名余りが来場し、「四恩の説」「郵便据置貯金」などの演題で演説があり、会費などを東北飢饉地に寄贈したと伝えている。[30]

もっとも、浄土真宗の本山レベルの対応は鈍かったようである。同日付の『中外日報』は、「冷淡なる築地本願寺」と題する記事を掲載し、「本派本願寺関東第一の出店たる築地別院は其外観は確に立派なり、然れども此別院内に温き感触のなきは恰《あたか》も氷を用て造れる宮殿の夫れの如し」と批判して、今回の大飢饉に際しては米国の大統領がキリスト教の博愛の精神から救済に努力しつつあるのに対し、「然るに築地本願寺は之を見て自から教家応分の仁慈を挙げざるのみならず、仏教主義の新聞雑誌社が連合運励して義金募集を試みし節、彼等は築地本願寺を有力なる応援者と見込んで依頼する所ありしも、元来氷御殿の中に起臥して、脳に同情の温なき彼等は何んの恥し味もなく此か応援を峻拒したりし」（傍点原文）と仏教主義新聞雑誌社連合会の協力要請を拒否したと批判している。(31)

3　『中外日報』紙上の東北大飢饉と仏教——一九〇六年五月まで

「頼みます頼みます」

『東京朝日新聞』一九〇六年三月一日付朝刊によると、仏教青年伝道会会員が日夜路傍に立って飢饉地へ送る慈善袋を勧誘していたが、同会会員の福田会《ふくでんかい》育児院幹事・岩崎信雄が飢饉地の窮状を説いたところ、飢饉地から上京したばかりの「田舎風の男が突然同氏に抱き付き頭を下げ声を出さん許りに泣き出せり」といい、「何卒郷人の為めに頼みます頼みますと伏し拝まれ同氏始め聴衆も思はず同情の涙」に袖を潤したという。(32) 鎌倉円覚寺内仏教伝道会は第一回として二八円五六銭、第二回として二六円七四銭を集めて寄附した。(33)

三月九日、「仏教主義各雑誌新聞記者の発起になる東北凶作地救済会」が義捐金一〇〇〇円を送付した。(34) 大磯の真言宗寺院地福寺《じふくじ》住職・福井雄正等の発起により、周辺の一〇〇余寺と連携して義捐金の募集に奔走しているという。[35]本願寺本山レベルの動きは相変わらず鈍く、『中外日報』三月一四日付は、「ワケの解らぬ慈善財団」と題して、東北飢饉救済は慈善財団から相当の義捐金を出し、門末に向かってこれを奨励しなければならないにもかかわらず、「少しも此の挙を為さぬのはワケが解らぬ、強欲なる本願寺、無情なる本山、其冷酷残忍厚顔なる誠にお話にならぬ次第だ」と厳しく批判している。[36]

福島県の中村豪詮、中村義監は渋沢栄一の後援を得て飢饉の救済に奔走していたが、彼等は先ず自己資産の大半を救済に費やした上で「公衆の同情を求むる」にいたったようであり、窮民が口にしている葉や草根、豆粕などをみせて廻ったため、これをみた人は同情の感に打たれて救済に応じているという。この二人には佐々木教純という福島県双葉郡大聖寺の住職が同行しており、佐々木は凶作地の児童の「廃学」を救助するため尽力した。[37]海外の仏教徒からの義捐金も寄せられており、『中外日報』一九〇六年三月一七日付によれば、北米在住の仏教徒は故国の同胞を哀れみ、本願寺開教師・朝枝不朽を通じて「北米フレスノー市」の青年会有志から第一回の義捐金一六二円三〇銭が送付され、ホノルル府真宗婦人会からも布教監督を経て二二円が寄贈された。[38]

肥前長崎真宗青年崇徳会は東北三県凶作地救済のため金品収集に奔走し、宮城県へ二五〇円、岩手県へ一六〇円余り、福島県へ一六〇円余り、白米や衣類なども送付したという。[39]「仏教各宗派団体連合会」が一升入りの布製米袋を作り、慈善袋の名の下に世の慈善家に配布し、さらに「野天伝道」を盛行して同情心を喚起したところ、『中外日報』一九〇六年三月二三日付によれば、袋の制作高一万三〇〇〇個、印刷物（寄附米依頼状）三万五〇〇〇枚、慰問状二万四〇〇〇枚に及んだ(40)。東京における大谷派末寺の団体が、東北凶作窮民救済のために運動し、白米五〇〇〇袋、米代五〇〇余円を発送したという(41)。芝増上寺では、三月一日から七日までの一週間、五重伝法会を執行し、東北凶作地窮民救助のため参拝者に同情米喜捨を呼びかけたところ、米一升袋九二九個を得たため、これを凶作地に発送した(42)。『読売新聞』三月一九日付朝刊によれば、小石川区音羽の護国寺にある豊山《ぶざん》中学校では、東北三県から出京している学生に限って編入を許し、本年中の月謝を免除することとしたという(43)。真言宗では各派有志が救済檄文を発し、巡回布教使に東北救済の勧諭をさせている(44)。下谷練塀町の真宗高田派専修寺出張所婦人会は本郷座で慈善演劇を開き、三六〇円を東北三県凶作地に寄附した(45)。福島・宮城・岩手三県の日蓮宗有志も三月一五日に宗務当局に対して請願書を提出し、報国義会の開設と義捐金醵出《きよしゆつ》などを求めている(46)。

支援への批判

窮民救済に対しては批判的な声もあがっていた。『中外日報』一九〇六年四月一〇日付の「新仏教徒の声」と題する記事では、「矢タラ救助を与へる時は、其結果は漸々《ぜんぜん》彼等の独立心を奪ふて何にかと云へば世の慈善家を依頼する様にせぬとも限らぬ」と救助に頼ることは独立心を削ぐことになると危惧していた(47)。『中外日報』四月一七日付は社説に「慈善の真意義」と題する記事を掲げ、東北三県の凶作救済に対して世の慈善家が寄せた救恤金は五〇万円以上に及んでいるが、

「世の慈善家並に経世家が今少しく慈善を行ふに細心の注意を払て、十万二十万といふ多くの金額をば、直に彼等窮民の一個〳〵に恵まずして、更に之を元資《ママ》として彼等の幾分だも産に就き業に就くの方法を講ぜざれなば、慈善の精神、慈善の意義は、かくして始て光輝あり、発展あり、而て能所の意思、茲に貫通し、双方の情意、茲に満足せられなん」（傍点原文）として、義捐金が窮民の就職につながってこそ意義があると力説している(48)。

東京の寺院が救済事業にその本堂を使用しようとする傾向もみられはじめ、浅草萬隆寺《ばんりゅうじ》は凶作地の孤児一三〇名を収容して本堂に宿泊させ、浅草九品寺《くほんじ》も窮民一〇七名の宿舎を提供したという(49)。広島の徳永寺住職が東北飢饉救済の目的で同市内の誓願寺で実況幻灯演説会を開いた(50)。本願寺もようやく本腰をあげたらしく、『中外日報』一九〇六年五月一〇日付によれば、東北三県の孤児を慈善財団に収容し、「本願寺看護婦養成所仏教婦人会は総出にて寝食に斡旋し仝会財団よりは年々金五百円を寄贈すること丶なり、翌一日出発して大阪を通過せる時には本願寺別院慈善団より金品を寄贈」した(51)。慈善財団の保護下にある岡山の仏教甘露孤児院の「津田明導」と京都の軍人遺孤養育院の「河《ママ》村雄《ママ》山」が凶作地の児童一〇〇名を現地から連れて帰り、築地本願寺は新調の衣服を贈与する予定だという(52)。下谷入谷町 長松寺《ちょうしょうじ》の住職が凶作地を巡察し、岩手県の孤児三二名を連れ帰って同寺に収容し、同善小学校に無償で入学させた(53)。成田学園の主任・大友秀松は、東北地方凶作の救済の一助として、現地の「不良児童」を収容し、講演会や演芸会を開いて寄附金を募っている(54)。大阪の浄明寺内に設置された青年団体御法会では、東北三県飢饉救恤のため「同情袋」を調達して義捐米を募集し、六六〇〇個を集めて凶作地に送った(55)。『中外日報』の東北凶作地救済に関する報道は、一九〇六年五月をもって終わっている。

4 仏教徒はなぜ立ち上がったのか

積極的だった仏教

一九〇五年から翌年にかけての東北大飢饉に際し、日本の仏教団体や仏教徒は決して座して動かなかったわけではない。仏教各宗連合救済会や仏教主義新聞雑誌社連合会を中心として、托鉢に廻り、演説会を催し、音楽会を開き、新聞社に訴え、米袋を作るなどして、義捐金や米の収集に努め、これを現地に送った。正確な義捐金の募集額が判明しないため、その規模を測定することは難しいが、当初は消極的だった本願寺も支援に乗り出し、芝増上寺も米袋収集に取り組むなど、本山レベルでの支援活動もみられた。救済の是非をめぐっては議論があったが、日本の仏教界全体としては窮民保護、孤児救済に積極的であったといえよう。

キリスト教との対抗

もっとも、真言宗の専門誌『六大新報』第一一三六号(一九〇六年三月一一日)に掲載された社説「再び東北三県の救済に就て」は、「基督教徒の如きは説令ひ同教が歴史的因縁の浅からざる仙台地方の為とは云へ、渠等少数の教徒にして已に莫大の義捐を醵集送附せし」という実態に対し、「仏教徒の中にも率先して、現世的救済の大本領を発揮し、先づ自ら衣鉢の料を割きて他に其模範を示すのみならず、大に他を誘導して善事を奨励し以て、脚下の饑寒瀕死の衆生を助けざる可らざるなり」（傍点原文）と述べ、仏教徒も率先して救済にあたるべきだと訴えており、そこには、キリスト教徒に先を越されているという焦りがあった[56]。その状況――仏教がキリスト教に遅れを取っている実態――が、冒頭で触れたランプの印象につながったのであろう。

　キリスト教と仏教は、競い合いながら、その社会的基盤を造成していった。こうした宗教勢力をどのように取り込み、利用していくのか。宗教法の策定に向けた政府側の模索は、すでにはじまっている。

註

（1）「ＪＡＣＡＲ（アジア歴史資料センター）Ref.A14080134000、議院回付建議書類原議（二）（国立公文書館）」。
（2）M. William Steele, The Great Northern Famine of 1905–1906: Two Sides of International Aid,『アジア文化研究』三九（二〇一三年三月）, pp.1-15.
（3）Ibid., p.8.
（4）Ibid., p.4.
（5）発刊当初は『教学報知』。一九〇二年に『中外日報』と改題。
（6）『中外日報』一九〇五年一二月一〇日付。

（7）『中外日報』一九〇五年一二月一八日付。
（8）『東京朝日新聞』一九〇五年一二月七日付朝刊。
（9）宮城県編『明治三十八年宮城県凶荒誌』（宮城県、一九一六年）、七一二—七一三頁。仙台市長・早川智寛も各宗管長に、各宗救済会の趣旨を訴えている（吉田久一『吉田久一著作集 6 改訂増補版 日本近代仏教社会史研究』下、川島書店、一九九一年、一〇八—一〇九頁）。福島、岩手、宮城の仏教団体が連合して「東北三県各宗連合救済会」も組織されている（前掲『明治三十八年宮城県凶荒誌』、七一三頁）。
（10）『中外日報』一九〇六年一月一四日付。
（11）『中外日報』一九〇六年一月二四日付、『東京朝日新聞』一九〇六年一月二四日付朝刊。育児救済事業については、前掲『吉田久一著作集6 改訂増補版 日本近代仏教社会史研究』下、一四九—一六五頁、参照。
（12）『読売新聞』一九〇六年一月二日付朝刊。
（13）前掲『吉田久一著作集6 改訂増補版 日本近代仏教社会史研究』下、一〇七頁。
（14）『中外日報』一九〇六年一月二九日付。
（15）『中外日報』一九〇六年一月三〇日付。
（16）『中外日報』一九〇六年二月七日付。
（17）『東京朝日新聞』一九〇六年二月四日付朝刊。『東京朝日新聞』一九〇六年三月一〇日付朝刊によると、一升入りの同情袋八九〇〇余個金一四〇余円が集まったという。
（18）『中外日報』一九〇六年二月八日付。
（19）『中外日報』一九〇六年二月九日付。
（20）『中外日報』一九〇六年二月九日付。
（21）『東京朝日新聞』一九〇六年二月一〇日付朝刊。
（22）『中外日報』一九〇六年二月一三日付。
（23）『中外日報』一九〇六年二月一四日付。
（24）『中外日報』一九〇六年二月一四日付。
（25）『中外日報』一九〇六年二月一七日付。

(26)『中外日報』一九〇六年二月一九日付。
(27)『東京朝日新聞』一九〇六年二月二〇日付朝刊。
(28)『中外日報』一九〇六年二月二五日付。
(29)『中外日報』一九〇六年二月二八日付。
(30)『中外日報』一九〇六年二月二八日付。
(31)『中外日報』一九〇六年二月二八日付。
(32)『東京朝日新聞』一九〇六年三月一日付朝刊。
(33)『東京朝日新聞』一九〇六年三月四日付朝刊。
(34)『中外日報』一九〇六年三月一三日付。
(35)『東京朝日新聞』一九〇六年三月一一日付朝刊。
(36)『中外日報』一九〇六年三月一四日付。ここで言う財団とは、一九〇〇年に本願寺が設立した大日本仏教慈善会財団のことである(名和月之介「明治中期における仏教慈善事業の形成について」『四天王寺国際仏教大学紀要』人文社会科学部・第三九号、二〇〇五年三月、二一九―四四頁)。
(37)『中外日報』一九〇六年三月一五日付。
(38)『中外日報』一九〇六年三月一七日付。
(39)『中外日報』一九〇六年三月一九日付。
(40)『中外日報』一九〇六年三月二三日付。
(41)『中外日報』一九〇六年三月三〇日付。
(42)『中外日報』一九〇六年四月二日付。
(43)『読売新聞』一九〇六年三月一九日付朝刊。
(44)前掲『吉田久一著作集6　改訂増補版　日本近代仏教社会史研究』下、一〇七頁。
(45)『東京朝日新聞』一九〇六年四月一二日付朝刊。
(46)前掲『吉田久一著作集6　改訂増補版　日本近代仏教社会史研究』下、一〇九頁。
(47)『中外日報』一九〇六年四月一〇日付。

(48)『中外日報』一九〇六年四月一七日付。
(49)『中外日報』一九〇六年四月二三日付。
(50)『中外日報』一九〇六年五月九日付。
(51)『中外日報』一九〇六年五月一〇日付。
(52)『東京朝日新聞』一九〇六年四月二五日付朝刊。「甘露孤児院」とは、「甘露育児院」のことだと思われる。甘露育児院の東北飢饉孤児救済事業については、坂本忠次『津田白印と孤児救済事業』(吉備人出版、二〇一〇年)、一八—二四頁、参照。同院は飢饉地帯にある寺院の檀徒の孤児を率先して受け入れており、例えば、福島県の正覚寺の孤児六名と大聖寺の檀徒の孤児四名、実蔵寺の檀徒の孤児一名、観音寺の檀徒の孤児一名が収容されている(小林雨峰「東北凶作地を見舞ふの記」『加持世界』第六巻七号、一九〇六年七月、五四頁)。
(53)『東京朝日新聞』一九〇六年五月二八日付朝刊。この点については、前掲『吉田久一著作集6　改訂増補版　日本近代仏教社会史研究』下、一五一—一五二頁も参照。
(54)成田学園編『成田学園五十年史』(成田学園、一九三六年)、一七七—一七九頁。
(55)『中外日報』一九〇六年五月一七日付。
(56)「再び東北三県の救済に就て」(『六大新報』第一三六号、一九〇六年三月一一日)、一一—一二頁。この点については、前掲『吉田久一著作集6　改訂増補版　日本近代仏教社会史研究』下、一〇七頁、参照。前掲『六大新報』第一三六号の雑報欄「東北饑饉救済に就て」でも、「基督教徒の如きは気脈を通じ同一歩調を以て救済の事に従ひ居るを以て、義捐金及救済事業等大に人目を引くものあるも仏教徒は各自思ひ〳〵に救済に従ひ居るを以て(事実は基督教巳上の働きを為しつゝあるも)自然基督教徒に後るゝの観なき能はず」と、キリスト教に遅れをとっていることへの危機感が表明されている(一四頁)。

追記　本章はＪＳＰＳ科研費２５３７０７９０の助成を受けたものである。

第六章
宗教団体法の整備過程　一八九九—一九三九

1　政治による宗教利用

荒木貞夫文相演説

戦前の日本において、政府の宗教政策に一貫してみられる特徴は、宗教を政治的・社会的に「利用」しようとする姿勢、また「利用」できず、むしろ「危険」とみなした宗教を排除しようとする姿勢である。それが典型的にあらわれているのが、一八九九年（明治三二年）にはじめて法案が帝国議会に提出され、以後、三度の挫折を経て、一九三九年（昭和一四年）に成立した宗教法・宗教団体法をめぐる政府の態度であった。

一九三九年の宗教団体法案審議にあたり、衆議院宗教団体法案委員会で荒木貞夫文相は「宗教団体ニ対スル国家ノ保護監督ノ適正ヲ得ルト共ニ、他面宗教教化活動ニ便益多カラシムルハ最モ必要ナルコトト思考致スノデアリマス……新興宗教団体ニ対シテハ、従来専《もっぱ》ラ警察取締ニノミ任セテ参ツタノデアリマスガ、現下ノ思想界ノ実情ニ鑑《かんが》ミマシテ、是ガ設立ニ当ツテハ届出ヲ為サシメ、是ガ監督ニ遺憾ナキヲ期シ、一方其ノ善良ノ発達ヲ指導致シ得ルヤウニ致シタノデアリマス」と発言しているが、(1) これなどは、そうした政府の姿勢を典型的に物語るものであろう。政府にとって都合の良い方向に利用するため「保護」し、都合が悪い方向に陥らないよう「監督」し、さらに、都合の悪い団体は「排除」する、というのが、一貫してみられる戦前の日本政府の性質であった。

「有益」と「障害」

従来、これら個別の法案の立法過程について論じられることはあっても、そこに、ここでいう「政治」による「宗教」利用、あるいは「排除」という一貫した論理を読み取り、さらに政府側の意図を詳察する研究はほとんど存在しなかった。そこで本章では、一八九九年の宗教法案から、一九二七年の宗教法案、一九二九年の宗教団体法案、さらには、実際に成立した一九三九年の宗教団体法案に至るまでの、宗教法・宗教団体法の整備をめぐる政府側の姿勢を「政治」による「宗教」利用・排除という観点から通観し、その意図、背景などについて検討しようとするものである。

一体、政府にとって何が「有益」で、何が「障害」であったのか、そして、「利用」や「排除」の論理は、信教の自由を規定した大日本帝国憲法第二八条と抵触するものとは考えられなかったのか。こうした点を中心としながら、考察を進めていきたい。

2 一八九九年宗教法案

条約改正と内地雑居

最初の宗教法案が提出されるきっかけになったのは、一八九四年締結の日英通商航海条約によって、外国人の内地雑居が実施され、外国人の信教の自由が保障されたことにあった。陸奥《むつ》宗光《むねみつ》外相が閣議に提案した改正条約草案には、日英両国民は「他ノ一方ノ版図内ニ於テ良心ニ関シ完全ナル自由、及法律、規則ニ従テ公私ノ礼拝ヲ行フノ権利、並ニ其ノ宗教上ノ慣習ニ従ヒ埋葬ノ為メ設置保存セラル、所ノ適当便宜ノ地ニ自国人ヲ埋葬スルノ権利ヲ享有スヘシ[2]」とあり、外国人の信教の自由、礼拝、埋葬の権利を承認したもので、これが閣議決定され、さらに無修正のまま、七月一七日の調印をみた。以後、米、仏、伊、露、独、蘭などの各国とも同様の条約を締結し、原則として一八九九年七月をもって実施することが決められた[3]。

条約実施の準備として、一八九九年七月一日には内閣訓令第一号が発せられ、「外人ノ権利ヲ保全シテ……楽ミテ我国内ニ住居セシメムコトヲ努ムルハ帝国政府ノ責務ニシテ亦国民ノ義務ナリトス」[4]として、外国人の権利を保障することを明示したが、これを受けた行政現場レベルでは、同訓令は信教の自由を含むものと解されていたようで、神奈川県は「信教ノ自由ニ付テハ憲法又ハ条約ノ保障アリ……暴行又ハ侮蔑ノ言動ヲ以テ異宗者ヲ屈辱スルカ如キ事アラバ……国民局量ノ褊狭《へんきょう》ニシテ気宇ノ固陋《ころう》ヲ表明スルモノニシテ甚《はなは》タ愧《は》スヘキノ行為ナリトス宜シク彼等信仰ノ自由ニ委シ各宗ノ確執上ヨリ紛争ヲ生セサル様ニ意ヲ用ユルコト」と通達を出している。[5]

そもそも、キリスト教を日本政府として公認するか否かは、この内閣訓令段階では確定していなかった。外国人や日本人宣教師によるキリスト教の布教はすでに国内で広く展開され、憲法第二八条も信教の自由を規定していたが、これまでキリスト教が法的に公許されたことはなく、あいまいな状態が続いていたためである。[6]

内務省令第四一号と宗教法案

これを受けて内務省は、一八九九年七月二七日、省令第四一号を発し、布教活動を行う際には「宗教ノ名称」「布教ノ方法」を地方長官に届出ること、堂宇、会堂、説教所を設立する場合は「設立ヲ要スル理由」「宗教ノ名称」等につき地方長官の許可を得ることなどを規定した。[7] キリスト教を公認したものだが、内務省内では、これは宗教の「有形」の設備の取り締まりと捉えられていたようで、別途「無形」の取り締まりの必要性に迫られることとなった。宗教法案が、これである。内務大臣は省令案の閣議申請書類において、「宗教団体取締ノ端緒トシテ内務省令ヲ以テ先ツ有形ノ設備ニ対スル取締法ヲ設ケントスルモノ[8]」と述べており、内務省令が「有形」の設備を、宗教法案が無形の部分の取り締まりを意図していたことを示唆している。

かくして一八九九年一二月九日に第二次山県有朋内閣は貴族院に宗教法案を提出したが、西郷従道内相は一二月二九日、宗教法案提出にあたっての請議で「改正条約ハ外人ノ信教並礼拝ノ自由ヲ担保セルヲ以テ内地雑居ニ伴ヒテ神仏道以外ノ各種ノ宗教益々内地ニ宣布セラルヘク一般宗教ニ関スル法規ヲ制定スルハ目下ノ急務ナリト認ムル[9]」と述べ、改正条約が外国人の信教の自由を認め、内地雑居に伴って宗教全体に対する法規の整備が求められたことが背景にあるとしているが、これが「無形」の取り締まりを指していることは、あらためていうまでもなかろう。実際の法案では、教派教会の設立や教会規則の事前認可、寺・教派・宗派・教会への命令・処分を含む監督といった主務官庁の取り締まりの範囲内で、宗教団体の自治権、非課税特権を承認し、宗教儀式の執行その他宗教事項に関して「安寧秩序」「風俗」「臣民たるの義務」に背く行為があると認めるときは主務官庁が許可の取消等を可能としていた[10]。ただ、法案に対しては、キリスト教と同列に扱われることに対して仏教勢力が強烈に反対し、結局貴族院で法案は否決された[11]。

治安警察法の運用

内務省としては、「無形」の取り締まり手段を欠く形となったわけだが、これを補う形で機能したのが、文部省訓令第一二号と治安警察法であった。前者は一八九九年八月三日に公布され、

「一般ノ教育ヲシテ宗教ノ外ニ特立セシムルハ学政上最必要トス依テ官立公立学校及学科課程ニ関シ法令ノ規定アル学校ニ於テハ課程外タリトモ宗教上ノ教育ヲ施シ又ハ宗教上ノ儀式ヲ行フコトヲ許ササルヘシ」として、教育現場から宗教教育・儀式を排除した。[12] さらに、一九〇〇年二月二三日、集会及政社法を基礎として制定された治安警察法は、宗教取り締まりの意図を含むもので、もともと法案では「公事ニ関スル結社又ハ集会ニシテ政事ニ関セザルモノト雖《いえども》安寧秩序ヲ保持スル為届出ヲ必要トスルモノアルトキハ」届出を命じるとの規定があったが、帝国議会での質疑で、内務省はこれに宗教が含まれるとの解釈を示していた。治安警察法の起草者である有松英義内務書記官は議会で、「内地雑居ノ結果ト致シマシテ外教ガ追々内地ニ盛ンニナリマスルト宗教上ノ争モ起ル、随ッテ宗教上ノ目的ヲ以テ団結スルコトモ盛ンニナッテ参ラウト存ジマス」と述べ、宗教結社を政治結社と同様に取り締まる必要が生じるとしている。[13] かねてキリスト教に対する反発を強めていた仏教勢力がこれと衝突するのを懸念したのであろう。

こうした治安警察法の宗教への適用にあたっては、同年五月一二日付で内務大臣から、「近来宗教ニ関スル集会又ハ結社ニシテ宗教制度ニ関スル意見ノ遂行即チ例ハ仏教ハ公認教ト為サ、ルヘカラスト云フガ如キコトヲ目的トスルモノアリ此等ハ国家ノ制度ニ対シ云為《うんい》スルモノナレハ政事集会又ハ政事結社ト看做スヘキモノナルヲ以テ治安警察法第一条第二条ニ依リ届出ヲ徴スルハ勿論厳重ニ之カ取締ヲ為スヘシ」などとする、訓第五〇七号が出されている。国家の制度について意見する宗教集会・結社を政治集会・政治結社とみなして治安警察法によって取り締まることに加え、教師僧侶の政治結社加入を監視、詐術や民心困惑、公安、風俗を混乱させる行為を厳重処分に付し、街頭、公衆が交通する場での説教、演説を取り締まることを規定したもので、いわば宗教法案の取り締まり内容を吸収したものであった(14)。

さらに、安楽兼道《あんらくかねみち》警保局長・斯波淳六郎《しばじゅんろくろう》宗教局長の連名の通牒が発せられ、既存の宗教団体については規則規約を内偵して報告、本省の指示を得て政社の届出をさせ、拒否する場合は訴追することなどが命じられた(15)。右の訓第五〇七号の原案では、有松が、特に警戒すべき宗派として、「外教ニ就テハ現ニ宣布セラレツ、アルナルモノニシテ其性質未タ明カナラサルモノナキニアラス(例ヘハ救世軍、耶蘇旧教修道院、クエカーノ如シ)(16)」との文言を盛り込んでおり、救世軍、カトリック修道院、クエーカーを警戒していたことを物語っている。クエーカー派は日清戦争の際に反戦運動を展開しており(17)、このあたりが警戒されたものと考えられる。このほかに内務省は特にモルモン教に対して警戒しており、新聞紙上でも内務省当局者の談話として、モルモン教は一夫多妻を維持していると警戒し、まず内務省令第四一号によって届出を求め、布教内容が安寧秩序を妨げる時は治安警察法で取り締まると伝えられていた(18)。一九〇一年八月二四日には、内務省警保局長・宗教局長通牒秘甲第一三八号が発せられ、モルモン教宣教師の行動、布教方法、説教要旨などを内偵するよう命令され、一夫多妻制を維持しているのか、宗派トップの権限は無制限なのか、アメリカへの移住を勧誘しているのか否かなどが調査されて、実際にモルモン教内部の詳細な内偵活動が実施され、「秘　モルモン宗」と題する膨大な報告書が内務大臣に提出されている。[19]

3　一九二七年宗教法案

宗教団体の法人化

宗教法案の挫折後、およそ三〇年間にわたって宗教団体の法人化をめぐる立法措置はとられなくなる。その理由として、内務省側では、「有形」「無形」の取り締まりが、内務省令第四一号と治安警察法によってある程度機能しており、さらなる取締法の制定は、宗教各派からの反対が予想されることから、これを見送っていたのではないかと推測される。このため、新たな、「排除」すべき脅威が登場することで、次の宗教法案の制定が現実化することになる。なお、一九〇〇年に内務省令第三九号が発せられ、キリスト教以外の仏教、教派神道にも宗教団体に財団・社団法人格を付与し、キリスト教と同一に扱う方針が示されていたが[20]、宗教団体側は特別法の制定によって法人化されるのを待つとして、その適用を受ける団体はなかった[21]。実際、この法人化措置では政府の保護は得られず[22]、その点で、別の立法措置による法人化が求められていた。

内務省から宗教行政を引き継いだ文部省は、その後も宗教法案についての「調査」を続けていたようで、一九一九年（大正八年）三月に、田中善立《ぜんりゅう》（衆議院議員）が宗教法制定について政府に質問書を提出して、宗教法が制定されないことは宗教行政上の支障を来し、民心教化にも不適切であるとして政府の態度を質問したところ、当時の原敬内閣は「現内閣ニ於テ宗教法案提出ヲ延期スル事実ナシ……政府ハ欧米ノ宗教制度ニ関シ更ニ充分ノ調査ヲ加ヘ参酌スルノ要アルリト認ム」、すなわち、宗教法案再提出の意向はあるものの、参考として欧米の宗教制度を調査中と回答している。(23) 一九二二年一一月には、「大正十年以来制度調査費を計上し……世界の諸説及実際状況を参酌して最も我邦に適当な宗教法案を制定したいと思つてゐる次第である」と文部省宗教局長の武部《たけべ》欽一《きんいち》が新聞紙上で語っている。(24)

大本教事件の衝撃

こうした「調査」を「法案」化したのは、岡田良平という文部大臣と、大本教《おおもときょう》事件という新たな脅威の登場であった。岡田良平は文部省参与官として一八九九年の宗教法案立案に関与し、その後も、宗教制度の法制化を宿願として、一九二四年に加藤高明内閣の文相となると、下村寿一《しもむらじゅいち》宗教局長に宗教法案起草を指示し、一九二六年度予算に宗教制度調査会設立経費を計上することに成功した。(25) 下村は記している。「宗教問題の取締は……何分面倒な問題が沢山あるので、長い間その儘に放任されて居たので、岡田文相が再び加藤内閣の文相たるに及んで、今度こそ是非自分の手で之を解決して置きたいといふ考へで、大正十五年五月新に宗教制度調査会を設置し、平沼騏一郎《きいちろう》を会長に、各方面の権威者を委員に挙げて、かねて文部省に於て審議決定せる者を原案

下村寿一

として此の会に諮問した」[26]。ここで、あくまで「宗教問題の取締」として立法化が企図されていることが、注意されるべきであろう。

実際、一九二一年には出口《でぐち》王仁三郎《おにさぶろう》等が逮捕される第一次大本事件が発生しており、法案にはこうした「淫祠邪教」を排除して既成宗教を保護する意図が存在していたといわれている。第一次世界大戦以降、資本主義化に伴って新たな政治社会思想が流入し、既成の道徳や宗教を否定する声も強まっており、大本教のような新興宗教の登場も、そうした文脈に位置づけられるものであった。政府としては既成の宗教団体を組織化し、教化に動員しようとしたのである[27]。

下村は当時の講演会で、大本教を名指しはしていないものの、「新しい宗教」「国民思想の攪《かく》乱《らん》」を懸念する立場から、宗教法案の立案をしたとして、次のように語っている。

法の規定が不備でありまするが故に、其監督並に保護の程度であるとか方法か範囲とか云ふことが頗る明確を欠いて居るのであります。今度の新しい宗教法に於きましてはどうするか、此宗教の指定と云ふことをどうするかと申しまするると、是は神道、仏教、キリスト教だけに限つて指定をすると云ふ訳ではないのであります……新しい宗教が創始されると云ふことも予想をしなければならぬ、或は帝国外より宗教が我国に伝来されると云ふことも予想しなければならぬのであります……何故斯う云ふ指定の制度を執つたかと云ふことに付きましては、種々なる理由がありまするが、其最も主なる点は若し此指定と云ふことをしなかつたならば……国民思想は絶えず攪乱されると云ふやうなことに相成る懼れがありまするから、それで斯う云ふ指定制度を執りました訳であります。(28)

宗教法案の挫折

宗教法案の立法化にあたり、まず一九二六年五月一五日、勅令第一一六号をもって「文部大臣ノ監督ニ属シ其ノ諮詢《しじゅん》ニ応シテ宗教制度ニ関スル重要ノ事項ヲ調査審議ス」る宗教制度調査会が設置された。(29) このとき委員を務めていた安藤正純《まさずみ》(大谷派寺院出身の衆議院議員)の証言によると、「私は同会に於て次の如き言を為した、文部大臣や宗教局長は我等委員の問に対して、それ(国家の宗教に対する基本方針――引用者)は既に国として定まつてゐるとの一本道で答へるが、従来未だ無き宗教に対する根本法を制定するに当たり、その不完全たり不合理たるものは、これを改竄するが当然ではないか、予の見る所では重要意義の存在するものは凡て既定の範囲に入れ、枝葉末節の事項のみ若干未定範囲を残すと云ふが如きが、抑々《そもそも》此の審査会の性質を侮るものに非ざるかと、此に対しては政府当局は明瞭の答弁を為し得なかつた[30]」。安藤からすると、文部省は「既定の範囲」については諮問の対象とせず、「枝葉末節」な「未定範囲」のみ諮問していると映ったようである。重要な部分は文部省から直接閣議決定へと持ち込まれたのであろう。

かくして一九二七年となり、第一次若槻礼次郎内閣が貴族院に宗教法案を提出した。提出理由として岡田良平文相は、「各宗教教化ノ発揚ト云フモノハ、国家社会ノ為メ必要デゴザリマスルガ故ニ、宗教団体ニ対シマシテ、相当ノ保護ヲ与ヘマシテ、其教化活動ニ便ゼシムルコトハ、監督ノ方法ト相俟ッテ極メテ緊要ノコトト存ズル」として、宗教団体の保護によってその「教化」力を国家社会のために発揚させることを立法目的として語った[31]。法案では、寺院、教会の監督は第一次的に地方長官（知事）、第二次的に文部大臣が行い、監督官庁は宗教団体に対して報告を課し、検査、その他必要な処分を行うことができるほか、宗教団体の成規・秩序を維持するため必要な処分をすることができるとした。政府は寺院境内地について従来無償・無条件で寺院側に譲与していたが、この一部を取り消し、寺院境内地中、「必要ならざる部分」として収益のための施設設置部分などは無償譲与とせず、有償にて売却または有償で貸し付ける、との規定も設けた[32]。これに対しては、監督権限が強すぎるという宗教者や有識者などから反発が巻き起こり、結局、審議未了廃案となった[33]。

宗教界の反対

下村自身も「神仏基三教とも思ひ〳〵の反対論を唱へたのが、貴族院にも強く響いて、遂に委員付托のまゝ審議未了に終わつてしまつた」と回想しているが、[34] 反発の声は激しく、たとえば境内地に対する譲与制限規定が「過酷」だとして、当該既定を削除するよう衆議院に請願が僧侶・守長秀浩外一二三名（紹介議員・安藤正純）、僧侶・田沢貢《みつぐ》外八八名（紹介議員・安藤正純）、僧侶・野上連外一〇〇名（紹介議員・福井甚三）、僧侶・青木廣慶外一六八名（紹介議員・安藤正純）から、それぞれ提出されて、衆議院はいずれも「至当ナリト認メ之ヲ採択スヘキモノト議決」して若槻内閣に送付した。[35]

安藤正純は「今回の宗教法ではその検査といひ、報告といひ、取消といひ、禁止といひ、必要処分といひ、其他必要なる命令といひ、亦財産上の監督といひ、余りに細かに刻み過ぎてゐる労働組合法の監督規定の如き、私はその無用の監督に過ぎ、労働組合の助長を妨ぐると論じたが、この宗教法に至ては更により以上である」と法案の監督規定の厳しさを批判しているが、[36] 実際、「宗教法案反対の声は地に満ち血を見るやうな阻止運動が起されてゐるが明十四日午後二時から青山会館で自由仏教徒を中心に法案反対国民大会が開かれ、十八日夕方同所で全キリスト教徒の反対大会が催され最後的デモンストレーションが行われる」[37] ような有様だったようで、文部大臣の規制権限が強すぎることは、信教の自由を規定した憲法第二八条に違反しており、「信仰の自由」を破壊するとして法案修正を要求する基督教連盟の「修正意見書」も提出された(38)。

当時、デモクラシーの旗手として活躍していた吉野作造は、宗教法案の提出について「一体文部省はもと何に血迷て斯んなべラ棒な法律を作る気になつたのだろう」と述べ、干渉と監督色が強いとして同法案を批判、「本法の指導政策を基調とする点には根本的の不満を感ずる」と述べ、議会に対して「無条件否決」を要求している(39)。

4 一九二九年第二次宗教団体法案

宗教団体法の提出と背景

このわずか二年後、ふたたび宗教法案が提出される。このときから、名称が「宗教団体法案」と変わった。

このとき起草の中心になったのが、かつて宗教法案に反対した安藤正純であった。当時文部参与官だった安藤は、「勝田文相に宗教法案の提出を勧め、勝田文相も私の熱心なる主張を容れた」と回顧している。かくして、粟屋《あわや》謙《けん》文部次官と下村寿一宗教局長と安藤と「一夏通して暑休を全廃し、あらゆる記録を渉猟し、種々の参考資料を練って、従来の法案を是正改案し、漸く纏め上げることが出来た」のが、この「宗教団体法案」であった。法案名を「宗教団体法案」としたのも、安藤の発案によるものだという。すでにみた通り、安藤は所轄庁の強い監督権限を批判していたが、この立法にあたっても、信仰・宗教の自由を前提とし、統制を「不可」とした上で、「時代の慣習」に応じて宗教団体は国法のもとで「保護助成」と「事務的統制」を受けるべきだと述べていた(40)。

かくして立案された宗教団体法案の貴族院への提出理由について勝田主計《しょうだかずえ》文相は、「近来物質文明ノ余害ガ著シク顕著ニ相成リマシテ、此結果ト致シマシテ、或ハ思想ノ善導、国民精神ノ作興ト云フ如キ事柄ガ、朝野諸君ノ殆ド一致シタル議論ニ相成ッテオル」「此法案ノ大体ノ趣意ハ、宗教団体ヲ保護シテ国民ノ教化ニ便ナラシメ、又宗教団体ガ自治的発達ヲ十分ニ致ス」と説明し、思想の「善導」、国民の「教化」に宗教を貢献させようとする趣旨を強調している(41)。

この背景には、前年に発生していた天理研究会不敬事件によって宗教団体への統制徹底が求められたこと、やはり一九二八年に実施された昭和天皇の即位大典記念日本宗教大会で政府の思想善導に呼応する姿勢がみられたこと、などがあったと指摘されている(42)。

勝田のなかでは治安維持法(一九二五年施行)の延長としての宗教取り締まり、思想善導と捉えられていたようである。一九二八年一二月二七日に文部大臣官邸で開かれた「宗教団体法案に関する与党幹部招待会席上に於ける挨拶」で勝田は、三十年来の懸案である宗教団体の法人化が実現していないことは遺憾だとした上で、「我が政友会が、治安維持法を緊急勅令を以て発布し(43)、而して思想の善導といふ事を高潮し来つて居ります。これに就きましては、文部省の責任はなかなか重大で、一面に於ては教育の根本的刷新もやらなければならぬし、其の他種々なる問題があるのでありますが、その中でも、精神作興の上から申して、我が国に於ては古来国民の信仰を繋ぐところの神道や仏教があり、又近頃耶蘇教の如きも段々信者が殖えて来るといふ有様でありまするから、此等宗教の社会的活動をもう少し良くして行くといふ事が、大切でありまして、所謂思想善導の実を挙ぐる上に有効なる一つの方法ではあるまいか、と考へられるのであります」と語っている。(44) 思想善導という名の統制であることは、あらためていうまでもあるまい。この点で、統制をあくまで「事務的」と捉えていた安藤と、社会主義者と同様な認識で宗教に対処しようとした勝田との間には、温度差があったといわざるを得ない。

美濃部達吉の批判と廃案

このとき、そもそも宗教団体に規制をかけることが信教の自由を規定した憲法第二八条に抵触するのではないか、という声があがった。発信源は、憲法学者で東京帝国大学教授の美濃部《みのべ》達吉《たつきち》である。

これを受けて下村寿一宗教局長は「宗教結社の自由に就て――美濃部博士の高教を請う」と題する文章を『読売新聞』に掲載し、欧州各国の憲法は信仰の自由と宗教行為および宗教結社の自由を区別しており、日本でも信仰は自由だが、「宗教行為殊に宗教結社のことは何処にも其の規定を設けて居ない」「宗教結社の自由は包含して居らぬものと断定するに少しも躊躇せぬ」と断じて、「博士の御教示を得て、自分の蒙を啓いて頂きたい」と挑戦をしかけた[45]。

美濃部はすぐさま反論し、憲法第二八条に規定する信教の自由は個人の「信仰」の自由を認めたもので、「宗教行為殊に宗教結社の自由」は含まれないとする下村の見解に、宗教法案が「誤った基礎の上に立つて居ることを証明するに足る」と批判し、信仰は憲法の規定し得ない「絶対に自由」であり、宗教行為も宗教結社も社会の安寧秩序と臣民たるの義務に背かない限りにおいて自由だと強調している[46]。下村は、「信仰」は憲法上自由が保障されるが、宗教行為や宗教結社の規制は、憲法上何ら制約されていないと解釈し、美濃部は、信仰自体は憲法も及ばない絶対的な自由のもとにあり、宗教行為や宗教結社も憲法第二八条の規定を受けると解釈したのである。いうまでもなく、下村はこうした自らの解釈に基づいて宗教団体法案を立案したと思われるが、安藤は「信仰は個人の自由であり、宗教は其の自由の信仰が本体であり、全部である」として統制を否定しており[47]、どちらかといえば美濃部に近く、立案者間にも認識のズレがあったことをうかがわせている。

宗教団体法案の中身自体は、おそらく安藤の関与もあって、宗教団体の結成は地方長官への事後届出制とし、宗教法案にあった、その他必要な処分、を削除するなど、主務大臣の監督権を制限したものであった。宗教側にも歓迎する声がみられ、法案は成立するかにみえたが、張作霖爆殺事件をめぐる田中義一内閣の信用失墜などによって審議未了、廃案となった[48]。

当時の新聞紙上でも「今回の宗教団体法案は前の岡田案を緩和し宗教の保護助長を眼目とした

もの[49]」などと評されたが、実際には、設立認可の際に取り締まるよりも、結社を届出によって把握した上で、治安警察法によって取り締まる方が効率的だと考えたためだと奥平康弘等は指摘している[50]。勝田の発言から推しても、おそらく奥平の指摘が正しいものと考えられる。

5　一九三九年宗教団体法

松田源治文相による立法化の模索

宗教団体法案が廃案になったあとも、一九三四年七月に松田源治が文部大臣に就任すると、にわかに再度立法化の動きが顕然化してくることになる。『大阪毎日新聞』によれば、「類似宗教の取締法規は何れも現今の時勢に適せず有名無実の有様なので松田文相は懸案の宗教法案を作るに当つて淫祠邪教の取締方面にも触れて従来の法規の統一を目ろんでいる、なお同法案に関し文相は来月一日各宗教宗派の代表者を招いて意見を聞くことになつた」という[51]。

松田自身、『東京朝日新聞』での談話で、「宗教団体法については目下宗教局で成案を急いでゐるから成案を得次第第十分社会の批判を仰ぎ宗教制度調査会の議を経て是非来たる議会に提出したい」と語っており[52]、よほどこの法案の成立に意欲を持っていたことをうかがわせている。一九三五年一〇月には、松田文部大臣、高田休広宗教局長が文部次官の三辺長治《みなべちょうじ》を交えて会談し、「従来宗教法制定に関しては憲法と宗教法との関係が最も議論の焦点となってゐる事実に鑑み今回宗教局で立案中の宗教団体法案と憲法との関係につき慎重に検討した結果、憲法の信教の自由に関する条章と抵触せざるに意見一致を見たので速かに成案を得、省議を経て近く宗教制度調査会に諮問することに決し午後零時半散会した[53]」という。

なぜ、松田はこのように立法化を急いだのであろうか。そこには、社会に悪影響を及ぼす民間信仰の排除という意図があったようである。文部省宗教局宗務課長の橋本綱太郎《つなたろう》は『神戸又新日報』での談話で、「祈禱師角田《つのだ》つねの「きよめの会」」事件なるものが発生したが、「現在の制度においては信仰の自由が認められて居て、直接文部省が斯る類似宗教の団体に対してどうすることも出来ない」として、安寧や風俗を乱す団体について取り締まる必要があり、「宗教団体法の必要は斯かる問題が起るたびに痛切に感ぜられるところである」と語っている[54]。クエーカーやモルモン教、大本教、天理研究会、ときて、今度は「きよめの会」が、立法化の一要因となったようである。

松田のもとで作成された案はそのまま帝国議会に提出されることはなかったが、『東京朝日新聞』によると、「昭和十年斎藤内閣の松田文相時代に従来の宗教諸法案を一括綜合して所謂松田案を作成し、之を宗教制度調査会に諮問し昭和十年十二月から同十二年十二月まで文部大臣が七代変る間審議を続け総会五回、特別委員会を十五回ほどやっていたが、昨十二年十二月木戸前文相によってこの松田案は一応撤回して文部当局で整理したのが今回の案で今回の新要綱は全くこの松田案を基礎として作成されたものである」[55]という。すなわち松田案は一九三五年に宗教制度調査会に付され、二年間の審議を経て一旦撤回され[56]、一九三九年になって、再度これを基礎として作成した原案を貴族院に提出するにいたったのである。[57]

宗教団体法の提出と成立

提出理由について荒木貞夫文相は、「宗教ガ国民精神ノ振作、国民精神ノ啓導ニ重大ナル関係ヲ有スルコトハ言ヲ俟タヌ所デアリマスルガ、特ニ現下ノ非常時局ニ際シマシテハ、人心ノ感化、社会宗教ノ上ニ甚大ナル影響ヲ齎《もたら》ス宗教ノ健全ナル発達コソ緊要デアル……此見地ニ於テ宗教団体ノ発達並ニ其ノ教化機能ノ増進ヲ図ラムガ為メ」であるとして、「国民精神ノ振作」「国民精神ノ啓導」が宗教において重要であり、特に現下の「非常時局」においてはその感化力を「健全」に発達させる必要があると強調している。[58]そこに存在していたのは、従来からみられた宗教による国民動員と「邪教」の排除という論理であった。冒頭でも引用したように、荒木文相は衆議院宗教団体法委員会において、「宗教団体ニ対スル国家ノ保護監督ノ適正ヲ得ルト共ニ、他面宗教教化活動ニ便益多カラシムルハ最モ必要ナルコトト思考致スノデアリマス……新興宗教団体ニ対シテハ、従来専ラ警察取締ニノミ任セテ参ツタノデアリマスガ、現下ノ思想界ノ実情ニ鑑ミマシテ、是ガ設立ニ当ツテハ届出ヲ為サシメ、是ガ監督ニ遺憾ナキヲ期シ、一方其ノ善良ノ発達ヲ指導致シ得ルヤウニ致シタノデアリマス」と語っており、「保護」による国民「教化」の促進と

「監督」による「指導」を明言している。(59) 実際の立法化の中心人物であった文部省宗教局長の松尾長造《ちょうぞう》は、法案成立後の一九三九年七月、「聖戦窮極の目的たる東亜の新秩序建設に国の総力をあげて邁進しなければならぬ」とした上で、そのためには「信念と不退転の決意」が必要であり、それをもたらす最も有効かつ適切な手段は「宗教」であるとして、「宗教団体の教化活動が今後ますます要求される」と宗教団体法の目的を語っている。(60)

当時の新聞においても、こうした意図は明確に察知していたようで、たとえば『国民新聞』は、次のように報じている。

事変以来、托鉢献金や前線布教など宗教界では聖戦遂行に大きな協力を示して来たが、この様に大衆の間に根強い地盤を下ろしている宗教がその管長選挙や宗派内の対立抗争のため醜悪な内情を民衆にさらすのを防止して健全な発達を遂げさせようとする宗教団体法案が愈々国粋大臣荒木さんといふ人を得て来る七十四議会に提出されることになり……右につき文部省稲田宗務課長は四日夜自宅で語る　随分古くから考へられ検討されて来たこの法案が世に出ることは長期建設の叫ばれてゐる現在精神方面に大きな安定をつくるものと思はれます、昭和二年頃には宗教の自由が流行してゐたのでこの問題も顧みられなかつたのですが、その後類似宗教とも云うべき邪教が雨後の筍のように簇出《ぞくしゅう》、純正なものの邪魔になる許りでなく人心を惑はすので最近慎重に考へられ、成案も急いだわけです、そして邪教を大衆から一掃する許りでなく、宗教界自身も経済、法律両方面に亙つて立派に活動することが出来るやうになる両面の利便となるわけです、要するに銃後国民精神振興に大きな分野をもつ宗教精神方面が明朗に開けるものと思ひます(61)

やはり当時を代表する『東京朝日新聞』も、同様の見解を示している。

宗教団体法制定の根本的理由としては、従来の争訟を惹起《じやつき》し易いこれらの混雑不便な宗教法規を改めて、全国宗教行政事務の円滑簡明なる運用を図り、これによつて多年の法制上の懸案を解決し、延《ひ》いては宗教団体の教化活動に便ならしめて人心の感化、社会風教の是正にあたり堅実なる国民精神の涵養に資せしめようといふにある。荒木文相は右の一般理由の外に今次事変に対処して、特に長期建設にあたり精神方面を充実する必要を痛感して宗教団体法提案に乗り出したのだといふ、然しながら今回の案は大体松田文相案を基礎としたものであるが荒木文相としては八十五条より成る松田案の煩瑣を避け、又宗教団体の過去の歴史沿革を十分尊重する意味から新要綱は三十七条に縮小し松田案の根幹のみを採つて十分な融通性を持たせ、又教派、宗派、教団、寺院及び教会等の定義的な規定を削除しその本質、内容等については一般の通念に委せること、とした(62)

国家統制による宗教団体の国民精神の感化と、邪教の排除。非常時局下において、それは官民ともに求めたものであった。憲法問題は、もはや後景に退いている。
法案では、「宗教結社」の設立は事後届出制とされ、[63]「宗教団体」については設立、規則変更、法人化、合併、解散に文部大臣または地方長官の認可が必要とし、文部大臣が儀式・行事の制限・禁止、宗教団体の設立許可の取り消し権を持つと規定したが、その代わり、宗教団体には宗教結社にはない特典（所得税の非課税など）を付与した。これまでの法案に比して監督官庁の権限が強いのが特徴だが、非常時ということもあって、一九三九年三月に可決・成立、翌年四月に施行されることとなった。[64]
憲法第二八条の解釈について、松尾宗教局長は、同条に基づいて「安寧秩序を妨げ又は臣民たるの義務に背く宗教行為は、法律をもってしても、命令をもってしても、これを制限することが出来ることになってゐる」として、「そこで、本法では、教義の宣布、儀式の執行又は宗教上の行事が、安寧秩序を妨げ又は臣民たるの義務に背くときは、文部大臣はこれを制限することも禁止することも出来る」と説明している。[65] これは、下村がかつて示していた憲法解釈とは異なり、美濃部が示した解釈に基づくものである。いつからかは判然としないが、本法の基礎となっている松田案の作成過程で、先述の通り、憲法との抵触問題が議論されており、遅くともこの段階では、美濃部的解釈をもってすることが確認されていたのであろう。なお、宗教団体法は神社神道を対象としておらず、政府は、神社は宗教を「超越」した地位にあるとの見解を示していた。[66]

宗教団体法の賛否

公法学者の中谷敬壽《よしとし》（関西大学教授）は、宗教団体法は憲法第二八条に示された範囲内での「宗教自体に対する行政上の監督」を明確に規定しているとして、「今後宗教団体の健全なる発達とその教化機能の増進に資するところ少なからざるものがあるであろう」と評価している。[67] 行政法学者の杉村章三郎（東京帝国大学教授）も、「宗教団体法に関する問題の重点は行政官庁の権限が宗教に対する関与の正統なる限度を超過してゐるかどうかに存する」とした上で、自らの見解として「官庁の権限の正当な範囲を逸脱するものではないと考へる」としている。[68]

一方、公法学者の田上穣治《たがみじようじ》（東京商科大学助教授）が、憲法の保障する信教の自由は「自己の信仰を発表し或はこれを出版する自由を含む」として、これを取り締まるのは「大なる誤」だと指摘しているのは、注目される。[69] 実際、特高警察は、「宗教団体法の施行に伴う宗教界の動向」として、「宗教界の一部には依然として自由主義的思想信仰に立脚し、本法を以て信教の自由を制限する憲法違反の法律なりと難じ、又は宗教絶対の独善的妄想により宗教は国家権力の埒外に超然として国家社会を指導すべきものなるに、国家機関が本法の施行に依って強力なる干渉監督を加へんとするが如きは宗教の本質を理解せざる暴挙なり等の不穏当なる意向考察が相当広範囲に底流するやの模様あり」と伝えている。[70]

このように、宗教団体法については、憲法第二八条の解釈や取り締まりの是非をめぐって、法学者や宗教界からは異を唱える声があったが、それは「底流」としてほとんど表面化することなく、成立・施行・運用されるにいたったのである。

時勢の変化

一九二九年から一九三九年までの間に、時勢は大きく転換していた。一九二九年には文部省教化局が中心となって教化総動員が実施され、宗教団体や青年団、教育会などを教化団体と位置付けて、国民精神の作興と経済生活の改善が運動目標として設定される。一九三七年からは国民精神総動員運動が展開されて神社・皇陵への参拝が奨励されるようになり、内務省当局者の中からは、神社崇敬を認めないものは憲法第二八条違反として取り締まるべきだといった声が公にされるようになる。政府は宗教団体法によって規制の大枠を定めてこれを統制し、それに漏れるものを治安維持法で規制するという体制を敷いたと阪本是丸は指摘しているが[71]、治安維持法と宗教法による統制、という枠組みは、勝田文相の宗教法案以来の伝統的発想であった。

文部省教学局によって『国体の本義』『臣民の道』『大東亜戦争とわれら』などの書物や、「教学叢書」「日本精神叢書」などのシリーズが刊行されて、敬神思想の普及が実施され、内務省神社局は皇紀二六〇〇年を迎えた一九四〇年に神祇院《じんぎいん》となって内務大臣が総裁を兼任し、神社・神職関連事項に加えて、敬神思想の普及を担うこととなった。その実践のため、たとえば「敬神思想普及資料」と題するシリーズで、『王政復古の指導精神』『古典講話』『神道思想史』『神祇教育と訓練』『精忠の祠官《しかん》』といった書籍が神祇院から刊行された。一九三一年に満洲事変が勃発すると、宗教団体による戦争協力がさまざまな形で実施されたが、一九四〇年四月の宗教団体法施行後、同法によって結成され、管理を受けた各種宗教団体はさらに協力の姿勢を強め、報国会の結成、戦時生活指導、戦勝祈願、慰霊、留守家族援護、慰問団や大陸布教使、勤労奉仕隊の派遣、僧侶の勤労動員など、それは広範囲にわたっていた。宗教団体法制定を踏まえ、一九四四年には政府が「宗教教化活動強化方策要綱」を策定し、寺院・教会による檀徒・信者に対する「国民思想」指導や、宗教家の勤労動員・模範的実践などを規定した(72)。

戦前の宗教行政の特色は、宗教団体の監督統制と保護育成、そして教化への動員に見出せるが(73)、戦時下の動員は、こうした傾向が最も顕著にあらわれた例だといえよう。もとより、そこに宗教側の自主的参加・協力の姿勢があったこともいうまでもないが、政府の側からみれば、戦時下にあって、いよいよ「排除」の論理よりも「利用」の論理が前面に出てきた格好であった(74)。

それは新聞の論調にも現れており、宗教団体法制定を受けた『読売新聞』は、「世の宗教家の奮起を要請したい。国家がその總力を挙げて興亜の聖業に懸命の努力をさゝげてゐる際、救世教化の重責を担ふ人々が、法灯のかげに安逸をむさぼるが如きは断じて許さるべきではない」と呼びかけていた(75)。もとより、「排除」の論理が消え去ったわけではなく、一九四〇年七月にロイター通信社の通信員が検挙されたことを受けて、文部省がスパイの疑いのある外国人宣教師の排除、監督強化に乗り出した。「宗教団体法によつて表面の教義だけでなくその裏面をよく調査して断平宗教団体として認可しない強硬方針で臨むことになった」[76]わけである。一九三五年に宗教局に入った村上俊雄は、宗教団体法における教義、行事、儀式の監督を担当し、当時の宗教課長が「天理教の本部へとんでいって、教師養成機関から先生の講義の種本、テキストを全部引き上げてきて、『すぐこれを調べろ』と言われた。それとひとのみちと、両方だ」と回想している。このほか、創価学会、世界救世教、日蓮宗不受不施派《ふじゅふせ》、エホバの証人などが、調査対象だったという。文部省と内務省の間の連絡は円滑ではなく、治安関係の情報を獲得している内務省警保局から村上は、個人的に資料をもらったりしていた。[77]「利用」の側面も密になり、当時文部省で「宗教教化活動強化方策要綱」立案に携わった河和田唯賢《かわわだゆいけん》によると、「この頃になりますと、仕事は地方に出張して宗教団体を督励して、士気の高揚を図ることになりました」というが、[78]まさに官民一体となった宗教動員と国民精神の喚起がはかられたのである。

実際の宗教行政の現場の一部を知る資料として、国立公文書館に所蔵されている「宗教団体法ニ基ク文部省ヨリノ通牒綴」（長野県学務部社寺兵事課作成）がある。これによると、まず文部省宗教局が作成した宗教団体法、宗教団体法施行令、宗教団体法施行規則の比較一覧が掲載されており、さらに法令運用に関する文部省への伺い、回答（宗教団体、教会の設立など）がつづられ、このほか、仏教各宗各派総本山・大本山の情報管理、キリスト教の教会所在地・設立年月日一覧管理、各宗教勢力の実態調査、さらに「外国人宣教師補導会」の名簿管理を行っていたことがわかる。[79]「利用」と「排除」の基礎資料であろう。

6 「政治」による「宗教」利用・排除の実態

利用と排除の論理

一八九九年に条約改正にともなって宗教法案が提起されてから、一九三九年に宗教団体法が成立するまで、内務省あるいは文部省当局を支配していたのは、「保護」による国民教化への「利用」の論理と、「監督」による邪教の「排除」の論理であった。

第一次大本事件の捜査に当たった内務省側の脳裏に、大逆事件の影があったことはよく知られているが、実際、宗教団体法は治安維持法と車の両輪のように設計されたものであり、その意味で、新宗教、とりわけ邪教とされるものの流入は、社会主義思想、共産主義思想の流入と同様に警戒され、また排除されるべきものであった。もっとも、「利用」の具体的内容があいまいでみえにくいことも、一種の特徴といえよう。それだけに、「利用」が本格的に機能しはじめた宗教団体法下においては、その範囲は多岐・多様に及ぶこととなった。

宗教団体の足並みが揃わなかったことや、政局の影響もあって宗教団体法の成立は一九三九年にいたるまで進まなかったが、それが成立したとき、宗教団体法に求められたのは、もはや「排除」よりも国家総動員体制下における「利用」の論理であった。宗教統制に対して批判的だった安藤正純でさえ、この法案の一日も早い成立を望み、「現在一層国家意識を旺盛にして大陸政策に進出せねばならぬ重大時局に当り、人心の教化に任ずる宗教家の活発なる活動が要求せられるのである、この際現今の宗教団体を保護助長し、その機能の増進を計る必要のあることは当然なことである」「宗教家としては、寧ろ之に頼ることなく、自ら敢然として国民の第一線に立ち、恰も戦線に活躍奮闘する勇士の如く身を挺して……この非常時局に際し、自粛自戒、大いにその信仰に生きて、本来の使命に一路邁進することが肝要である」と訴えるほどの、時代情勢であった。[80] 実際、総動員体制下で宗教者は積極的に国家に貢献し、その枠組みを、宗教団体法が支えていたのである。

宗教団体法の運用

宗教団体法の施行に伴って、仏教各派は「宗制」や「宗憲」を制定して認可申請を行ったが、文部省は本願寺派との事前打ち合わせのなかで、「真俗二諦」を「王法為本」に変更するよう要請し、「王法」、すなわち国家のルールの遵守を明確化するよう求めた。大谷派の宗制では、「王法為本」からさらに踏み込んで、「皇法為本《こうほういほん》」を祖訓とすることが示されている。[81] キリスト教各派についても、文部省側が教団規則の雛形を提供したようだが、当時、反欧米、特に反英感情が高まっており、英国に起源を持つ救世軍をはじめとするキリスト教は、厳しい世論の批判にさらされ、一九四〇年七月には、救世軍幹部がスパイ容疑で逮捕、翌年六月には、文部省の要請に従って、各派が合同して日本基督教団が設立される。その直後、ホーリネス系の牧師が治安維持法違反容疑で一斉に検挙された[82]。

これは、ホーリネスの「再臨信仰」が「国体の否定」にあたると判断されたものだが、翌年には宗教団体法に基づいて認可が取り消された。これに対し、日本基督教団は抵抗せず、むしろ、ホーリネスが「聖書神学的素養不十分」で、「再臨問題」を説くこと自体が「抑々間違」であり、「熱狂的信仰」は手が付けられないので処分は歓迎、といった態度から、手続きを「代行」する形となった。上中栄は、「宗教団体法によって日本社会での存在を許され、「日本的基督教」として体制側にいるという意識は、このような感覚をもたらすということ」と批判している。なお、ホーリネスも同法による認可を得るにあたり、文部省の介入で教義内容が変更され、国家をイメージさせる「王国」という用語が削除された[83]。

宗教団体法成立を受けて、日本バプテスト教団主事の菅谷仁は、「社会教化」や「祖国教化」のために、同法を遵守して他教派に遅れをとってはならない、との見解を表明している。その直後には、文部省宗務官の相沢一郎介が、個別教会の独立自治を尊重してきたバプテストが今後、法令によって全国的な一大教団となり、時代に応じた態勢を整えるべきだと述べており、文部省側の意向に応じた格好であった[84]。

宗教団体法の審議過程では、破産解散条項に対する宗教団体側の意見が取り入れられたことから、同法における宗教法人制度は「宗教団体側の切実な要望を斟酌《しんしゃく》して成立した、いわば彼らが勝ち取った制度であった」という評価もある。[85]キリスト教界でも、同法により政府に公認され、各道府県に位置付けられることで、敵性宗教から脱却し、容認・認知されることを歓迎する風潮が強かったという。[86]一部の条文やキリスト教にとっての受け止め方は、たしかにそうであったろうが、政府が宗教側の意見を斟酌し、キリスト教も受容する形で成立を急いだのは、その目的が、あくまで非常時局下での動員に置かれていたためであった、という点は、看過することはできまい。実際、「勝ち取った成果」に対して支払った、政府による介入や動員という代償は、あまりに大きかった。

敗戦後、宗教団体法はすぐに占領軍によって廃止を命じられることとなった。結局、宗教法人令が制定されるまで暫定的に残される形となったが、これは占領軍が、同法が深く戦争に寄与したと判断したことを物語っていよう。そして宗教法人令を経て、現行宗教法人法へと、宗教団体をめぐる法的枠組みは切り替わり、そこでは「利用」と「排除」の論理は、いずれも捨て去られることになる。

註

（1）「帝国議会会議録検索システム」（https://teikokugikai-i.ndl.go.jp/#/、二〇二二年九月六日アクセス）（衆議院宗教団体法案委員会、一九三九年二月二七日）。
（2）中田敬義編『日英条約改正記事』（外務省、一八九四年）、六頁。
（3）以下、一八九九年の条約実施とキリスト教対策について、詳しくは第三章、参照。

（4）『明治天皇紀』第九（吉川弘文館、一九七三年）、六七七頁。
（5）「神奈川県大磯町役場資料」（高木一雄『明治カトリック教会史研究』下巻、キリシタン文化研究会、一九八〇年、所収）、一三九―一四三頁。
（6）山口輝臣『明治国家と宗教』（東京大学出版会、一九九九年）、二五一頁。
（7）「神仏道以外ノ宗教ニ対シ内務省令ヲ以テ取締法ヲ設ク附省令案」（「公文類聚」国立公文書館蔵、第二三編・明治三二年・第三五巻・社寺・神社・雑載、救恤・褒賞・恩給・賑恤）。
（8）前掲「神仏道以外ノ宗教ニ対シ内務省令ヲ以テ取締法ヲ設ク附省令案」
（9）「宗教法案否決ノ件」（「公文雑纂」国立公文書館蔵、明治三三年・第一一巻・内務省一）。
（10）前掲「宗教法案否決ノ件」。
（11）文化庁文化部宗務課『明治以降宗教制度百年史』（原書房、一九七〇年）、一八三―一八四頁。
（12）内閣官報局編『法令全書』一八九九年、第四巻、二一五七頁。
（13）『帝国議会貴族院委員会速記録』第一〇巻（東京大学出版会、一九八六年）、四二六頁。
（14）「内務大臣決裁書類　明治三三年」（「内務省警保局文書」平成九年度警察庁移管、国立公文書館蔵）。
（15）荻野富士夫編『特高警察関係資料集成』第二四巻（不二出版、一九九三年）、四五―四六頁。
（16）「有松英義関係文書」（国立国会図書館憲政資料室寄託）、所収。
（17）詳しくは第四章、参照。
（18）『東京朝日新聞』一九〇一年八月二四日付朝刊。
（19）「内務大臣決裁書類　明治三四年」（「内務省警保局文書」平成九年度警察庁移管、国立公文書館蔵）、「内務大臣決裁書類　明治三六年」（「内務省警保局文書」平成九年度警察庁移管、国立公文書館蔵）。
（20）飯塚大造「第一次宗教法案否決後に於ける内務省の宗教政策」（『宗教研究』第八二巻第四号、二〇〇九年）、四四四―四四五頁。
（21）林義大「戦前期日本におけ「宗教法人」制度の成立過程――宗教法制としての宗教団体法」（『九州史学』第一八九号、二〇一九年二月）、五六頁。
（22）前掲「第一次宗教法案否決後に於ける内務省の宗教政策」、四四四―四四五頁。

(23)「公文雑纂」(国立公文書館蔵)大正八年・第一五巻・帝国議会三。
(24)『読売新聞』一九二二年一一月二一日付朝刊。
(25)三井須美子「岡田良平と宗教法案(一)」(『都留文科大学研究紀要』第五八号、二〇〇三年)、一頁。
(26)下村寿一『岡田良平』(文教書院、一九四四年)、二一三―二一四頁。
(27)奥平康弘・斉藤小百合「宗教団体法制定への動き(上)」(『時の法令』第一五三六号、一九九六年)、六三―六四頁、赤澤史朗『近代日本の思想動員と宗教統制』(校倉書房、一九八五年)、一〇八―一一四頁。
(28)文部省宗教局長下村寿一氏講演「宗教法案に就て」(仏教連合会、一九二六年)、一―四頁。
(29)「JACAR(アジア歴史資料センター)Ref.A03021603299、御署名原本・大正一五年・勅令第一一五号・宗教制度調査会官制(国立公文書館)」。
(30)安藤正純「宗教法案を評す」(『改造』第八巻七号、一九二六年)、一三四頁。
(31)『帝国議会貴族院議事速記録』第四九巻(東京大学出版会、一九八三年)、一五五頁。
(32)「宗教法案」(「公文雑纂」国立公文書館蔵、昭和二年・第三三巻・未決並否決法律案)。
(33)前掲『明治以降宗教制度百年史』、一九二頁。政府としては、国有の寺院境内地が勝手に売却されているという事態を重くみていたようで、境内地の一部を寺院側に売却し、寺院所有地とすることで、この問題の一部を解決しようと図ったようである。大蔵省営繕管理局公有財産課が当時作成した「宗教法案に関する調査書類(寺院国有境内地譲与に関する分)」(「JACAR:A08071621700、昭和財政史資料第一号第五九冊、国立公文書館」)は、国有の寺院境内地のうち、「売却ヒタルモノ毎年相当ノ数量ニ達シタリ」と指摘し、一九二五年度は三五件、四六三六坪、一万九二二八円だとしている。同資料に含まれている「国有境内地及民有境内寺院仏堂調(大正一二年三月二一日現在)」によると、当時の全国の国有境内地の寺院・仏堂は三万五八〇五、民有境内地の寺院・仏堂が七万四五四六であった。
(34)前掲『岡田良平』、二一四頁。
(35)「宗教法案修正ニ関スル件(四件)」(「請願建議関係文書」国立公文書館蔵、議院回付請願書類原議(一一三))。
(36)前掲「宗教法案を評す」、一三五―一三六頁。
(37)『読売新聞』一九二七年三月一三日付朝刊。

(38) 田川大吉郎『国家と宗教』(教文館、一九三八年)、一四五―一四七頁。田川と宗教法案および宗教団体法案との関わりについては、遠藤興一「宗教団体法と田川大吉郎」(『明治学院大学キリスト教研究所紀要』第三九号、二〇〇六年一二月)、参照。
(39) 吉野作造「基督教徒の宗教法案反対運動」(吉野作造『現代憲政の運用』一元社、一九三〇年、所収)、二三五―二三七頁。初出は『中央公論』第四二年二月号(一九二七年二月)、掲載。
(40) 安藤正純「宗教団体法問題――法案の沿革と予の希望」(『大日第一九三号、一九三九年二月)、一七頁。
(41) 『帝国議会貴族院議事速記録』第五二巻(東京大学出版会、一九八三年)、三三一―三三二頁。
(42) 前掲『近代日本の思想動員と宗教統制』、一四四―一四六頁。
(43) 治安維持法制定への立憲政友会の関与については、中澤俊輔『治安維持法――なぜ政党政治は悪法を生んだか』(中公新書、二〇一二年)、参照。
(44) 勝田主計『勝田文部大臣訓示演説集』(文部省内印刷室、一九二九年)、二一三―二一四頁。
(45) 下村寿一「宗教結社の自由に就て――美濃部博士の高教を請う」(『読売新聞』一九二九年二月二三日付朝刊)。
(46) 美濃部達吉「宗教団体法案と信教の自由―下村宗教局長に答ふ」(美濃部達吉『現代憲政評論――選挙革正論其の他』岩波書店、一九三〇年)、三一六―三一七頁。初出は『読売新聞』一九二九年二月二六日付・二月二七日・二月二八日・三月一日付朝刊、掲載。
(47) 前掲「宗教団体法問題」、一七頁。
(48) 井上恵行『宗教法人法の基礎的研究』(第一書房、一九六九年)、二二八―二三三頁、山中弘次「一五年戦争期のバプテスト教会の戦争協力と葛藤――宗教団体法への対応」(『基督教研究』第八四巻第一号、二〇二二年六月)、七四頁。
(49) 『東京朝日新聞』一九二九年一月八日付朝刊。
(50) 奥平康弘・斉藤小百合「宗教団体法制定への動き(下)」(『時の法令』第一五三八号、一九九七年)、五九頁。
(51) 『大阪毎日新聞』一九三四年九月一三日付朝刊。
(52) 『東京朝日新聞』一九三五年九月五日付朝刊。
(53) 『神戸新聞』一九三五年一〇月二五日付朝刊。

(54)『神戸又新日報』一九三六年九月一四日付朝刊。
(55)『東京朝日新聞』一九三八年一一月六日付朝刊。
(56)同案については、前掲『明治以降宗教制度百年史』、一九八―二〇一頁、参照。
(57)松田案の諮問と撤回、松尾長造・文部省宗教局長が作成した宗教団体法要綱、その宗教制度調査会での審議、宗教団体法案の帝国議会における審議の過程については、前掲「戦前期日本における「宗教法人」制度の成立過程――宗教法制としての宗教団体法」、五六―七五頁、松谷曄介「宗教団体法の成立と中国政策との関連」(『社会システム研究』第一一号、二〇一三年三月)、九九―一一八頁、参照。
(58)『帝国議会貴族院議事速記録』第六五巻(東京大学出版会、一九八四年)、三八頁。
(59)前掲「帝国議会会議録検索システム」(衆議院宗教団体法案委員会、一九三九年二月二七日)。
(60)松尾長造「宗教団体法に就て」(『斯民』第三四巻七号、一九三九年七月)、八―九頁。松尾の経歴などについて、詳しくは、大澤広嗣「宗教団体法制定と文部省宗教局長の松尾長造」(『仏教文化学会紀要』第二一号、二〇一三年一一月)、三八―六五頁、参照。
(61)『国民新聞』一九三八年一一月五日付朝刊。
(62)『東京朝日新聞』一九三八年一一月六日付朝刊。
(63)これにより、宗教結社の宗教行為に対する特高警察の取り締まりが緩和されたという見解もある(小島伸之「信教自由に対する宗教団体法施行の影響」『東洋学研究』第四六号、二〇〇九年、二二〇―二二三頁)。
(64)前掲『明治以降宗教制度百年史』、二〇三―二〇七頁、前掲『宗教法人法の基礎的研究』、二二七―二四三頁。
(65)前掲「宗教団体法に就て」、一四頁。
(66)この点について平沼騏一郎首相は衆議院宗教団体法案委員会において、「憲法ニ依リマシテ信教ノ自由ヲ認メテアリマスルカラ、此ノ範囲内ニ属シテ居ルモノハ總テ宗教ト認テ居ル、却テ我国ニ於キマシテハ、神社ノ如キモノハ宗教ノ上ニ超越シテ居ルモノト認メル、是ハ宗教団体法デハ支配シナイ部類ニ属シテ居ルノデアリマス」と述べている(前掲「帝国議会会議録検索システム」、衆議院宗教団体法案委員会、一九三九年二月一日)。神社問題と宗教団体法制との関係については、三井須美子「岡田良平と宗教法案(一)―(九)」(『都留文科大学研究紀要』第五八―六六号、二〇〇三―二〇〇七年)、三井須美子「信教の自由と国民教育――宗教団体法案の議論とその結末」(『都留文科大学研究紀要』第六七号、二〇〇八年)、新野和暢『皇道仏教と大陸布教——一五年戦争期の宗教と国家』(社会評論社、二〇一四年)、二六二—二七八頁、など参照。
(67) 中谷敬壽「宗教団体法について」(『公法雑誌』第五巻七号、一九三九年七月)、三八頁。
(68) 杉村章三郎「宗教団体法制定の意義」(『国家学会雑誌』第五三巻第五号、一九三九年五月)、五三—五四頁。
(69) 田上穣治「宗教団体法に関する問題」(『法学新報』第五〇巻第三号、一九四〇年三月)、五頁。
(70) 「宗教運動の状況」(『特高月報』一九四〇年四月)、二〇三頁。
(71) 阪本是丸「国家神道体制の成立と展開」(井門富二夫編『占領と日本宗教』未來社、一九九三年、所収)一六五—一九一頁。
(72) 前掲『明治以降宗教制度百年史』、二二一—二二八頁。
(73) 古賀和則「占領期における宗教行政の変容——文部省宗務課とCIE宗教課」(『宗教法研究』第一一輯、一九九二年)、四—五頁。
(74) 宗教団体法成立当時、中国大陸における日本宗教の布教に対する統制が問題となっており、宗教による宣撫工作も推進されつつあった。同法審議にあたって帝国議会では、欧米のキリスト教宣教師の文化的影響力に抵抗して、日本の宗教団体を大陸に積極的に進出させようという意見が多数出され、政府側もそれに応える答弁をしている(前掲「宗教団体法の成立と中国政策との関連」、九九—一一八頁)。
(75) 「宗教団体法の成立」(『読売新聞』一九三九年三月二四日付社説)。
(76) 『読売新聞』一九四〇年七月三一日付夕刊。
(77) 「戦前の宗教団体法成立の頃——村上俊男氏インタビュー」(『東京大学宗教学年報』第一四号、一九九六年)、一八一—一八三頁。
(78) 「宗教行政の中から——河和田唯賢氏に聞く」(前掲『占領と日本宗教』、所収)、四三七頁。
(79) 「宗教団体法ニ基ク文部省ヨリノ通牒綴」、「JACAR: A06030131800、返還文書(旧内務省等関係)・返還文書一・二(国立公文書館)」。
(80) 前掲「宗教団体法問題」、一八—一九頁。
(81) 前掲『皇道仏教と大陸布教——一五年戦争期の宗教と国家』、二六〇—二六一頁、近藤俊太郎『親鸞とマルクス主義――闘争・イデオロギー・普遍性』（法蔵館、二〇二二年）、二三三―二三七頁。

（82）戒能信生「日本基督教団」（キリスト教史学会編『戦時下のキリスト教――宗教団体法をめぐって』教文館、二〇一五年、所収）、二七―五二頁。

（83）上中栄「ホーリネス」（前掲『戦時下のキリスト教――宗教団体法をめぐって』、所収）、一四五―一七八頁。

（84）前掲「一五年戦争期のバプテスト教会の戦争協力と葛藤――宗教団体法への対応」、七六―八四頁。当時の文部省宗務官は、「宗教ノ教義、儀式等ノ調査研究及宗教ニ関スル団体ノ指導ニ従事」する役職であった（「文部省官制中改正」「御署名原本」国立公文書館蔵、昭和一五年・勅令第一一九号）。

（85）前掲「戦前期日本における「宗教法人」制度の成立過程――宗教法制としての宗教団体法」、七〇頁。

（86）前掲「日本基督教団」、二九頁。

第七章
「大東亜共栄圏」と仏教哲学者　一九一六―一九四五

1　高楠順次郎とタゴール

二人の出会い

宗教団体法の成立を経て、宗教が戦時体制に組み込まれていく過程を、前章において扱った。この間、日本が建設しようとした大東亜共栄圏や東亜新秩序といった理念は、宗教者や宗教学者によっても、思想的に正当化されることになる。その一人が、近代日本を代表する仏教哲学者である高楠順次郎《たかくすじゅんじろう》であった。高楠は、のちに日本の大陸政策を批判することになる、インドの「詩聖」、ラビンドラナート・タゴールを尊敬し、愛した一人でもある。この両者は高楠が五歳の年長で、タゴールが四年先に死去したという、同世代人であった。二人はどのような関係にあり、互いにどう戦争期に突入していったのであろうか。

高楠がはじめてタゴールに会ったのは、タゴールがはじめて来日した一九一六年（大正五年）のことのようである。同年七月に『六合雑誌』に高楠が発表した「予の見たる詩聖タゴール」によれば、「予が印度に入った時はタゴール氏は龍動《ロンドン》に客遊《かくゆう》して居つた」(1)と記しており、一九一二年九月から翌年四月まで高楠がインドとネパールを訪れた際(2)には会わなかったことがわかる。それがこの年の来日の際にはじめて出会い、「予は氏を迎ふる時の希望よりも逢つた時の会心の満足には遥により以上であつた。多分送つた後も何物か脳底に印されて永久に忘れ難い福音が残るであらうと信ずる」という好意的な印象を抱くにいたった。(3)同年五月二九日にタゴールは神戸に到着し、(4)大阪でさっそく講演した後東京に向かい、高楠霜子夫人の日記によると、六月五日にタゴールが東京駅に到着した際には、「午后八時半タゴール氏ヲ東京駅ニ迎フ」とあり、ここではじめて出会ったことがうかがえる。(5)高楠は当時四九歳で東京帝国大学教授（文学博士）、日本を代表する仏教哲学者としての地位を築き上げていた。その後タゴールは日本美術院、東京帝大で講演したあと、六月一三日に上野寛永寺で開かれた歓迎会では、高楠が閉会の辞を述べている。(6)顔を合わせた後の高評価は先述の通りで、六月一一日に行われた東京帝大での講演(7)（「日本に対する印度の使命」(8)）についても、「高遠の心理と眼見《がんけん》の近事とを融合し、詞想の美に加ふるに声美を以てし……憧憬すべき人格の致す所」などときわめて高い評価を加えた。(9)

高楠のインド観

高楠は、当時のインド人一般に対して、好意的な印象をもってはいなかった。一九一三年に発表した論文では「今日の印度の宗教は堕落して居て、到底宗教のことを印度人と相談するとは思はれない。現今の状態を見ると、宗教を以て食ひ者にするか、或はまた宗教によりて遊んで食はむとする高等遊民が宗教者に多い。故に目下の印度の宗教はお話にならぬ程堕落して居る……仏教美術、仏教建設より外に印度には見るべきものが無い[10]」と厳しく指摘し、同年の別の論文でも、「インドはわれらに最も因縁が深い国であるが、将来幾多の年月を経ればいざ知らず、今日の処では殆んど注文に価する進歩はみへない[11]」と断じていた。タゴール来日を受けた先述の論考でも、「予は今時の印度人に対しては余りに敬意を寄せ能はざる一人である」とあらためて自らの立場を告知した上で、タゴールへの敬意を表明した。インド人一般が評価に値しない中で、タゴールのみが燦然と輝いているようにみえたからである。高楠はいう。自分が「口を極めて氏を讃する如く見ゆるは、氏が余りに現代の印度に超越して居るからである[12]」。

　では高楠は、タゴールのいかなる思想、あるいは詩想をもって、「堕落」した現代インドにおける一筋の光をみたのであろうか。そして両者はどのような交錯を経て、戦争に向かっていったのか。以下、その過程をたどっていきた

高楠順次郎

い。

2　面会前のタゴール観

「東洋の大詩聖」

タゴールが来日する直前の一九一六年四月、高楠は『日本及日本人』に「タゴール氏に就て」と題する短文を発表した。ここで高楠は、自分が一九一二年から翌年にかけてのインド滞在中、「遂に逢ふ機会を失した」事情を説明した上で、「今回の来朝は、時期と云ふ上からも、其他の点からも、誠に好時期と云ふべきで、我国民は大に此の日本贔屓の大詩人を歓迎すべき筈である」と歓迎の意を表明した。高楠は名家たるタゴール家の家系をたどり、タゴール自身は幼少時から「詩人的気質」を有し、自然を愛し、読書を好む愛国主義者であったとして、自国の衰運を嘆き、「往古の盛事に立還《たちかえ》らんことを理想せざる得なかつた」という。そのために、タゴールは古代文明を研究してこれを現在に示し、青少年をしてその復活に努めさせねばならないと考えた。こうした試みは当然ながら英国当局を刺激するが、やがてロンドンに渡り、著書や講演を通してその見識を示していく中で、ロンドンの思想界は「東洋の大詩聖を発見した」。このタゴールの思想を特色付けているのは、階級制度を克服した「国民平等主義」にあり、その「大自然観」は自然と人間とを同一の生命を有しているものとし、両者が助け合うことで宇宙の完成がなされると捉えたところにある、という。東洋文明は自然を敵視する西洋文明と異なり、自然と親しみ、自然の中に自己を実現しようとするところにその本質がある、と高楠は解説する⑬。

「物質的文明」と「精神的文明」

高楠はすでに、一九一二年から翌年にかけてのギリシャ・インド・ネパール訪問を経て、西洋文明とは、自然界を征服する「物質的文明」であり、東洋文明たるインド文明は自然界と共存する「精神的文明」である、と分類し、後者を人格として顕在化させたのが釈尊であり、その智恵が無限の光明としてインドを照らしてきた、と捉えていた⑭。こうした文明観を持っていた高楠にとって、タゴールは、いわば「現代の釈尊」として迎えられるべき、格別の存在であったと思われる。高楠は言う。「氏の如き思想家を印度に発見した事は、東洋の為に大に慶賀すべきこと、云はなければならぬ⑮」。

タゴール来日の一報を受け、『読売新聞』はこれが持つ意義について、「仏教哲学の大知識にして印度研究の最高権威たる高楠博士の所感を聞かん」と企画し、高楠はこれに答えて一九一五年六月一二日・一五日付の同紙紙面に「印度詞宗《しそう》タゴール」を掲載した。

ここで高楠は、タゴールが「日本人に期待し、日本仏教に期待し、日本精神界の活動に期待する所多きを以て、遂に遠遊《えんゆう》の意を決したるなり」と察した上で、「日本の仏教は果たしてその期待を満足せしめ得べき地位に在りや否や」と問い、「詞宗に予期の満足を与ふる能はざるは火を見るよりも明らかなり」と断じる。一例として、高楠は高輪大学で講演した際に、「聴者聾《ろう》の如く唖《おし》の如く亦一辞を讃する能はず」であった体験を披瀝し、日本仏教の実態が危機的状態にあることを難じる。その上で、高楠はタゴールの来朝によって「仏教界が詞宗に於て一大知己を見出したるを喜び、世の仏教を解し得ざる人々が氏の錦心繡腸《きんしんしゅうちょう》を通じて顕はれたる純仏教を味はひ得るに至り、為に我国の思想界に多少の反響あらんことを与期せんと欲するに在り」。その意味で、タゴールは日本にとっても「現代の釈尊」としての光を放つべき存在であった。(16)

3　面会後のタゴール観

「忘れ難い福音」

こうした多大なる期待と希望を抱いてタゴールの来日を迎えた高楠は、実際に本人と会って、いかなる感想を得たのであろうか。

もともと、タゴールが日本と接するきっかけになったのは、一九〇一年の岡倉天心のタゴール家訪問である。彼はここではじめて日本人に接し、これを機会に日本に対する関心が喚起されて、来日を希望するにいたったといわれている。実際の来日は非ヨーロッパ人としてはじめてノーベル賞を受賞したのちの一九一六年になるが、具体的なきっかけはアメリカからの講演旅行の招待で、その機会に日本を訪れ、疲れた心身を癒したいと考えたようである。[17]

かくして訪れたタゴール[18]との出会いの後、高楠が「予は氏を迎ふる時の希望よりも逢つた時の会心の満足には遥により以上であった。多分送つた後も何物か脳底に印されて永久に忘れ難い福音が残るであらうと信ずる」という感慨をつづったことは、すでに引用した通りである。[19]

その高楠が「理想の印度人」であるとしてタゴールを讃えるのには二つの理由がある、という。第一に、「今から五千年前のリグ吠陀《ヴエーダ》時代[20]の聖者は正しく氏と同型」であり、その「リグ吠陀時代の聖者」は自然を賛美してその無窮の胎内に眠らんとし、無上の神格を仰ぎ、最高の示現を憧憬した。こういった宗教的・哲学的態度を備えた人物こそ「大仙」であり、「真善美を体現した超越人格」であり、これを「個人的に縮小して、而かも内容に於て拡大したのがタゴール氏である」、というのが第一の評価点であった。第二に、インド宗教一般が学問や祭祀の形式に流れて堕落し、世間と没交渉となる一方で、森林において理想的生活を送り、「印度の夢幻生活に対して新生活を付与せんとする生きた聖者」こそタゴールであり、その精神生活は、涅槃《ねはん》を説き、平等主義の菩提を重んじ、解脱を主張する大乗仏教にも通じる、という。古代インドを重んじ、「仏教が最後の救主」であると信じる高楠によって、このようなタゴールの姿勢こそ「実生活と共鳴せる大仙人」として賞賛されるべきであった。[21]「現代の釈尊」を期待していた高楠にとって、本人がこうした印象を残したことは、深い満足を与えたに違いない。

その翌年にもタゴールはアメリカ滞在後に横浜を訪れ、[22]さらに一九二四年五月末に来日し、長崎から神戸、大阪を経て、東京に到着し、東京帝大、協調会館、工業クラブで講演、養育院を訪問したほか、芝居見物をして、六月二一日に日本を去った。東京に着いた六月七日、電車の車中で「今度の旅行は研究が主で講演は従ですからどうかほんとうにもっとしたしく皆様に接したい[23]」と語っていた通り、タゴールはこのとき多くの日本人と接したようで、たとえば来日に際して上野精養軒で開かれた歓迎会は頭山満《とうやまみつる》、内田良平、内ヶ崎《うちがさき》作三郎《さくさぶろう》などが主催し、「代議士及び東亜問題の研究者等百七十余名が参加」したという。高楠も顔を出していたかもしれない。[24]

タゴールの日本観

高楠はこの年八月、『現代仏教』に寄せた「宇宙の声」と題する文章において、「タゴール翁は理想主義に生ける哲人である。恒《つね》に現実を理想化せんとする詞聖である」として、自らの学園を「宇宙の声」と名付け、タゴールの理想を理想とする者が集って、大自然の声に瞑想して耳を傾け、全人類の声に静寂な心を澄まそうとしている、という。タゴールは、「古吠陀時代の詞聖の如く、自然の崇拝者であり、自然人格の崇拝者であり、自然の声に耳を傾けることを通じて人間の声を含めた「大自然の法音」をも聞き取ってきた。かかるタゴールを前にしたとき、日本では教育者も政治家も実業家も労働者も「世界の所謂文明市場に提出すべき唯一不二の国産たる」大乗仏教を顧慮せず、何ら提示しうるものがない、と高楠は慨嘆する。[25]一九一六年当時と認識を基本的に同じくしていたことが理解されよう。

これから五年後の一九二九年（昭和四年）三月、再度タゴールは日本を訪れている[26]。タゴールは横浜に着いた際、日本の印象を次のように語っている。「来る度に都会も田舎も西洋文明の悪いところにかぶれ日本独特の美しい風景や文物が損なわれてゆくのは残念です[27]」。タゴールはその後アメリカ、カナダに向かうが、そこでトラブルに遭って五月から六月にかけて一カ月ほど、最後の来日を果たした[28]。

タゴールは五度の来日を通じて、「日本人と花との関係は、美意識にもとづき、そして静かである。……私はさとるところがあった。日本人は芸術の大家であるばかりでなく、また生活を芸術化するすべを手に入れている[29]」などと日本の美意識や自然との調和、自己犠牲の精神、日常生活における禅定に基づく優雅さなどを讃美し、頭山満などの大アジア主義に共感しつつ、先述の通り、西洋から受け継いだ国家主義や機械産業、近代化政策を批判し、後者が前者を揺るがすことを懸念した。それが、やがて日中戦争を日本の過度な西洋国家主義模倣、侵略戦争として批判し、日本をファシストとして批判する態度を生んでいく[30]。これまでの高楠の態度から、特に前者においてタゴールと共感していたことは想像に難くあるまいが、問題となるのは後者の日本批判であった。高楠はタゴールの日本批判について、ほとんど何も語っていない。それは、おそらくはその面に共感することができなかったためだと思われる。次に、高楠がタゴールとともに評価したガンジーについて触れた上で、高楠の戦争観とタゴールに対する複雑な感情について、論じていきたい。

4　ガンジーとタゴール

「無障害主義」

高楠は一九三一年三月二一日付の『読売新聞』朝刊「宗教欄」で、「仏教の根本義」について説いている。そこで高楠は、大乗仏教の根本主義として八つの主義があるとして、「無神主義」「人格主義」「理智主義」「理想主義」という「内面」の主義と、「無傷害主義」「大慈主義」「平和主義」「平等主義」の「外面」の主義を挙げ、特にこの「無傷害主義」は一切の生物を傷つけない「生類愛」「人道愛」であり、「実行派のガンデイも理想派のタゴールも倶にこの無傷害主義によっている」という。この主義に依るならば、人間が動物を虐待することも、人が人を圧迫することも不条理であり、宗教間紛争などもってのほかであった(31)。

タゴールはたしかに、高楠が感動した一九一六年の東京帝大での講演で、次のように語っていた。

今日の如く大規模なる国家間の呑噬《どんぜい》、国土を刻み肉の如く荒す巨大なる機械、互いに五臓六腑を裂き出さゞれば止まざらんとする恐ろしき嫉妬心……この政治的文明は科学的ではあるが、人道的ではない、この威大なる所以は、一個の目的に向かって全力を集中するからである、信義に背き、虚言を吐いて恥とせず、貪婪《たんらん》の大偶像を本尊とし、お祭騒ぎを為して以て之を愛国心と云ふて居る、然しこれは何時迄も続きはしない、この世には個人にも又団体にも適用さるゝ道徳法がある(32)

領土をめぐる国家間の紛争は、嫉妬心に基づくもので、人道主義に反する、批判すべきものだったのである。

ガンジーの非暴力抗議活動

一九四三年二月にマハトマ・ガンジーが断食をしながら非暴力主義の抗議活動をはじめたとき、高楠は「印度の理想は大体、無傷害（アヒンサー）の思想である」と述べ、インド人の主義はまさにここにあるとした上で、「印度は人間愛を動物愛にまで拡大して居る、実に動物の楽園である。殊に牝牛は神獣として敬愛する。……然るに英人は牛刀を提げてこれを撲殺して食用とし、皮を沓《くつ》となし、骨を器具に作る。その理想において英印の衝突は到底避くべからざるものがある」と英印衝突の運命的不可避性を論じた。そしてその焦点となっている無傷害主義については、「無傷害を人道に実現せんとしたのが理想派としては、彼の哲学詩聖タゴールであつた。その愛の世界の主張はこれから来て居る。その実行派としては、行の哲学大聖ガンジー翁である」というのが高楠の認識であった[33]。そして高楠は、「仏教が印度の地上に消えて後既に七百年なりと云ふ今日に就て印度を動かす実行派のガンデイも、世界に響くタゴールも倶《とも》に仏教の理想をもって理想とし、殊に仏教のアヒンサー（無傷害）主義を以てその中枢思想として居るのである。今に宇宙の声は悉く仏教に集中するの時代も出現するであろう」と、この二人の無傷害主義が仏教興隆の鍵になるとさえみていた[34]。

高楠にとって、タゴールやガンジーは、古代インドが作り、釈尊が語り残した精神性を保持し、発揮し続けている貴重な存在であり、仏教再興の希望であった。だからこそ高楠は彼等を弁護し、讃えたのである。同時に、こうした精神文明を理解しない物質文明一辺倒の西洋は、インド精神文明にとっての「敵」であって、衝突せざるを得ない存在であった。タゴールも一九二四年の東京帝大における講演において述べている。「欧米の物質文明はその強烈な国家主義と相合して甚だしい横暴をきわめてをりますが彼れ等も遠からず行きづまり東洋の自然的大思想の前にひざまづく時がくるでせう[35]」。その意味で、高楠とタゴールは同じ位置に立っていた。

5 「大東亜共栄圏」への道

両刀を携えた国

高楠が設立した武蔵野女子学院には、一九二九年にタゴールが帝国ホテルで記した書が残されている。ベンガル文字で、パーリ語の法句経に出てくる章句、

怒りなきことによって　怒りに打ち克つべし[36]

が記されたものである。高楠はこれを武蔵野女子学院の講堂の正面に掲げるなど大切に扱ったようだが、それは雲藤義道が指摘しているように、「その内容が釈尊の言葉であることによる」がゆえであろう[37][38]。

では、タゴールが日中戦争を日本の侵略戦争を捉えてこれを批判するとき、高楠はどのような立ち位置をとったのであろうか。

高楠は太平洋戦争開戦翌年の一九四二年七月に発表した、「東洋民族の死闘——世界を動かすスメル民族」と題する論考のなかで、「今日本が戦ひつゝ、ある大東亜圏の大戦果に依り……全大

東亜民族を結合せんとしてゐる」と述べた上で、知識と個性、物質を基礎とした西洋が世界を支配してきたが、「この絶大の敵性を太平洋の全面から追放したのは日本の武力である……実はその武力を用ゐる日本人の精神の力である」として、日本は「推理性哲学思想」と「現観性哲学思想」を合わせ持っている、と説いた。この西洋と東洋を代表する思想が、文化創造の原動力であり、「この両刀を自由自在に使い得るものが来るべき世界を支配するのである」と述べ、インドは一刀を欠くために苦杯を舐め、西洋も一刀を欠くために敗戦を喫した、と評する。「両刀」を備えた日本こそが、世界を支配する地位に立ちうる、としたのである。ここでは、アヒンサー主義を結実させたタゴールとガンジーを評価しつつも、それは日本のような武力を持たないがために、武力を持つ西洋に対して「無抵抗の戦を宣するより外はなかった」ものと位置付けられた。[39]

大東亜共栄圏の唱道

一九四三年一月、高楠は「大東亜共栄圏と宗教」という論考を発表し、宗教の観点から、次のように大東亜共栄圏の意義を強調する。

大東亜共栄圏は、大東亜民族の共栄圏たるのみならず、実に世界宗教の共存界である。世界三大宗教と位置付けらる丶基督教・仏教・回教が初めて共存の立場に於て同一圏内に対立するのである。その上に一民族を代表する強力なる国民教とせられたる印度の印度教・支那の道儒教・日本の神道教も亦、大東亜の共栄圏の一壇場に活躍するのである。仏教に於ても、殆ど七百年間曾つて同住せしことなき大小乗即ち南伝仏教と北伝仏教とが茲《ここ》に始めて一堂に会して新文化の創造に歩武を進めんとして居るのである。

こうした宗教の「共存界」を創出するにあたり、避けて通れないのが「宗教政策」であった。プロテスタントは民主主義を説き、カトリックはローマ教皇の命令に従い、キリスト教とイスラム教とは対立している。こうした介入、衝突、混乱を避けるためには、「宗教には完全の自由を許すべきではない」と高楠は強調する。インドでは、英国が宗教の自由を認め、「迷信」「匪行《ひこう》」「不衛生」「小闘争」を横行させて、「宗教問題の不和分裂を政治的に利用して居た」として、高楠は大日本帝国憲法第二八条を挙げて、あくまで「安寧秩序」を妨げない限りにおいて信教の自由を認め、大東亜共栄圏内では「各宗教の間に於て寛仁大度《かんじんたいど》の包容性を相互に養成せしむるやう、為政者の監視を要する」と説いた。(40) 前章で述べた、宗教団体法に対する文部省側の認識を共有していることがうかがえよう。(41)

タゴールはすでに一九四一年八月、旅行中のイギリスで死去していた。インドの衰退を嘆き、タゴールを敬愛してきた高楠にとってそれは、東洋文明を代表するインドが完全に光を失ったことを意味し、アジア全体に勢力を扶植しようとする日本の国策を正当化し、アヒンサー主義を武力による西洋への対抗のなかに回収していく上で、重要なターニングポイントになったのかもしれない。
高楠は戦時下で多くの意見を発表して、大東亜共栄圏の思想的正当性を主張したが、終戦直前の一九四五年六月二八日に死去した。敗戦は、日本の「両刀」が折れた結果なのか、あるいは、別の思想的意味を含有するものだったのか、高楠による評価を聞くことはできない。

註

(1) 高楠順次郎「予の見たる詩聖タゴール」(『六合雑誌』第四二六号、一九一六年七月)、二九頁。
(2) 高楠のインド・ネパール体験については、小川原正道「高楠順次郎——その思想形成におけるインド・ネパール体験」(小川原正道編『近代日本の仏教者—アジア体験と思想の変容』慶應義塾大学出版会、二〇〇八年、所収)、参照。
(3) 前掲「予の見たる詩聖タゴール」、二九頁。
(4)『東京日日新聞』一九一六年五月三〇日付朝刊。
(5)「高楠霜子日記」(武蔵野大学高楠順次郎資料室蔵)、一九一六年六月五日条。
(6)『東京朝日新聞』一九一六年五月二七日付朝刊、六月一一日付朝刊、六月一四日付朝刊。ちなみに五月二五日付朝刊、五月二七日付朝刊、六月一一日付朝刊、六月一四日付同紙朝刊によると、歓迎会の準備には高楠順次郎、副島八十六、櫻井義肇、内ヶ崎作三郎、野口米次郎、安藤鉄腸、武田豊四郎、石川半山、来馬琢造、三輪政一などがこれにあたったという。歓迎会には大隈重信首相も出席し、六月一〇日にはタゴールが大隈のもとを訪問して歓談している。この来日についての詳細は、丹羽京子「タゴールと日本」(『タゴール著作集　別巻　タゴール研究』第三文明社、一九九三年、所収)、参照。
(7) 前掲「タゴールと日本」、三五〇頁。
(8)『東京朝日新聞』一九一六年六月一二日付朝刊。

（9）前掲「予の見たる詩聖タゴール」、二九―三〇頁。
（10）高楠順次郎「印度の仏蹟とガンダーラ美術」中（『禅』第七六巻、一九一三年八月）、二七頁、高楠順次郎「印度の仏蹟とガンダーラ美術」下（『禅』第七七巻、一九一三年九月）、三三頁。
（11）高楠順次郎「入竺中の所感」（『宗教界』第九巻第七号、一九一三年七月）、五二四―五二五頁。
（12）前掲「予の見たる詩聖タゴール」、三〇頁。
（13）高楠順次郎「タゴール氏に就いて」（『日本及日本人』第六五三号、一九一六年四月）、九一―九四頁。
（14）前掲「入竺中の所感」、五四六―五五〇頁。
（15）前掲「タゴール氏に就て」、九三頁。
（16）高楠順次郎「印度詞宗タゴール（上・下）」（『読売新聞』一九一五年六月一二日付朝刊・一五日付朝刊）。
（17）前掲「タゴールと日本」、三四四―三四七頁。
（18）タゴールはこの来日に際して、紀行文を書き残している。タゴール／タゴール記念会編訳『タゴールと日本――日本の旅・瞑想』（タゴール記念会、一九六一年）、参照。
（19）前掲「予の見たる詩聖タゴール」、二九頁。
（20）高楠はこの時代を、インド五〇〇〇年の歴史における文明の第一段階であったと位置付け、宗教的には、人間が自然の偉大な清涼に畏怖してこれに支配される時代、すなわち「自然的宗教時代又は天然的宗教時代」であったと位置付けている（高楠順次郎「インド思想発達の歴程」『東洋哲学』第一七年第一号、一九一〇年一月、一―三頁）。この点については、オリオン・クラウタウ「大正期における日本仏教論の展開――高楠順次郎の思想的研究・序説」（『日本思想史学』第四二号、二〇一〇年九月）、一六二頁、参照。
（21）前掲「予の見たる詩聖タゴール」、二九―三二頁。
（22）我妻和男『人類の知的遺産六一　タゴール』（講談社、一九八一年）、六頁。
（23）『東京日日新聞』一九二四年六月八日付朝刊。
（24）『東京朝日新聞』一九二四年六月一日付夕刊、二日付朝刊、七日付朝刊、九日付朝刊、一三日付朝刊。
（25）高楠順次郎「宇宙の声」（『現代仏教』第四号、一九二四年八月）、二―八頁。
（26）『東京朝日新聞』一九二九年三月二四日付夕刊。

(27)『東京朝日新聞』一九二九年三月二七日付夕刊。
(28) 前掲『人類の知的遺産六一　タゴール』、六頁。
(29) 前掲『タゴールと日本――日本の旅・瞑想』、七七頁。
(30) 前掲『人類の知的遺産六一　タゴール』、五―三四頁、我妻和男『タゴール―詩・思想・生涯』(麗澤大学出版会、二〇〇六年)、二九一―三二六頁。
(31) 高楠順次郎「仏教の根本義」(『読売新聞』一九三一年三月二二日付朝刊)。
(32)「日本に対する印度の使命(四) タゴール氏講演」(『東京朝日新聞』一九一六年六月一五日付朝刊)。
(33) 高楠順次郎「大聖ガ翁の死の抗議」(『読売報知』一九四三年二月二八日付夕刊)。
(34) 高楠順次郎「印度歴史の特異性」(『日印協会会報』第三八号、一九二六年八月)、三九頁。
(35)『東京日日新聞』一九二四年六月一〇日付朝刊。
(36) 茨城県天心記念五浦美術館編『開館一周年記念展　インドに魅せられた日本画家たち――天心とタゴールの出会いから』(茨城県天心記念五浦美術館、一九九八年)、二〇頁。訳は我妻和男による。
(37) 雲藤義道「学院創設の理念を想起せよ」(『武蔵野女子学院報』第二六号、一九七九年一一月一〇日)、一頁。
(38) この書をタゴールがいつどのような形で書いたかについては諸説ある。雲藤義道は一九二四年に来日した際に、築地本願寺内に設立されて間もない武蔵野女子学院をタゴールが訪れ、生まれてはじめて日本の筆をもって墨書したとしているが(前掲「学院創設の理念を想起せよ」、一頁)、第二代武蔵野女子学院長の鷹谷俊之の著書『東西仏教学者伝』(華林文庫、一九七〇年)のカバーには、この書の写真が掲げられた上で、「**Tagore**が訪日の時、著者が、紙と墨を持参して、**Tagore**に書いてもらったもの」との説明があり、前田專學も、俊之の娘・鷹谷るりこ、および俊之の長男・鷹谷俊昭の話として、俊之が帝国ホテルに滞在中のタゴールのもとへ紙などを持参した、とした上で、タゴール来日の際の足跡を追い、帝国ホテルに宿泊したのが一九二四年と一九二九年であるとして、このいずれかの際に高楠が鷹谷とともに帝国ホテルにタゴールを訪ねてこの書を書いてもらったのではないかと推測している(前田專學「私の座右の銘」『在家仏教』第五三九号、一九九七年四月、二六―二八頁)。鷹谷自身の著作にこう記され、その実子も証言している以上、タゴールが武蔵野女子学院を訪れたのではなく、鷹谷が帝国ホテルにタゴールを訪ね、これを記してもらったと考えるのが妥当であろう。前田の考証による限り、そこに高楠が同席していたのか、また、それが一九二四年なのか一九二九年なのかは定かでないが、筆者が鷹谷俊昭に確認したところ、父からここに高楠は同席しておらず、訪問したのは一九二九年だと聞いているとの証言を得た。このため、筆者は一九二九年に鷹谷俊之が帝国ホテルのタゴールのもとを訪ね、この書を書いてもらったものと推察するものである。なお、高楠順次郎は日記を書き残しているが、一九二四年分、一九二九年分ともに現存しておらず、前掲「高楠霜子日記」には一九二九年分が現存している（武蔵野大学高楠順次郎資料室蔵）ものの、順次郎がタゴールと会った、あるいは帝国ホテルを訪れたといった該当する記述はみあたらない。このことも、一九二九年にタゴールが来日した際には、高楠がタゴールと会っていないことを裏書きしている。

（39）高楠順次郎「東洋民族の死闘――世界を動かすスメル民族」（『中央仏教』第二六巻第七号、一九四二年七月）、二―七頁。

（40）高楠順次郎「大東亜共栄圏と宗教」（『中央仏教』第二七巻第一号、一九四三年一月）、二―一一頁。

（41）一九三九年九月、前年にハワイ大学に招聘されて仏教・哲学・サンスクリット語の講義をした高楠の帰朝歓迎会が催されているが、その発起人には、宗教団体法成立に携わってきた安藤正純や下村寿一のほか、徳富蘇峰や井上哲次郎などが名を連ねていた。この歓迎会は「日本文化海外宣揚の御努力に感謝」するためのものである（一九三九年九月二二日付高楠博士帰朝歓迎会書簡、真名子晃征「高楠順次郎と徳富蘇峰――徳富宛書簡の翻刻と概要」『武蔵野大学仏教文化研究所紀要』第三三号、二〇一七年二月、八八―九〇頁）。

第八章

満洲国の「靖国」 一九三五―一九四五

1 建国忠霊廟の創建

「日満一体」から「大東亜共栄圏」へ

高楠順次郎は「大東亜共栄圏」の理想を語ったが、それは、一九三一年（昭和六年）の満洲事変当時に唱えられた「日満一体」、日中戦争期にスローガンとなった「東亜新秩序」が、発展したものであった。

日本国内ではすでに幕末の討幕運動以来、戊辰戦争、西南戦争、日清戦争、日露戦争、第一次世界大戦などの戦争で命を落とした人々を「英霊」として祀る靖国神社（第九章で扱う）が設けられていたが、日本の傀儡国家として樹立された満洲国でも、その建国のために殉じた人々を祀った建国忠霊廟《ちゅうれいびょう》が、天照大神を祀る建国神廟の摂廟《しょうびょう》として一九四〇年九月、新京に設立された。

建国忠霊廟とは何か

内閣情報局編輯の国策パンフレット『週報』は、建国忠霊廟について次のように紹介している。

> 建国忠霊廟は、満洲帝国建国の聖業に殉じた人々の英霊を千載に慰め、その功を万代に讃へるため、建国神廟の攝廟として康徳七年（昭和十五年）に創建されたもので、いはば満洲国の靖国神社です。神域の新京南郊南嶺一帯は満洲事変勃発の第一日に激戦のあつたところで、建国の英霊を奉祀するに相応しい聖地です。祭神は満洲事変勃発以降の殉国者二万四千百四十一柱（うち日本側は武藤元帥以下一万九千八百七十七柱）でしたが、来る九月十六、十七両日、一昨年九月十八日から昨年九月十五日まで国に殉じられた英霊四千七百《ママ》二十七柱（うち日本側二千五十六柱）の第一回合祀祭が行はれます。次いで翌十九日には秋季例祭が盛大に執り行はれます。(1)

満洲国建国のために殉じた英霊を永遠に讃える、「満洲国の靖国神社」――こう喧伝されていた建国忠霊廟は、いかなる過程を経て設立されたのか。建国忠霊廟の創建過程については、島川正史(2)、嵯峨井《さがい》建(3)、西澤泰彦(4)、曲暁范《きょくぎょうはん》(5)、津田良樹(6)、樋口秀実(7)などによる研究が存在しているが、本章はそれらを踏まえた上で、建国忠霊廟の祭神をめぐる論争と、その神域整備、建国忠霊廟の対外的宣伝に主な焦点をあて、建国忠霊廟の創建過程、満洲国における「合祀」の過程について考察するものである。

2　建国忠霊廟の建設過程

建国忠霊廟の構想

一九三五年夏、満洲国建国のために殉じた日満の英霊を祀る満洲国版「靖国神社」の建設計画が持ち上がり、満洲国招魂社建設準備委員会が設置され、八月に満洲国皇帝・溥儀《ふぎ》に対し、関東軍司令官・南次郎が満洲国のため犠牲となった人を祀る日本の靖国神社のような「護国廟」を建築するよう提案し、同意を得ている。準備委員会は最終決定案を作成し、これが国務院によって承認されると同時に解散して、あらたに護国廟建設委員会が発足した。すぐに建築工事が開始され、一九三九年に完成したといわれている。建国間もない満洲国は、抗日連軍が結成されるなど、不安要素を多く抱えており、国民精神の統一のための措置は不可欠であった。一九三七年には、国民精神の依りどころとなる建国の神を祀るべきであるという案が満洲国政府内で持ち上がり、天照大神を奉祀するという構想が浮上した。「護国廟」は「建国廟」と改称され、さらに「建国忠霊廟」となって、「建国神廟」の摂廟とされた。(8)「建前として満洲国皇帝の意志により創建されたものであるが、実際は関東軍の主導によって構想のはじめから完成に至るまで一貫して推し進

められた」といわれる。(9)

一九四〇年六月二一日、満洲帝国国務総理大臣の張景恵が関東軍司令官兼駐満洲国大使の梅津《うめづ》美治郎《よしじろう》に対し、皇帝が皇紀二六〇〇年慶祝のため訪日するのを機として、「日満不可分関係」をあきらかにして「国家政教ノ源泉ヲ確立」して「国家意識ノ向上ヲ図ル」ため、建国神廟を設けて天照大神を祭神とし、その摂廟に「建国ノ聖業ニ殉シタル者ノ霊位ヲ祀ルノ御意」を拝したとして、諸般の事項についてご高配願いたいとの連絡があった。ここで、「摂廟ハ建国忠霊廟ト称ス」ることが規定されている。六月二一日、梅津は有田八郎外相に上申し、米内光政首相、有田八郎外相、児玉《こだま》秀雄内相、畑俊六《はたしゅんろく》陸相が首相に対して、満洲国皇帝は建国神廟を創建して天照大神を祭神として祀り、その摂廟として建国忠霊廟を創建する「思召」があるとして、関係各省において十分研究の上遺憾なきよう措置するよう上申、六月二九日、「建国神廟創建ニ関スル件」が閣議決定された。(10)

かくして八月二四日、建国神廟の摂廟として建国忠霊廟を創建し、「建国ニ殉ジタル英霊ヲ其ノ祭神トシテ奉祀セラルル旨」が国務院と祭祀府から布告され、(11)九月一八日から二〇日にかけて鎮座祭が執行された。

誰を祀るのか

建国忠霊廟の創建時は「満洲事変勃発以後康徳六年九月十七日に至るまでの間において満洲帝

建国忠霊廟

国建国の聖業のために戦死または戦病死したところの満洲国軍軍人及び軍属……日本軍人、軍属」など二万四一四一柱が奉祀されたが、[12]その後、一九四一年九月の第一回合祀祭で満洲国側二八七一柱、日本側二〇五六柱が合祀され、[13]皇帝・溥儀が親拝した。[14]一九四二年九月の合祀祭でも満洲国側一六六二柱、日本側一六六七柱が合祀され、[15]やはり溥儀が親拝している。[16]一九四三年九月の合祀祭においても合計四六五二柱が合祀されて溥儀が親拝し、[17]一九四四年九月の合祀祭では満洲国側三四一柱、日本側三五二九柱がやはり溥儀の親拝を仰いで合祀された。[18]

この間の一九四二年九月には「皇帝陛下には建国の聖業に殉じた先覚烈士の鴻業遺《こうぎょうい》烈《れつ》に対して国家的感謝を捧げられ、且つ建国十年の隆運を御奉告あらせられる有難き思召から御親拝あらせられた」建国忠霊廟臨時奉告祭が執行されている。(19) 建国忠霊廟では、五月三十一日の春例祭と九月十九日の満洲事変紀年日祭(のち、秋例祭)などの大規模祭祀と、三月一日の建国日祭、毎年穀雨の日の祈穀《きこく》祭、七月十五日の遠神祭、十月十七日の新嘗祭《にいなめさい》といった中規模祭祀、さらに歳旦祭《さいたん》(一月一日)、月例祭(毎月十八日)、歳暮祭(十二月三十一日)の小規模祭祀とが催された。(20)

3 神域整備

建築の過程

満洲国祭祀府総務処長の増田増太郎《ますたろう》は、「建国忠霊廟を御創建あらせられた。而して満洲事変勃発(昭和六年九月一八日)以降建国の聖業に殉じたる勇士の英霊を千載に慰め、万代に讃へさせる思召を以て、畏《かしこ》くも建国の聖業に殉じたる者は日、鮮、満、漢、蒙、露、其外他民族の如何を問はず、之を何等の隔てなく一様に神として崇められるゝに至つたのは、洵《まこと》に曠古《こうこ》の聖事と申さねばならぬ」と自賛し、「満洲国に相応はしき東洋風を基調とした荘重雄大なるものを建設」することとなったと述べている。

工事は満洲国営繕需品局が主として担当し、予算は一四五万円、一九三七年から一九四〇年にいたる四カ年計画で建設が進められた。勤労奉仕によって建設を進めることをモットーとしており、その要項として「建国廟ノ御造営ニ際シ三千万国民ノ奉仕ニヨリ工事ノ完成ニ寄与セントス」「全国的勤労奉仕運動タラシメル目的ヲ以テ統一的ニ継続シテ行フモノトス」「先ヅ各県（市、旗）青年代表ノ奉仕及首都ニ於ケル官庁学校会社一般市民ノ奉仕トヲ行フモノトス」が規定され、「国民奉仕中央訓練所」を設立してその卒業生や各県などの青年代表を勤労奉仕の中核とすることとなった。一九三八年度には小中学校などから九三三三名が勤労奉仕に動員され、整地工事、苑路新設工事、土工工事などに従事した。新京特別市公署営繕科長の佐藤昌は、「労力奉仕は本年も又引続き相当拡大した機構を以て実施せられんとして居る。……新興満洲帝国に於ても新らしい国家意識の下に着々国民精神的自覚が喚起されて居る」と述べている[21]。

敷地は満洲事変勃発当初の激戦地であった新京の南端南嶺とされ、南北に長矩形に近い四五万六〇〇〇平方米の神域を有しており、建物は南東方向の皇大神宮を背にし、本殿、拝殿、東西両廡、廻廊、角楼、神門、盥漱舎《かんそうしゃ》、廊務所、昭忠橋、正門、東西両門、側門などで構成されていた。このほか、参籠所、外郭牆壁《しょうへき》、警衛所などもあったらしい。『中外日報』の記者によれば、「本殿、拝殿、東西両廡、廻廊など、瑠璃《るり》瓦葺の御屋根、白い花崗石に極彩色を施した軒廻り内部は主として大理石、マブリット及び漆塗仕方で、広麗典雅まことに東洋美術の精を聚《あつ》めた満洲独特の建築構造」であったという[22]。東洋式の建築様式が採用されたのは、「従来から為政者としては神道による現地人の教化を目論んでおり、それを可能にする現地になじむ様式にするという思惑とも一致した」ためであると、津田良樹は指摘している。[23] 零下二〇度から三〇度の極寒の中での勤務は、「神に身も心も捧げたる奉仕職員の熱情なしでは到底忍び得べくもない」というのが増田の見解であった。[24]

神域の整備

完成後もさらなる神域整備のため、「建国忠霊廟神域整備実施要綱」が定められ、一九四二年からの五カ年計画で「神域整備事業」として、「神域勤労奉仕作業」「献木運動」「神域勤労奉仕作業及献木運動附帯神域造苑工事」が予定され、祭祀府がその任にあたることとなった。勤労奉仕には二五万人が動員される予定であり、築山工事、広場構築工事、土塁修築・新築、地拵工事、除草工事、草刈工事などに従事する予定であった。献木運動は献灯、芝生または玉砂利、池泉設備及び放魚、無料休憩所及び便所の設備その他神苑整備に適当と認められるものが対象となり、奉納金の受付も行われた。一九四二年度の予算は造苑植栽関係一二万四〇〇〇円、勤労奉仕関係八万四三八〇円、事務費四〇〇〇円、計二一万二三八〇円であった。

増田は、「全国を通ずる熱情籠る献木及勤労奉仕は、先覚英雄の偉業の追慕となり、忠霊廟への認識を深め、崇敬と親し味を弥《いや》増《ま》すことは又格別である。尚建国精神の徹底に資するところも決して少なくはない。本事業は斯くて真に民族結合の坩《る》堝《つぼ》と化するであらう」と述べているが、神域整備への奉仕自体が「英雄の偉業の追慕」「建国精神の徹底」を目的としていたのは見逃せない[25]。勤労奉仕への動員を通じて、満洲国国民としての意識を植え付けさせようとする試みであった。

4　祭神論争

祭神をめぐって

建国神廟、建国忠霊廟の創建にあたって問題となったのは、その祭神であった。溥儀と南次郎との会談では国家のために犠牲となった人とされており、翌年の『中外日報』の報道でも同様であったが、その後様々な案が提起されることとなる。関東軍参謀の片倉衷《ただし》からは天神、明治天皇、清の太祖、日満の英霊を、関東軍参謀副長の石原莞爾からは日本人ではなく漢民族の崇敬するものを、関東軍司令官・植田謙吉からは各民族共通の神、もしくは各民族の神を、宮内府御用掛・吉岡安直からは天照大神を、それぞれ祀る、といった案が出された。当初は英霊を祀る満洲国版靖国神社が構想されたものの、新生満洲国にふさわしい神を祀るべきだという考えが関東軍内に広まっていったとされる。そんななか、東亜民族文化協会が、建国廟に英霊と天照大神の二座を祀ることを非礼として問題視し、同協会の小笠原省三は、両祭神は別々に祀られるべきだと主張した[26]。

一九三八年九月二十三日付『中外日報』によると、全国神職会が「御祭神問題」について調査しており、代表として高階研一専件理事が渡満し、小笠原も視察したところ、「天照大神は一段高きところに奉斎することに決定」しているが、「建国犠牲者の英霊と併祀」することになっているため問題があるとして、全国神職会などが満洲国側に意見することになったという。高階は次のように述べている。

或一部の方面の主張によつて天照大神を併祀し奉ることに方針が変更して内定したと伝えられてゐるがこれは余程重大問題である、一段上に奉斎するにしても生生しい 英霊の併祀は何としても遺憾なことで吾々が当初から心配してゐた点が遂に現実の問題となつた訳で……建国廟は建国の犠牲者の英霊のみを祭るのが当然である。(27)

同年一〇月二九日付『中外日報』では、祭神問題について議論百出しているが、片倉衷の案（建国廟を内廟、外廟、摂社に分け、内廟に天御中主神《あめのみなかぬしのかみ》、外廟に明治天皇と清朝の愛親覚羅《あいしんかくら》、摂社に建国英霊を奉斎）が決定するのではないかとみられていると報じられている。(28) 翌年六月一四日付の同紙でも、同案が有力視されていたが、(29) 八月二六日付同紙では、小笠原が新京を訪問して建国廟関係者と懇談を重ね、祭神問題は皇典講究所を中心とする海外神社研究機関に指導を依嘱することになったという。(30) 九月一二日付同紙は、「一切白紙に還元」として、祭神問題を白紙還元して皇典講究所に委員会を設置して意見書をとりまとめることになったとしている[31]。

しかし、祭神問題はなかなか決着を見ず、一九四〇年一月二八日付の同紙によると、「輿論《よろん》」は建国功労者と護国の英霊を英霊の合祀でまとまっているが、神社関係者内には「内地神社の或る御祭神を中心とせよ」という声があり、外務省・内務省が意見の集約を進めているという[32]。同年二月八日付同紙によると、内務省神社局内で秘密裏に会合が重ねられているとして、「結局は日満不可分関係に立脚して〇〇〇〇を奉斎することに同意するに大勢は決したといはれてゐる」と伏せ字で報じ[33]、その後も報道規制が敷かれていたが、七月十五日にこれが解除され、十七日、天照大神を祭神とする建国神廟と、その摂廟として英霊を祀る建国忠霊廟が創建されることが発表された[34]。工事現場では祭神が決まらないまま工事が進められたようで、工事股長を務めた営繕需品局の矢追《やおい》又三郎は「肝心の方針が決定して居りません。工期も決定せられてゐる。設計はせねばなりませんし、まるで暗中模索です。之等が真に決定を見ましたのは康徳七年建国忠霊廟御創建建勅定直前でありまして、夫迄は決定しませんまゝに工事を進めるなど今から考へると誠に恐懼に堪えません」と述べている[35]。

建国神廟の創建

摂廟より神格の高い建国神廟を設けることとなり、すでに建設の済んでいた建国忠霊廟よりも建国神廟の鎮座を先に行わねばならなくなったため、急遽その建設が進められ、わずか二カ月あまりで完成されている。一九四〇年五月二十八日竣工であった。[36] 建国忠霊廟が昭陵（清朝二代太宗と孝瑞《こうずい》文皇后を祀った帝陵）や福陵《ふくりょう》（清朝初代太祖と孝慈高皇后を祀った帝陵）をモデルとしていたのに対し、建国神廟の社殿は素木の檜や紅松の本殿・幣殿（祭祀殿、祭器庫、神饌所）・拝殿からなる権現造であり、屋根は銅板葺だった。煉瓦造りの齋館《さいかん》と同様式の警衛詰所が併設されている。内務省神社局営繕課員の設計で、本殿廻りや扉、建具は尾州《びしゅう》檜を使用したが、その他は満洲産の材を利用し、銅板は奉天で銅線を引き延ばして材料としたという。

天皇と同様の権威を得たいため、その拠り所であった清朝の祖神を祀ることさえ放棄し、天照大神を建国の神として祀り、過剰なまでに天皇家と同化しようとした皇帝・溥儀の姿勢から、津田良樹は「中国的な要素を混じえず、極めて日本的な建築様式で立てられたことは当然の帰結といえよう」と指摘している。溥儀は熱心に祭祀に参加し、臨時親告祭などの大祭、祈穀祭、新嘗祭といった中祭はもとより、紀元節や天長節のほか、毎月一日には参拝していたという。[37] かくして建国神廟は、伊勢神宮の分社的性格をもった天照大神を祀る賢所となったわけである。[38]

5　対外宣伝

建国忠霊廟のプロパガンダ

満洲国建国一〇周年記念式典を前に、一九四二年九月一四日、満洲国皇帝・溥儀が建国忠霊廟臨時奉告祭に出席した。内閣情報局の国策グラフ誌『写真週報』は、「建国十周年式典を明日に控へた九月十四日満洲国皇帝陛下には諸員を随へさせられ建国忠霊廟奉告祭に御親拝遊ばされた」とのキャプションを入れて、溥儀一行の様子を捉えた写真を大きく掲載している(39)。

満洲国皇帝と建国忠霊廟との関係を強調するプロパガンダ的報道は、当時広く展開されており、たとえば『支那時報』は「建国忠霊廟御創建」と題する記事で、次のように報じている。

満洲国皇帝陛下には曩《さき》に建国神廟の御創建と共に満洲帝国建国の聖業に殉じたる英霊を千歳に慰め、其の功を万代に讃へさせられる思召を以て、建国神廟の摂廟として建国忠霊廟を御創建の旨勅定あらせられた……祭神として奉祀さるべき英霊は大同元年前年九月十八日の満洲事変勃発以後満洲国建国の聖業にじ《ママ》殉じたる者で、これ等殉国の英霊を建国の元神にまします天照大神の御神威の下に、国の鎮めの神として鄭重に奉祀せられる宸恩の宏大なるは国民の齊しく恐懼感激し奉る所である(40)。

建国忠霊廟は満洲国皇帝の意向により創建され、満洲事変以来の英霊を祀ることとなった、というわけである。

鎮座祭の模様

『支那』も同様に、「満洲国皇帝陛下には曩に建国神廟を御創建、満洲国の国本を奠定《てんてい》されたが更に建国に殉じたる英霊を奉祀せらる、為め今回建国神廟の摂廟として建国忠霊廟を御創建あらせられる旨仰出され」たと伝えている。(41) 鎮座祭には溥儀自身が出御し、鎮祭の儀、親拝の儀、謝神の儀が「国都南郊歓喜領聖域に於て盛大に且つ森厳《しんげん》に挙行された」と『支那時報』は報じている。(42)

鎮祭は祭祀府総裁ほかの祭官によって執行され、親拝の儀は、『朝日新聞』によれば、「午前十一時皇帝陛下には五彩の幣帛を御手に忠勇なりし殉国の英霊に御拝礼遊ばされ、続いて梅津関東軍司令官の拝礼があり皇帝陛下には奏楽の中を遺族らに御愛しみ深き御目を止めさせられつゝ」親拝したという。(43) 当日は拝殿内から廻廊にかけて一六〇〇名ほどが参列し、神門外の外庭には満日軍の代表、協和会代表などが加わった。謝神の儀では神前において舞楽や武道などの奉納があった。(44)

6 「英霊奉祀」の意義

陸軍の思惑

陸軍は一九四一年に作成した「満洲国戦争準備指導計画」において、「民族協和（民心ノ帰一安定）」の第一策として、「建国神廟、建国忠霊廟ノ建立並ニ廟政《びょうせい》ノ確立」を掲げ、「建国忠霊廟ヲ建立シ満洲国ノ犠牲タルノ光栄ヲ自覚徹底セシムルト共ニ之カ分廟（仮称）ノ各地建立ヲ企画シ以テ一ハ日満一徳一心不可分関係ノ鞏化《きょうか》ヲ図ルト共ニ一ハ満洲国々礎安定ノ基礎タラシム之カ為分廟ノ建立ヲ昭和十九年度ヲ目途トシテ計画ス」としていた(45)。建国忠霊廟をもって満洲国の犠牲者の光栄を自覚させるとともに、その「分廟」を設けることが企画されていたわけである。

そのためにも、建国忠霊廟は満洲国皇帝の権威によって支えられなければならなかったし、満洲国が満洲人の自主的意向によって建国されたという体裁をとっていた日本にとって、天照大神を祭神とすることや英霊を祀ることも、日本側の要請や要求によったものではなく、満洲国皇帝の自主的な意向によるものでなければならなかった。先述の建国神廟の閣議決定に際しての満洲国からの連絡にも、これが皇帝の意向によるものであることが示されていたが、鎮座祭に際しての松岡洋右《ようすけ》外相宛梅津大使の電報においても、「満洲国皇帝ニ於カセラレテハ建国神廟ノ摂廟トシテ今般建国忠霊廟ヲ御創建遊ハサレ日満軍営其ノ他建国ノ聖業ニ殉シタル英霊ヲ奉祀セラルルコトト相成リ左記ニ依リ其ノ鎮座祭ヲ執行セラルルコトト相成リタル」（傍点原文）とあり[46]、あくまで満洲国皇帝の意によって建国忠霊廟が創建された、とされていた。

陸軍の「政務主要事項記録」のうち「建国神廟ニ関スル陸軍ノ要務」には、「本件ハ全然内的ノ取扱ニ止メ日本側ヨリ要求セル如キ印象ヲ絶対ニ起サザル様特ニ注意セラレタルモノニシテ」と記されており、日本側からの要求があったような印象を絶対に抱かれないよう意図されていた。「国本奠定ノ詔書」の項には、「陸軍省トシテハ信仰ヲ国民ニ強制シ得サルコト及支那事変遂行中神廟御創建ヲ国家的ニ大キク取扱フコトハ動モスレハ日本カ侵略スルカノ如キ印象ヲ与フル虞アルヲ以テ先ツ皇帝ノミノ御信仰トシテ内輪ニ止ムル方針ニ基キ詔書ノ発布ハ暫《しばら》ク見合セラルルヲ可トスヘキ」とあり、国民に信仰を強制できず、建国神廟を国家的に大々的に取り扱うことは日本の侵略のような印象を与える恐れがあるとして、皇帝の信仰に止めて欲しいという方針から、建国神廟鎮座祭に際して発表する詔書の案文を暫く見合わせる措置をとったのである[47][48]。建国忠霊廟についても同様な配慮がなされていたことがうかがえよう。天照大神や英霊の奉祀は侵略や信仰強制の印象を持たれかねず、陸軍としては何としても避けたいところであった。陸軍は、信仰の強制を避けつつも、「満洲国ノ犠牲タルノ光栄ヲ自覚徹底セシムル」という難しい課題を課されることとなった。

現在の跡地

かくして、建国の英霊を讃える霊廟が「満洲国皇帝の意向」と市民の「勤労奉仕」によって創建され、これを親拝する皇帝や奉仕する国民の様子がメディアを通じて頻々《ひんぴん》と伝えられた。当初陸軍省が想定していたような抑制的なスタンスとは裏腹に、情報局をはじめとする他機関やメディアによって、そして戦争の激化に伴って、こうした報道はより強く、頻繁に、そして濃密に展開されていった。その遺構は現在、廃墟として長春市内に遺されている。

津田良樹は、「建国忠霊廟は、日本の靖国神社に相当するという特異な性格の建物であったにもかかわらず破壊されず、いまも残っている。残された理由は不明であるが、中国的意匠で造られたがゆえに、現在の中国の景観のなかでもさして違和感がない。そのことが積極的に壊されなかった原因のひとつであることは間違いなかろう」と指摘している。(49) 一方で、曲暁范はこの建造物について、「その存在は我々にとって日本の植民統治を直接理解し、観察し、研究できる実物であり、政治的意義を有する建物なのである」とした上で、「適切な保護を加え、永久に保存すべきことは当然であろう」と述べて、「東北占領史博物館」として一般公開することを提案している。(50)

保護・保存されるとすれば、「日本カ侵略スルカノ如キ印象ヲ与フル虞」を抱きながら、「日満一徳一心不可分関係ノ鞏化」を試みようとした陸軍の思惑もまた、保存されることになるのだろうか。「本家」である日本の靖国神社は、終戦を経ても存続し続けている。その創立から現在に至るまでの経緯は、次章で論じよう。

註

（1）「建国忠霊廟について」（『週報』第二五七号、一九四一年九月一〇日）、八頁。引用文中の「武藤元帥」とは、関東軍司令官、駐満洲国大使、関東長官として満洲国承認などにあたり、一九三三年に死去した武藤信義のことである。
（2）島川正史「現人神と八紘一宇の思想——満州国建国神廟」（『史苑』第四三巻第二号、一九八四年三月）。
（3）嵯峨井建「建国神廟と建国忠霊廟の創建——満州国皇帝と神道」（『神道宗教』第一五六号、一九九四年九月）。
（4）西澤泰彦『海を渡った日本人建築家——二〇世紀前半の中国東北地方における建築活動』（彰国社、一九九六年）第Ⅲ章。
（5）曲暁范「傀儡国家満州国の「靖国神社」——「新京建国忠霊廟」の建造プロセスおよび満州国当局の祭祀活動」（『真宗総合研究所研究紀要』第二六号、二〇〇七年）。
（6）津田良樹「「満洲国」建国忠霊廟と建国神廟の建築について——両廟の造営決定から竣工にいたる経過とその様相」（神奈川大学二一世紀COEプログラム「人類文化研究のための非文字資料の体系化」研究推進会議編『非文字資料から人類文化へ—研究参画者論文集』神奈川大学二一世紀COEプログラム「人類文化研究のための非文字資料の体系化」研究推進会議、二〇〇八年、所収）。
（7）樋口秀実「満洲国「建国神廟」創設をめぐる政治過程」（『東洋学報』第九三巻第一号、二〇一一年六月）。
（8）前掲「満洲国「建国神廟」創設をめぐる政治過程」、二九—三〇頁、前掲「建国神廟と建国忠霊廟の創建——満州国皇帝と神道」、二七—三一頁、前掲「傀儡国家満洲国の「靖国神社」——「新京建国忠霊廟」の建造プロセスおよび満洲国当局の祭祀活動」、三四—三八頁、前掲「「満洲国」建国忠霊廟と建国神廟の建築について——両廟の造営決定から竣工にいたる経過とその様相」、七三—七四頁。

(9)前掲「建国神廟と建国忠霊廟の創建――満州国皇帝と神道」、一一七頁。
(10)「満洲国建国神廟創建ニ関スル件ヲ決定ス」(「公文類聚」国立公文書館蔵、第六四編・昭和一五年・第七〇巻・外事三・通商・雑載)。
(11)国務院法制処編『満洲国法令輯覧』第二巻(満洲行政学会、一九四三年)、九頁。
(12)『朝日新聞』一九四〇年九月一五日付夕刊。
(13)『朝日新聞』一九四一年八月三〇日付朝刊。
(14)『朝日新聞』一九四一年九月一七日付夕刊。
(15)『朝日新聞』一九四二年九月一日付朝刊。
(16)『朝日新聞』一九四二年九月一三日付朝刊。
(17)『朝日新聞』一九四三年九月一二日付夕刊。
(18)『読売報知』一九四四年九月一四日付朝刊。
(19)『読売報知』一九四二年九月一五日付夕刊。
(20)前掲「傀儡国家満洲国の「靖国神社」――「新京建国忠霊廟」の建造プロセスおよび満洲国当局の祭祀活動」、三八頁。
(21)佐藤昌「新京建国廟御造営労力奉仕に就て」(『公園緑地』第三巻第六号、一九三九年)、一〇―一四頁。
(22)『中外日報』一九四二年九月二二日付。
(23)前掲「「満洲国」建国忠霊廟と建国神廟の建築について―両廟の造営決定から竣工にいたる経過とその様相」、七三―八四頁。
(24)以上、増田増太郎「建国忠霊廟の神域整備に就て」(『公園緑地』第六巻第九号、一九四二年)、五―一三頁。
(25)前掲「建国忠霊廟の神域整備に就て」、五―一三頁。
(26)前掲「建国神廟と建国忠霊廟の創建――満州国皇帝と神道」、三四―四〇頁、前掲「現人神と八紘一宇の思想――満洲国建国神廟」、七〇―七二頁。
(27)『中外日報』一九三八年九月二三日付。
(28)『中外日報』一九三八年一〇月二九日付。

(29)『中外日報』一九三九年六月一四日付。
(30)『中外日報』一九三九年八月二六日付。
(31)『中外日報』一九三九年九月一二日付。
(32)『中外日報』一九四〇年一月二八日付。
(33)『中外日報』一九四〇年二月八日付。
(34)『中外日報』一九四〇年七月一七日付。
(35)矢追又三郎「建国神廟　建国忠霊廟」(『満洲建築雑誌』第二三巻第一号、一九四三年一月)、八頁、前掲『海を渡った日本人建築家――二〇世紀前半の中国東北地方における建築活動』、一三三頁。
(36)前掲「「満洲国」建国忠霊廟と建国神廟の建築について――両廟の造営決定から竣工にいたる経過とその様相」、七四頁。
(37)前掲「「満洲国」建国忠霊廟と建国神廟の建築について――両廟の造営決定から竣工にいたる経過とその様相」、八〇―八三頁、満洲帝国政府編『満洲建国十年史』(原書房、一九六九年)、二七―三八頁。
(38)前掲『海を渡った日本人建築家――二〇世紀前半の中国東北地方における建築活動』、一三四頁。
(39)『写真週報』(第二四〇号、一九四二年九月三〇日)、一七頁。
(40)「建国忠霊廟御創建」(『支那時報』第三三巻第三号、一九四〇年九月)、三三頁。
(41)「建国忠霊廟の御創建」(『支那』第三一巻第一〇号、一九四〇年一〇月一日)、一五五頁。「建国忠霊廟御創建」(『外交時報』第九五巻六号、一九四〇年九月一五日、一六五―一六六頁)もほぼ同内容を報じている。
(42)「建国忠霊廟鎮座祭」(『支那時報』第三三巻第四号、一九四〇年一〇月)、六一―六二頁。
(43)『朝日新聞』一九四〇年九月二〇日付夕刊。
(44)前掲「「満洲国」建国忠霊廟と建国神廟の建築について――両廟の造営決定から竣工にいたる経過とその様相」、七四―七五頁。
(45)「ＪＡＣＡＲ(アジア歴史資料センター)**Ref. C13010304500**、自．昭和一七年度．至．昭和二〇年度 満洲国戦争準備指導計画 昭和一六年五月二〇日(防衛省防衛研究所)」。
(46)「**JACAR：C01007361100**、昭和一五年「乙輯 第一類 儀式葬祭」(防衛省防衛研究所)」。

(47)「JACAR：C13010059600、満洲国関係　政務主要事項記録　昭和一四年八月～一六年二月（防衛省防衛研究所）」。
(48) 前掲「満洲国「建国神廟」創設をめぐる政治過程」、四二―四四頁。その後、皇帝自身の信仰であることを強調し、人民にこれを強制するようなことがないよう十分留意するとの条件を付けた上で、陸軍省は発布を認めている（同、四三頁）。
(49) 前掲「「満洲国」建国忠霊廟と建国神廟の建築について――両廟の造営決定から竣工にいたる経過とその様相」、八五頁。
(50) 前掲「傀儡国家満洲国の「靖国神社」――「新京建国忠霊廟」の建造プロセスおよび満洲国当局の祭祀活動」、四四頁。

第九章

靖国神社の近現代史　一八六九―二〇一九

1　靖国神社をめぐる論点

問われ続ける靖国問題

靖国神社への首相の参拝が政治問題化したのは、一九七〇年代である。それ以降、参拝が「公的」か「私的」か、それが合憲か違憲か、またA級戦犯の合祀問題や、参拝をめぐる諸外国への配慮の是非といった政教分離問題や外交問題をめぐって、議論が戦わされている。参拝に対する中国や韓国の反発は深刻化し、実際に外交を停滞させる局面を生んでおり、具体的論点は、参拝をめぐる首相の発言内容や参拝形式、そして外交的配慮といった点に置かれる場合が多いが、より本質的には、戦争による死をどう捉えるのか、太平洋戦争をどう評価するのか、また戦没者慰霊への国家的責任をどう考えるのかが、問われてきた。

「戦前」と「戦後」の狭間で

逆に言えば、戦前には無条件に肯定されていた戦没者の慰霊と顕彰、それに対する国家的責任が、戦後相対化され、しかも、その慰霊が国家機関でない一宗教法人が引き継いだことに、政教分離問題と外交問題が引き起こされる前提が存在している。このため、靖国問題を考える上では、歴史的背景の検証が見逃せない。

以下、戦前・戦後の政教関係を象徴する事例として、靖国神社そのものがいかにして生まれ、発展し、日本人や日本政府によってどのように捉えられてきたのかを踏まえ、靖国神社問題の歴史的経緯と現状について述べたい。

2　靖国神社の創立

幕末政局と招魂祭

靖国神社は一八六九年（明治二年）六月、東京招魂社《しょうこんしゃ》として創建された。「招魂」とは、肉体と離れた霊魂を呼び戻して鎮めること、霊を招いて祀ることを意味する言葉である（『大辞林』第二版）。東京招魂社は、明治維新の動乱で斃《たお》れた志士の霊を慰め、その遺志を記念するために創られた。中心となったのは長州出身の大村益次郎、長州征伐から戊辰戦争にかけて長州軍・新政府軍の作戦指導にあたり、近代兵制の整備に尽力した人物である。現在は銅像として、靖国神社のシンボルとなっている。

京都の霊山には、すでに一八〇九年（文化六）年に吉田神道流の神葬祭場「霊明舎」が創立されていたが、ここで一八六二年（文久二年）年一二月、津和野藩士・福羽美静等が中心となって、安政の大獄以来の殉難志士の霊を弔う招魂祭が執行された。このときの祝詞（原文漢文）は、「王事」のために殉じてきた「武く清く雄く明き御霊」を鎮祭し、その「国忠」に報い、「皇基の鎮護」となしたい、とあり、(1)民間信仰として受け継がれてきた御霊信仰、すなわち、恨みをいだいたまま死んだ怨霊が災厄をもたらすとして恐れ、これを鎮めようとする信仰の側面を持っていたことがうかがえる。翌年、福羽等は京都の祇園社内に小さな祠《ほこら》を建て、安政の大獄や桜田門外の変、坂下門外の変の関係者四六名の霊を祀っている。

こうした維新志士の招魂祭は、戊辰戦争が重ねられるに応じて続けられていった。一八六八年四月に江戸城の無血開城が実現すると、その直後の六月、江戸城西の丸大広間に神座が設けられ、官軍側戦没者の招魂祭が執行されている。翌月には京都河東操練場でも官軍戦没者三七四名が祀られた。同年五月、福羽等がかつて招魂祭をおこなった京都東山に招魂社を建てるよう太政官が命じているが、その際に発布された二つの布告では、まず「癸丑（一八五三年＝ペリー来航の年――引用者）以来誠忠天下ニ魁《さきがけ》シテ国事ニ斃レ候諸士及草莽《そうもう》有志之輩」の「志実ニ可嘉」として、その「志操」を天下にあらわし、その「忠魂」を慰めるために招魂社を建てるのだとされ[2]、また「伏見戦争以来引続東征各地之討伐ニ於テ忠奮戦死候者」について「不憫ニ被　思召」、彼らの「忠敢義烈実ニ士道之標準」であるから、これを「叡慮」によって「永ク其霊魂ヲ祭祀」するのだとしている。さらに、「向後王事ニ身ヲ殲シ候輩速ニ合祀可被為在候」と、今後も王事につくした者を合祀することを定め、「天下一同此旨ヲ奉戴シ益可抽忠節」ともとめた[3]。

ペリー来航以来「天下」のために尽くしてきた志士を不憫に思い、彼等を模範的人物と評してその功績をたたえ、彼等の霊魂を祀る招魂社設立が企図されて、以後も合祀が続けられることが表明されたわけである。いまだ戊辰戦争は続いており、ここに官軍側の戦意高揚、いわば官軍のために戦うことの正当性と意義を強調する側面があったことも否定できない。

東京招魂社から靖国神社へ

一八六九年六月、東京奠都《てんと》にともない、東京に招魂社が造営されることとなった。場所は九段坂上の旧幕府軍歩兵屯所跡で、ここと定めたのは当時軍務官副知事だった大村益次郎である。長州閥のリーダー木戸孝允（桂小五郎）は、上野の寛永寺に招魂社を建てたいと考えていたらしい。木戸はこの年正月一五日の日記に、前年の彰義隊の戦いで荒廃した寛永寺をみて、「此土地を清浄して招魂場となさんと欲す」と記している[4]。しかし自ら彰義隊討伐の指揮をとった大村は、これに反対した。その理由は、「上野は亡魂の地であるから、イツソ之を他に移すも宜しからむ」、つまり旧幕府の「亡霊」がさまよう地でふさわしくないと考えたためであった[5]。大村は九段坂上全体の再開発まで考えており、道幅を広げて軍事的に有用な場としようと考えていたともいわれる。いずれにせよ、招魂社の設立者には、「王事」のために尽くした魂の慰霊と顕彰という意図と、これに対抗した霊を「亡霊」ととらえる認識が存在していたことは記憶されるべきであろう。

　こうして建設された東京招魂社で六月二八日、戊辰戦争の戦没者三五八八名の招魂式が行われ、翌日は軍務官知事・小松宮嘉彰《こまつのみやよしあき》親王が祭主として祝詞を奉読、華族や官員等が参拝した。七月一日からは三日間相撲が行われ、花火も打ち上げられた。以後、招魂式にあわせて大祭が催され、相撲や花火は靖国の恒例行事となっていく。

　七月一二日、兵部省は招魂社の例祭日を定めた。それは、鳥羽伏見戦争が勃発した一月三日、上野彰義隊が潰走した五月一五日、箱館五稜郭開城の五月一八日、そして会津藩が降伏した九月二二日である。九月二二日は天長節であったため、のちに二三日に改められ、西南戦争終結後は、西郷隆盛が自決した九月二四日もここに加えられることとなった。明治天皇がはじめて招魂社に行幸したのは一八七四年一月二七日で、この日、「我国の為をつくせる人々もむさし野にとむる玉垣」との御製を残している。

　明治政府が発足してまもない明治ゼロ年代は、政治的にも経済的にも、権力基盤は脆弱であった。一八七一年の廃藩置県によって政治的な中央集権は実現したものの、政府の「有司専制」に不満をもつ士族による反乱や、地租改正に反対する農民一揆が断続的に起こった。一八七四年には元司法卿・江藤新平を首領として佐賀の乱が発生、まもなく鎮圧され、八月には反乱鎮圧で命を落とした熊本鎮台兵一九二名の招魂式が行われている。一八七六年には神風連《しんぷうれん》の乱、秋月《あきづき》の乱、萩の乱と、西日本で士族反乱が続発し、いずれも失敗、翌年一月に三つの乱の戦没者一三一名の招魂式がもたれた。むろん、対象となっているのは政府側の戦没者である。

この翌月、近代日本最大の内戦となる西南戦争が勃発する。西郷隆盛をいただく鹿児島の私学校党等の決起は熊本、鹿児島を中心に約半年間にわたる政府軍との激戦となり、九月二四日の西郷の自刃をもってようやく終結した。鹿児島は当時、中央の政令とは一線を画した、半ば独立国の様相を呈していたが、これによってようやく国内の統一がなされたことになる。西南戦争での政府軍戦没者六五〇五名の招魂式が東京招魂社で行われたのは、同年一一月一二日のことであった。

こうして「国家」としての日本が顕現するとともに、東京招魂社もその様相を改めることとなる。一八七九年六月四日、東京招魂社は「靖国神社」と改称され、別格官幣《かんぺい》社に列せられたのである。「靖国」の名称は、『春秋左氏伝』にある「吾以靖国也」からとられたもので、『日本書紀』や『古事記』などにある「安国」と同じ意味である。同月二四日には西南戦争の戦没者二六四名の合祀が行われ、年末には近衛諸兵から西南戦争戦没者の慰霊記念銅碑が奉納されているが、国家の危機であった西南戦争を乗り切った当時における「国」を「靖」んずることの意味と重みが伝わってこよう。改称・社格制定の際の祭文（原文漢文）は、祭神の「赤き直き真心」で家も身も命も捨てた「大き高き勲功」を称え、彼らが「大皇国」を「安国」としてきたとして、「靖国神社と改称」する、と述べている[6]。

なお、通常の神社は内務省の所管だが、靖国神社は当初内務省・陸軍省・海軍省の管轄となり、神官の人事のみ内務省が行っていたが、一八八七年に、陸海軍省専管となって人事も軍の担当になった。

3 戦前の靖国神社

日清・日露戦没者の合祀と戦勝祝祭

靖国神社が維新の動乱以来の戦没者の慰霊・顕彰を目的としていたことは、先述の通りである。当時にあってそれは勤皇、明治政府の側で戦死した人物を祀るものであり、旧幕府側の戦死者や、西南戦争で反乱軍となった西郷隆盛などは、祀られていない。

招魂式にあわせて大祭が行われたことも、すでに記した。一八八〇年五月には西南戦争戦没者のための大祭がおこなわれ、相撲、花火、競馬などの余興が催されている。一八七一年一〇月には外国人によるサーカスが開かれ、同年にはじまった九段競馬は、約三〇年間にわたって大祭のたびに実施されることになる。一八九三年には大村益次郎の銅像が建立され、東京の新名所となった。靖国神社の遊戯的側面は、戦後の力道山による奉納プロレスにいたるまで続いていく。

一八八一年五月には、陸軍省が戦没者の忠節を顕彰するためとして境内に武器陳列場を建設、『荀子』の「遊必就士」からとって「遊就館《ゆうしゅうかん》」と名づけられた。招魂式については、日清戦争にいたるまで大きな戦争はなかったため、西南戦争戦没者の追加合祀と、幕末維新期の志士の合祀が続けられていった。一八八三年には坂本龍馬や中岡慎太郎等を合祀、一八八九年には維新志士一五〇九名の合祀が行われている。

一八九四年七月、日清戦争がはじまった。緒戦で勝利を収めると、その戦利品が次々に靖国神社へと送られて遊就館に展示され、かなりの盛況を呈したという。翌年四月に下関で講和条約が締結されると、一二月一五日、陸海軍あわせて一四九六名の招魂式が行われた。この戦争による合祀者は漸次追加されて、計一万三六一九名におよんでいる。

遊興の場としての境内も時代の変化に対応するようになり、一九〇二年には国光館（パノラマ館）が九段下に建設された。戦場の風景を描いたパノラマ画を展示するこの館は、村上鶴蔵《つるぞう》なる興行師が設置を申請したもので、その申請書は、戦況の実景を詳細に描き出し、公衆の観覧に供することで、「尚武ノ実」が育ち、士気を鼓舞し、軍紀を厳粛にして、国民が兵役に就くのを助けると述べている。

当時の軍や学校における靖国神社の存在について、触れておこう。日清戦争当時には、すでに「拝みまつれは武士は　みつくかばねやま行かば　我大君の御為には　吹ける嵐に散を俟つ」といった軍歌（「靖国神社の歌」）があり[7]、一八八四年には小学唱歌として「招魂祭」が生まれていた。歌詞は、「こゝに奠る、君が霊、蘭はくだけて、香に匂ひ、骨は朽ちて、名をぞ残す、机代物《つくえしろもの》うけよ君」「此所にまつる、戦死の人、骨を砕くも、きみがため、国のまもり、世々の鑑、光りたえせじそのひかり[8]」。軍でも学校でも、戦死者の顕彰のしらべが響きはじめたのである。

一八九九年刊の高等小学校の修身教科書は、「此の社は、遠くは、維新の前後より、近くは、日清戦争に至るまで、国事に斃れたる、忠臣義士の霊を祀れる処なり」と靖国神社の由来を述べ、「吾等臣民の、君のため、国のために、身命をさゝぐるは、固より、其の本分とするところなり。況んや、死にて護国の神となり、長くまつりを受くることを思はゞ、誰れか、君の為め、国の為めに、其の身命を惜まんや」と、国事に斃れた人々を顕彰しつつ、それにならって君国に殉じることの大切さを教えている[9]。

一九〇四年二月、日露戦争が勃発する。当時はまだ、戦死と靖国神社とを結びつけて考える発想は普及していなかったといわれるが、それまでに比して圧倒的な犠牲と国力を動員したこの戦争において、靖国神社の位置付けや重みは増した。日清戦争の際、開戦奉告祭に勅使が派遣されたのは伊勢神宮だけだったが、日露戦争では伊勢神宮と靖国神社に特派された。一九一三年（大正二）一二月三日には、例大祭が四月三〇日（日露戦争陸軍凱旋観兵式の日）と一〇月二三日（同じく海軍凱旋観艦式の日）に改定された。記念日は「官軍」の勝利日から「帝国陸海軍」の勝利日へと、変更されたわけである。

一九〇六年五月一日には日露戦争の戦死者二万九九六〇名の招魂式が行われ、翌日から四日間にわたって戦勝を祝う臨時大祭が開かれている。境内では、「国光発揮」と書かれたアーチをくぐると、「忠勇」「義烈」とある二本の塔がそびえ、戦場で活躍した大砲や没収した戦利品が陳列され、奉納相撲や花火、さらに鉄塔の電飾も施された。戦争中の一九〇五年に海軍教育本部が編纂した『海軍読本』では、「靖国神社」の項で「ワレラ軍人ハ、国ノタメ、イノチヲ、ササグルモノニシテ、王事ニ死スルハ、モトヨリ、ノゾム所ナルニ、死シテカカルトコロニ、マツラルルコトアルヲ、思ヘバ、タレカ、王事ニ、ツトメザルモノアランヤ」[10]とあった。一九一〇年編纂の尋常小学校の『国語科教授要領』は、「靖国神社」について「義勇奉公の念を養成」し、「唱歌『靖国神社』と連絡」するよう注意しているが[11]、その唱歌は「矢玉の中にて、身を斃しし、義勇の魂、国のしづめ、たふとしいさまし、このみやしろ」と歌っていた[12]。日露戦争を経て、戦争・戦死と靖国・顕彰とを連結する意識が濃厚となっていったのである。この戦争の戦没者で合祀されたのは、合計で八万八四二三名にのぼった。祭神を「英霊」と呼ぶようになったのも、日露戦後のことである。

大正から昭和へ――激動の中の靖国

一九一四年七月、第一次世界大戦がはじまり、日本はドイツに対して宣戦布告した。靖国神社では八月二九日に対独宣戦奉告祭が行われ、一一月に青島《チンタオ》要塞を陥落させると、提灯行列が社前に参拝している。このときの戦没者九七九名の合祀が行われたのは、翌年四月のことである。以後も第一次大戦やシベリア出兵の戦没者の合祀が断続的に続き、靖国神社の空気は次第に緊張していく。

大正デモクラシーという風潮のなかで、靖国に対する批判的意見も散見されるようになる。吉野作造は、放蕩で嘘つきで金をごまかし、ものを盗むような「やくざ者」が戦死した後に靖国の祭神となったことに疑問を抱いた子どものエピソードを紹介し、「やくざ者」でも戦争で死ねば罪は帳消しになり、神様になって「国家の干城」として崇めるのでは、「少くとも平和時代の良民を薫陶する所以ではない」と批判した[13]。臨済宗の布教師・角張東順《つのばりとうじゅん》（月峰）は、「真理」のために死んでも、「人道」の犠牲となっても神様とはなれないのに、戦争で国のために死ねば神様になれる「日本と云ふ国ほど虫の好い国無」く、神様が「粗製濫造」されていると難じた[14]。

一九三一年九月に満洲事変が勃発すると、翌年四月には戦没者の合祀が行われ、日本が満洲国を承認すると祭典を執行、一九三五年には満洲国皇帝・溥儀が参拝している。一方、国際連盟から派遣されたリットン調査団が参拝したように、日露戦争終了頃から外国使節も戦没者に敬意を払って参拝する例が増えており、国際的な神社という性格も濃くなってくる。溥儀の前後だけでもスペイン練習艦艦長、ロシア陸軍大佐、シャム大臣、フランス極東艦隊司令長官、そして米国アジア太平洋艦隊司令長官等が参拝している。昭和になると、陸海軍大臣が就任奉告をするのが恒例となった。そこに政治的意図を読み取ることは容易であろうが、それだけ靖国神社の軍内外への「重み」が増してきたということでもあろう。第一次近衛文麿《このえふみまろ》内閣以降は、総理大臣以下、軍部大臣以外も就任の際は靖国に参拝するようになった。

かくして一九三七年七月、日中戦争がはじまる。八月一日にはさっそく一二七名の合祀が行われており、南京陥落の際の奉告祭は多くの参拝客で賑わい、例大祭のような活況であったという。臨時例大祭も頻繁に行われ、天皇や皇族の参拝も珍しくなくなる一方、遊興の側面は次第に影をひそめるようになり、一九三九年四月、すでに東京名物となっていた例大祭での見世物興行や露店が姿を消した。

日米開戦の一九四一年一二月八日、内閣総理大臣・東条英機は海軍大臣・嶋田繁太郎とともに、宣戦の詔書渙発奉告のため、靖国神社を参拝した。翌年一月一日には、一般の参拝客が八九万人にのぼった。以後、戦没者の招魂式を継続的に行いながら、シンガポール陥落や蘭印《らんいん》降伏などの奉告祭が行われ、そのたびに多数の参拝客が訪れている。

日中戦争頃から、戦死と靖国神社との関係が濃厚に意識されるようになったようである。一九四〇年頃から歌われ、戦争末期に流行歌となった「同期の桜」も、離ればなれになって散ったとしても、花の都の靖国神社で、春の梢として咲いて会おう、と結んでいる。一九三九年の流行歌「九段の母」は、田舎から上野駅、そして九段まで、杖を頼りに一日がかりで戦死した息子に会いにやってきた母親の姿を描いている。

一九四五年八月一五日、靖国神社では宮司以下がラジオの前で玉音放送を聞いた。神社として大東亜戦争終息奉告祭を行ったのは、九月八日のことである。

4　戦後の靖国神社問題

占領下の靖国神社──危機と「非軍国主義化」

戦争が終了して、靖国神社は危機的な状況に置かれることとなった。占領軍には、靖国神社を焼却するという計画もあったという。一九四五年一二月一五日、GHQ（連合国軍最高司令官総司令部）はいわゆる「神道指令」を発令、神社神道に対する政府の保証・支援・保全・監督や、公の教育機関での神道教育を禁止し、役人の資格による神社参拝も禁じた。国家神道が侵略戦争の精神的動員装置となったと考えたための措置であった。

さらに、同月二八日には「宗教法人令」が公布され、宗教団体法を廃止し、宗教法人の設立を許認可制ではなく自主的な届出制とするなど、行政の監督権を大幅に削減した。翌年二月二日、全国の神社は宗教法人となることとされ、靖国も同様で、六カ月以内に届け出なければ解散したとみなすと命じられた。靖国神社は一宗教法人として存続するほかなくなったわけである。

ここに、戦前は国家の管理のもとで非宗教として扱われていた靖国神社が、一宗教法人として国家管理を離れ、しかし、あくまで国家の行為としての戦争の死者を祀るというズレが生じることになった。「政教」は分離されたけれども、「教」が祀る対象は「政」の結果生まれたものにほかならず、しかも、かつては「政」が積極的に顕彰していたものでもあった。この複雑な構図が、内閣総理大臣（政）の靖国神社（教）参拝が問題化する淵源となり、その「政」の判断基準としての「公的か私的か」、また「教」の判断基準としての参拝形式などが取りざたされることになる。名誉や顕彰として受容されていた合祀も、信教の自由との関係が問題となってくる。

ともあれ、終戦直後はまだ陸海軍省も残っており、戦没者の調査、合祀は続けられた。合祀は、陸海軍内での資格審査、霊璽簿《れいじぼ》への記載、霊を神体へと遷す合祀祭、という手続きで進められる。一九四五年一一月には昭和天皇も訪れて臨時大招魂祭が催されているが、これは、軍の解体が避けられなくなった陸軍省が主導して、いわば「最後の奉仕」として企てられたもので、調査が間に合わないため霊璽簿への記載はされず、氏名不詳のまま一括合祀したものであった。このため、調査は引き続き行われ、一九四六年四月には皇族が参拝して霊璽簿を浄書し、四月二九日から翌日にかけて、二万五八四一名の合祀祭と例大祭が執り行われている。しかし、ＧＨＱが秋に予定されていた合祀祭を不許可としたため、結局合祀手続きはこれをもって中止され、以後、占領下では神社内で「霊璽奉安祭」として内々に執り行われることになった。合祀はその後日本の独立を経て継続され、二〇二二年九月現在で、合計約二四六万六〇〇〇柱が祀られている。

なお、終戦直後にはＧＨＱと靖国神社との間で、靖国神社のテーマ・パーク化構想とも呼ぶべき計画が話し合われていた。神社側は遊就館にローラースケート場や卓球場、メリーゴーランド

靖国神社（本殿）

や映画館などを設けて、遺族に喜びを提供したいという計画だった。戦争と結びついた戦後の靖国神社イメージから脱却する試みであったといえようが、『東京新聞』にスクープされて中止となったという。日露戦争にちなんだ春秋の例大祭日も春分の日と秋分の日にあわせて四月二二日と一〇月一八日に変更された。このほか、柳田国男《やなぎたくにお》を招いて文化講座を開き、民謡や舞踏、演劇や軽音楽などの芸能も奉納されたが、それは、これまで遊戯的伝統を踏まえた上での、神社存続のための努力に違いなかった。

首相の参拝再開とA級戦犯合祀

一九五二年四月二八日、サンフランシスコ平和条約が発効し、日本は独立を回復した。靖国神社にとって「冬の時代」であった占領期が終わり、占領下では禁止されていた公務員の戦没者葬祭への参加規制が緩和、同年一〇月には戦後はじめての例大祭が行われた。このとき、昭和天皇と吉田茂首相が参拝している。これ以降、天皇の参拝は七五年まで計七回おこなわれ、春秋の例大祭への首相参拝も鳩山一郎、石橋湛山《たんざん》をのぞいて、田中角栄まで続く。

なお、占領終了にともなって宗教法人令に代わる宗教法人法が制定され、靖国神社はこれに沿って法人格の認証を受けているが、その際提出された靖国神社「規則」第三条（目的）では、「本法人は明治天皇の宣らせ給ふた『安国』の聖旨に基き、国事に殉ぜられた人々を奉斎し、神道の祭祀を行ひ、その神徳をひろめ、本神社を信奉する祭神の遺族その他の崇敬者を教化育成し、社会の福祉に寄与」することを掲げている。[15] 戦前に比して顕彰の側面が薄れ、「宗教」として信者の教化育成が盛り込まれた。

占領終了とともに、現実的な意味での戦没者遺族の支援も本格化する。一九五二年四月三〇日、戦傷病者戦没者遺族等援護法、いわゆる遺族援護法が施行されて、軍人・軍属とその遺族に年金・弔慰金が支給できるようになった。翌年八月には恩給法が改正、軍人恩給が復活する。同年、遺族援護法が改正され、極東軍事裁判（東京裁判）における戦犯の刑死者・獄死者を公務死と認めて、援護の対象とした。恩給法も改正されて、刑死・獄死した者の遺族や受刑者本人への扶助料や恩給が支給できることになっている。もともと政府が戦犯への恩給を支給しなかった理由として、緒方竹虎副総理は、一九五三年七月一五日の衆議院内閣委員会で「戦犯というものがきめられまして、国際的にやはり一つの犯罪としてわれわれとは違つた尺度で見ておる」ことをあげていたが、「その人たちの留守宅の生活の非常に気の毒なことは重々政府においても承知いたしている」と述べていた[16]。これを踏まえ、恩給法改正では「戦犯」は恩給法の規定する恩給権の消滅条件、すなわち死刑または無期もしくは三年以上の懲役または禁固、という国内法による受刑者の条件には適合しないものと捉えて、その権利を承認するにいたったようである[17]。

いずれにせよ、遺族援護法の適用対象に戦犯が加えられたことが、いわゆる戦犯合祀の背景となった。なぜなら、合祀基準が、同法の公務死認定にあったためである。こうして一九五九年からはじまった戦犯受刑者の合祀は、一九六六年まで続けられ、計九三九名に達した。A級戦犯については、一八六六年に厚生省から送られてきた祭神名票に記載されていたが、世論の反発が予測されるため、神社側は合祀の時期は国民感情を考慮して定めるとしていた。そのA級戦犯合祀が実施されたのは一九七八年で、そこには新任の松平永芳《ながよし》宮司の「東京裁判史観の否認」という意思が働いていたことが知られている。

松平は、「いわゆるA級戦犯合祀のことですが、私は就任前から、『すべて日本が悪い』という東京裁判史観を否定しない限り、日本の精神的復興はできないと考えておりました」と述べ、宮司就任後さっそく記録を調べて合祀時期の決定が宮司預かりになっていることを知り、この年一〇月の合祀祭に間に合わせて「思い切って、十四柱をお入れしたわけです」と説明している。一四柱とは、A級戦犯容疑で有罪判決を受けて処刑された東条英機、板垣征四郎、土肥原《どいはら》賢二、広田弘毅《こうき》等七名と、収監中や未決のまま死去した松岡洋右《ようすけ》、永野修身《おさみ》、東郷茂徳《しげのり》等七名を指している。東京裁判は国際法上認められず、また戦犯受刑者はすでに国内法上他の戦死者と同様の扱いをされている以上、「合祀するのに何の不都合もない」というのが、松平の理解であった。[18] 合祀の直後、靖国神社は「戦犯」の名称は東京裁判によるものだとして拒否し、戦犯刑死者に「昭和殉難者」の呼称を与えて、戦争の殉難者との認識を示した。

政教問題の発生と靖国神社国家護持法案

靖国神社をめぐる政教関係がはじめて政治問題化したのは、引揚援護当局と靖国神社との関係をめぐってであった。一九五二年七月三〇日、衆議院海外同胞引揚及び遺家族援護特別委員会(以下、援護特別委)で自由党の川端佳夫《よしお》議員が、靖国神社から遺族への合祀通知が遅れていると聞いているが、それは事実かと質問し、[19] 同党の若林義孝議員も、靖国神社は「宗教宗派を超越した国民的儀礼」だとして、政府の援助推進を求めたが、[20] 木村忠二郎《ちゅうじろう》引揚援護庁長官は、「宗教の分離という憲法の原則によりまして、靖国神社に対しまする合祀、あるいはそれに対するいろいろな事情につきまして、国から金を出すということが禁止されております……憲法に違反しない限度におきましてお手伝いすることを考えなければならぬ」と答弁している。[21] 政教分離問題が、まずは合祀事務への公的資金支出をめぐって生じ、政府としてはその違憲性から支出を否定したわけである。もっとも、政府として合祀事務にかかわること自体は問題にされておらず、国家の責務としての合祀という考え方は、当時、まだ濃厚に引き継がれていた。

その後も、合祀費用をめぐる議論は続いた。五五年体制の成立前後、自由党や民主党、合併ののちは自民党の議員らが、合祀費用の不足に苦慮する靖国神社側の事情を考慮して国費の支出を求め、一方で政府側は政教分離原則からこれに応じない、というやりとりが繰り返された。結局資金については、靖国神社奉賛会が全国から寄付を募ることになるが、一九五六年には厚生省引揚援護局から、関係機関が合祀事務や靖国神社から遺族への合祀通知の送付に協力し、経費を国庫負担とする通知が出されている。

合祀費用の支出論は、政教分離原則を克服するために靖国神社を宗教法人から脱皮させ、国家管理すべき、という主張につながってくる。民主党の山本勝市《かついち》議員は一九五五年七月二三日の衆議院援護特別委で、「結局、靖国神社というものを宗教として扱うことに根本の問題があるのじゃないかと思う……宗教から抜け出ていかなければ、たくさんのもののうちの一つだという考え方では、ほんとうに国をあげての崇拝の対象にはならないし、また、天皇が民族の象徴として堂々と御親拝になることはできない」と発言している。[22] 一九五六年一月、日本遺族会は靖国神社と護国神社を国または地方公共団体で護持することを決議した。これを受けて同年三月、自民党は靖国神社法草案要綱を発表、一方社会党も靖国平和堂に関する法律案要綱を作成する。いずれも靖国神社の宗教性を希薄化させるものとなっている。自民党案は、「靖国○社」と名前をぼかした上で、「国事に殉じた人々」の「奉斎」と「顕彰」、国民道徳の高揚をうたっており、社会党案も殉国者への感謝と尊敬の念をあらわし、これを顕彰する国立施設、靖国平和堂を創ることを求めていた。両案に対しては、神社界や日本遺族会が神社祭祀の伝統が損なわれるとして反発する。

日本遺族会は一九六〇年、靖国神社国家護持の実現を目指すことを決議、一九六二年に国家護持要綱を衆参両院議長に提出している。翌年には靖国神社も神社本庁とともに国家護持要綱を発表し、神社名の存続と、宗教法人靖国神社の解散、特別法人の設立、国費による合祀などをうたった。これを受けて自民党内でも法案化が進められ、東京招魂社が設立されてから一〇〇周年となった一九六九年六月、自民党議員二三八名によって靖国神社法案が提出された。

法案は、靖国神社について、戦没者や国事に殉じた英霊に対する国民の尊崇の念をあらわすため、その慰労や顕彰のための儀式や行事を行うことを目的としていたが、創建の由来から神社の名称は維持しつつ、宗教団体ではない非宗教の法人とし、宗教活動も禁止、国家や地方公共団体が経費を支出するとした。政教分離原則のもとで靖国神社を国家管理のもとに置き、かつ、靖国神社の伝統にも配慮するという微妙な内容であった。

法案にはキリスト教をはじめとする宗教界が反対し、結局法案は多数を得ることができずに衆議院で廃案、その後も一九七四年まで計五回、自民党議員から提案されているが、すべて廃案となっている。批判の論点は法案の違憲性と「軍国主義」復活への危惧が中心で、韓国キリスト教界からも懸念が表明されている。結局、五回目の法案が衆議院で強行採決されたあと、内閣法制局が靖国神社法案の合憲性に対する見解を示し、法案が成立すれば神社祭祀をほとんど廃止・改変せざるを得ないと指摘、この年の参院選で自民党が大敗したこともあって、靖国法案は挫折することとなった。

なお、靖国法案が上程される前年の一九六八年、キリスト教の角田《つのだ》三郎牧師が信教の自由を理由として靖国神社に合祀されている兄を霊璽簿から抹消するよう求めたが、神社側は「御創建の趣旨」と「伝統」に鑑みた上で、拒否している。角田牧師らはキリスト者遺族の会を発足させ、以後も霊璽簿からの抹消要求を繰り返していく(23)。靖国神社には、朝鮮半島出身者が二万一一八一名、台湾出身者も二万七八六三名が合祀されており、遺族の一部からは合祀の取り下げが求められているが、いずれも靖国神社側は応じていない。

首相参拝問題の発生

靖国国家護持法案が挫折した翌年の一九七五年八月一五日、三木武夫首相が靖国神社を参拝した。戦後はじめての、終戦記念日の首相参拝であった。このとき問題になったのが、いわゆる「私的か公的か」である。

その背景には、この年二月に自民党内で国家護持法案に代わる「表敬法案」が作成されたことがあった。これは、まず天皇や国家機関員による「公式参拝」を実現し、続いて外交使節、自衛隊儀仗兵の参列・参拝を実施し、合祀対象を警察官などにも広めて国家護持を進めていく、といったもので、国会提出はされなかったものの、国家護持の第一歩として「公式参拝」が示された意味は大きかった。三木首相は公職者を随行させずに自民党総裁車で訪問、肩書きなしで署名して玉串料もポケットマネーで払い、私的参拝を強調したが、参拝後には政府見解として「私的参拝」の条件が示され、公用車を使わないこと、玉串料を私費で払うこと、記帳には肩書きを使わず、公職者を随行させないことをあげ、これならば違憲でないとしたのである。これが、「公的参拝」が問われるきっかけとなった。

三年後の一九七八年八月一五日には、福田赳夫首相が参拝する。このとき、玉串料は私費だったが、官房長官以下を連れて公用車で訪問、「内閣総理大臣　福田赳夫」と署名した。従来の基準では「私的」とはいいがたいが、政府は新たな見解を発表し、政府の行事として参拝を決定したり、公費で玉串料を支出しなければ違憲ではないとして、これを追認する形になっている。翌年には鈴木善幸首相が参拝しているが、このとき野党側からの批判を受けて再度政府見解が出され、国務大臣としての参拝の合憲性に疑念を残しつつ、参拝を差し控えるとした。

こうして戦後四〇年の節目となった一九八五年八月一五日、中曾根康弘首相が靖国神社を参拝した。公用車で官房長官などを帯同、「内閣総理大臣　中曾根康弘」と署名し、献花料を公費から支出した。記者団に対して中曾根は、「いわゆる公式参拝であります」と明言し、一九八六年一月二九日の衆議院本会議で、「八月十五日の公式参拝は、国民や遺族の方々の多くが、靖国神社を我が国の戦没者追悼の中心的施設であるとして、同神社において公式参拝が実施されることを強く望んでいるという実情を踏まえ、祖国や同胞のために犠牲になられた方々の追悼を行い、あわせて我が国と世界の平和への決意を新たにする、言いかえれば、不再戦の誓いを新たにするという目的で行ったものであります」と述べている。(24)

中曾根は、官房長官の私的諮問機関である「閣僚の靖国神社参拝問題に関する懇談会」の報告書を検討した結果、公式参拝は可能という判断にいたったとしているが、同懇談会の報告書は、国民や遺族の多くは依然靖国神社を戦没者追悼の中心施設と捉えており、首相以下大臣の公式参拝を望んでいるとして、憲法の規定に反することなく、これを実施できる方途を検討すべきだとしていた。これを受けて参拝の前日に政府見解が変更され、公式参拝を合憲と判断している。

靖国問題が外交問題となったのは、このときであった。参拝の前日、中国政府はA級戦犯が合祀されている靖国神社への公式参拝はアジア人民の感情を傷つけるとして、反対の意思を表明した。ただ、首相の参拝自体は吉田茂以来続いており、すでに私的・公的をめぐる問題も惹起されていただけに、中国がこの段階で批判を行ったことに、対外問題を強調することで国内の政権批判者の目を背けさせたい中国政府や、これと連動する国内諸勢力の政治的思惑を読み取る論者もいる。

いずれにせよ、批判の台頭を受けて、中曾根は秋の例大祭への参拝を見送りつつ、自民党がA級戦犯の分祀について靖国神社と交渉したが、断られた。結局、翌年の終戦記念日の参拝も、周辺諸国への配慮を理由に取りやめられた。八月一四日に発表された後藤田《ごとうだ》正晴《まさはる》官房長官の談話は、次のように述べている。「公式参拝は、過去における我が国の行為により多大の苦痛と損害を蒙った近隣諸国の国民の間に、そのような我が国の行為に責任を有するA級戦犯に対して礼拝したのではないかとの批判を生み、ひいては、我が国が様々な機会に表明してきた過般の戦争への反省とその上に立った平和友好への決意に対する誤解と不信さえ生まれる恐れがある。それは、諸国民との友好増進を念願する我が国の国益にも、そしてまた、戦没者の究極の願いにも副う所以ではない」。ただ、談話は、前年の政府見解の変更は維持されていると述べており、いわば公式参拝の合憲性を承認しつつ、外交的配慮によって参拝を見送った形となった(25)。

政教分離裁判

政治と宗教との関係、とりわけ宗教行事への公費支出をめぐっては、たびたび訴訟が提起されてきた。その最初のものが、いわゆる津市地鎮祭《じちんさい》訴訟である。一九六五年、津市の体育館を建設する際の地鎮祭に公費を支出したことが違憲ではないかとの訴訟が提起され、一審は、地鎮祭は広く行われ、また津市の私的儀式であるとして申し立てを却下した。しかし二審の名古屋高裁はこれを覆して違憲判決を出し、最終的には一九七七年の最高裁大法廷で原告の敗訴が確定している。この際に示されたのが「目的効果基準」と呼ばれるもので、国家が宗教とかかわる行為の目的・効果が、宗教への援助、助長、促進または圧迫、干渉になるような行為にあたる場合は違憲と判断するというもので、以後、政教関係の合憲性を判断するものとして定着している。

一九八一年に岩手県が靖国神社例大祭の玉串料とみたま祭の献灯料を公費から支出した問題を

めぐる訴訟では、一審が、目的は戦没者慰霊のための社会的儀礼にあり、効果も靖国神社の宗教的性格を支援、助長したものとはいえないと判断した。二審の仙台高裁は原告の控訴を棄却したものの、その判決理由では、靖国神社の参拝は宗教行為にあたり、天皇と首相の公式参拝は違憲であると述べた。最高裁では上告棄却、二審判決が確定したため、これを「違憲判決が確定」と択える向きもあり、参拝反対を唱える側の理論的根拠となっていく。同時期、大阪高裁も主文で靖国神社への公式参拝を合憲としつつ、判決理由では違憲とする判断を示している。

目的効果基準そのものの適用自体は緩やかな判断がとられていたといえようが、その解釈に大きな変更が生じたのが、愛媛玉串料訴訟である。これは、愛媛県が靖国神社例大祭の玉串料と愛媛県遺族会への供物料を公費から出していたことを違憲とみる真宗僧侶らが原告となった訴訟で、一審は目的効果基準に照らして、支出の目的には宗教的意義があり、また精神的な面で靖国神社の宗教活動を援助、助長、支援する効果があるとして、違憲の判断を下した。二審の高松高裁はこれを覆して公費支出を社会的儀礼と判断、原告敗訴となり、最高裁まで持ち込まれる。一九九七年（平成九年）に下された最高裁大法廷の判決は、二審を覆して公費支出を違憲とするもので、その理由は、目的効果基準を厳格に適用し、宗教的な意義を有する玉串料支出について、一般人が社会的儀礼と評価するとは考えがたく、宗教的意義が否定できない以上、これは許されないとしたのである。

このように、靖国神社をめぐる訴訟には判決に揺れがあり、玉串料への公費支出については目的効果基準の適用が通例となっているものの、その解釈をめぐっては、柔軟な姿勢に変化がみられつつあるのが現状である。

5　現在の靖国問題

小泉首相と靖国問題

中曾根が靖国参拝を断念して以来、首相の参拝は途絶えていたが、これを再開したのが橋本龍太郎首相である。一九九六年七月二九日の自分の誕生日に公用車を用いて「内閣総理大臣　橋本龍太郎」と記帳して参拝したが、記者に「公私の別」を問われると、「もう、そういうことで国際関係をおかしくするのはそろそろやめにしようよ」と答えている。(26) 梶山静六官房長官は公式参拝にはあたらないと述べているが、中国外務省からは「日本の帝国主義の侵略を受けたアジア諸国各国人民の感情を傷つけるものだ」といった批判が寄せられている。(27) 結局、八月一五日の参拝は避けられ、その後の小渕恵三、森喜朗《よしろう》両首相も参拝はしていない。

靖国問題が外交問題としてさらに大きな緊張をはらむ契機となったのは、小泉純一郎首相の参拝であった。自民党総裁選当時から「公約」として靖国神社への参拝を掲げていた小泉は、就任後はじめての記者会見で、「戦没者慰霊祭の行われる日には、そういう方々の犠牲の上にたって今日の日本があるんだという気持ちを表すのは当然では」と参拝に意欲を示し[28]、中国などから批判が寄せられても「よそから批判されてなぜ中止するのか理解に苦しむ。首相として二度と戦争を起こさないという気持ちからも参拝をしたい」とこだわりをみせて[29]、当初は八月一五日の参拝を公言していたが、結局は中国からの激しい反発を受けて、二日前の八月一三日に参拝している。

二〇〇二年は抜き打ち的に四月の例大祭に参拝したが、諸外国からの批判を受けながらも参拝にはこだわって「熟慮の末」としてこれを実行し、世論の反応は分裂する、という構図が定着していった。たとえば『読売新聞』は、「指導者が戦没者を追悼するためにいつ参拝するかは、その国の伝統や慣習に基づく国内問題で、他国からとやかく言われる筋合いではない」として参拝を評価[30]、『朝日新聞』は「公式行事的な首相の神社参拝には、憲法で定めた政教分離の原則から疑義がある」と反対し[31]、『毎日新聞』も、「憲法の政教分離に触れると熟考しなかったのか。……軍国主義と決別し、民主主義の国になるという、われわれの誓いに反する行動なのではないか」と批判した[32]。以後、小泉は「年一回」の参拝を事実上の公約とし、二〇〇三年は五月一四日、二〇〇四年は一月一日に参拝、二〇〇五年は一〇月一七日の秋の例大祭にあわせて参拝した。各紙の論調は基本的に変わっていないが、歴史教科書問題や領土問題の高揚に触発される形で中国や韓国からの批判が硬化し、一方で首相の参拝への固執も硬化するという過程がたどられて、問題解決の困難は深まっていった。なお、二〇〇一年から二〇〇四年までは、いずれも「内閣総理大臣　小泉純一郎」と署名、昇殿して参拝したが、二〇〇五年は記帳も昇殿もせず参拝、「私的」

な参拝を強調している。

二〇一三年一二月二六日には、安倍晋三首相が靖国神社を参拝した。安倍は、第一次政権の時は参拝しなかったが、これを「痛恨の極み」と表現し、政権に復帰後の同年四月には、中国と韓国の反発を念頭に「尊い英霊に尊崇の念を表するのは当たり前のことであり、閣僚がどんな脅かしにも屈しない自由は確保している」と述べていた。[33] 参拝後、安倍は「政権が発足して一年の安倍政権の歩みをご報告をし、二度と再び戦争の惨禍によって人々が苦しむことのない時代を作るとの誓い、決意をお伝えするために、この日を選んだ……中国や韓国の人々の気持ちを傷つける考えは毛頭ない。英霊の冥福をお祈りし手を合わせることは、世界共通のリーダーの姿勢だ」とコメントし、「恒久平和への誓い」と題した首相談話を発表する。[34]『読売新聞』は、アメリカが「失望」を表明したことに懸念を示しつつ、他国からとやかく言われる筋合いはないが、参拝しにくい靖国より、無宗教の国立追悼施設の建設を軸に検討すべきだと論評した。[35]『朝日新聞』は「首相がどんな理由を挙げようとも、この参拝を正当化することはできない。中国や韓国が反発するという理由からだけではない。首相の行為は、日本人の戦争への向き合い方から、安全保障、経済まで広い範囲に深刻な影響を与えるからだ」と厳しく反発、やはり追悼施設を新たに作ることを提言している。[36]『毎日新聞』も、「首相の歴史認識についての疑念を改めて国内外に抱かせるものだ。外交的な悪影響は計り知れない。中国、韓国との関係改善はさらに遠のき、米国の信頼も失う。参拝は誤った判断だ」と追及した。[37]

首相の参拝をめぐっては、中曾根時代から法廷での争いが展開されており、小泉の参拝に対しても各地で訴訟が起こされ、小泉に対する損害賠償や参拝の違憲性の確認、参拝の差し止めなどが求められた。判決では、参拝が私的な宗教上の行為か、内閣総理大臣の職務行為として行ったものか、の判断が分かれ、福岡地裁や大阪高裁は目的効果基準に基づいて、小泉の参拝が靖国神社の援助・助長・促進につながったとの判断を示したものの、いずれも原告の請求を棄却し、最高裁への上告も退けられている。安倍の参拝についても、信教の自由を侵害されたとして、賠償や参拝差し止めを求める裁判が大阪と東京で提起されたが、地裁では、信教の自由を侵害したとして賠償するにはあたらないとの判決が出され、高裁も同様の理由で原告の請求を棄却、最高裁も上告を退けている。この間、最高裁は二〇〇六年の判決で、神社に参拝することで心情や宗教上の感情が害されたと不快に感じたとしても、これを被侵害利益として損害賠償を求めることはできないとの判断を示し、安倍をめぐる裁判でもこの枠組みが踏襲されている[38]。

国立追悼施設とA級戦犯分祀問題

靖国問題の帰趨を捉える上で重要になっているのが、いわゆる国立追悼施設の建設と、A級戦犯の分祀問題である。

二〇〇一年に官房長官の諮問機関として設置された「追悼・平和祈念のための記念碑等施設の在り方を考える懇談会」が翌年、国立の無宗教の追悼・平和祈念施設の建設を提言する報告書をまとめた。報告書は、「「戦争と平和」に関する戦前の日本の来し方について、また、戦後の国際的な平和のための諸活動の行く末について、戦後の日本はこれまで国内外に対して必ずしも十分なメッセージを発してこなかった」と反省し、「日本の平和の陰には数多くの尊い命があること」から「死没者を追悼し、戦争の惨禍に深く思いを致し、不戦の誓いを新たにした上で平和を祈念する」必要性を述べている。追悼の対象は将兵や空襲など戦争によって亡くなった民間人も含めたものとなっており、無宗教の国立施設として、戦没者の慰霊と顕彰を目的とした靖国神社とは競合しないと判断した[39]。

靖国問題の淵源は、戦没者の慰霊と顕彰という「国家的事業」を靖国神社という「一宗教法人」が受け継いだところにあるが、現在でも国家が戦没者を追悼する責任を免れないとするなら、国家事業として追悼を行い、宗教法人たる靖国への参拝はあくまで個人の判断に任せるという追悼施設の方向性は、ひとつの解決策を示しているようにも思われる。ただ、神社本庁などは、追悼施設は靖国神社の存在意義を否定し、また外国の圧力に応じて施設を設けるのは内政干渉だといった批判の声をあげ、参拝反対派からも、戦争責任や追悼範囲などがあいまいという声が出た。

一方、A級戦犯を分祀すれば諸外国からの批判もおさまり、参拝もしやすくなるのではないかという考え方は、すでに中曾根内閣で議論され、靖国神社側への交渉も行われていた。靖国神社も神社本庁も、「神社祭祀の本義」からして不可能であるとの立場を示しているが、すでにみたように、東京裁判の結果に屈しないという立場から合祀を実行した靖国側からすれば、歴史観の面でも分祀は受け入れがたいものであろう。

6　靖国問題の本質とは

「慰霊」と「顕彰」

戦前は「慰霊」と「顕彰」の二つの使命を持っていた靖国神社について、小泉や安倍の参拝目的はとくに「慰霊」に照射されており、「顕彰」の側面は薄くなっているが、靖国神社側や右派の言論においては、「顕彰」の側面を濃厚に継承しており、そこには東京裁判の正当性や太平洋戦争の侵略性の否定という価値判断が加わる場合があるだけに、参拝が「顕彰」に、それが軍国主義の復活や戦争の肯定につながるという対外的批判を惹起しやすい状況が生まれてきた。

「顕彰」は、いうまでもなく一定の評価のもとに選別された結果に与えられるものであり、空襲や原爆による民間の犠牲者などは含まれておらず、一方で戦犯刑死者がそこに加えられているのは、「顕彰」よりは一般に理解を得られやすい「慰霊」の上でも、混乱と反発を生んできた。

描けなかった自画像

結局のところ、靖国問題には、戦死者の死の意味や戦争の評価についてたしかな自画像を描けなかった、あるいは描かなかった戦後日本のありようが先鋭的な形であらわれているといえよう。あの戦争の侵略性を認め、日本の戦争責任を強調する立場では靖国参拝は否定され、一方、戦死者の功績を認め、侵略性を否定する立場では、参拝は肯定される。中韓への配慮を重んじる立場と、内政干渉を警戒して自律的行動を求める立場も、この前者・後者に重なることが多い。

戦争を侵略として認めつつ、戦後社会の建設における戦死者の功績を称えるのが小泉の立場であり、戦争を繰り返さない決意と自由・民主主義の道を歩んできた基本姿勢を強調するのが安倍の立場で、こうした認識を共有する国民も多いと思われるが、参拝の支持・不支持は分裂している。中国や韓国の批判はたしかに重要な位置を占めているが、それ以前に、靖国問題は根の深い国内問題なのである。

参考文献

赤澤史朗『靖国神社――「殉国」と「平和」をめぐる戦後史』(岩波現代文庫、二〇一七年)
赤澤史朗『戦没者合祀と靖国神社』(吉川弘文館、二〇一五年)
大江志乃夫『靖国神社』(岩波新書、一九八四年)
賀茂百樹『靖国神社誌』(靖国神社、一九一一年)
小堀桂一郎『靖国神社と日本人』(ＰＨＰ新書、一九九八年)
靖国神社編『靖国神社百年史』資料篇上・中・下・事歴年表(靖国神社、一九八三年―八七年)
高橋哲哉『靖国問題』(ちくま新書、二〇〇五年)
田中伸尚『靖国の戦後史』(岩波新書、二〇〇二年)

坪内祐三『靖国』（文春学藝ライブラリー、二〇一三年）
百地章『靖国と憲法』（成文堂選書、二〇〇三年）
山本浄邦編著『国家と追悼――「靖国神社か、国立追悼施設か」を超えて』（社会評論社、二〇一〇年）
今泉あゆみ「神葬祭から「招魂」へ――京都東山霊明社における招魂の変遷」（『史泉』第一〇三号、二〇〇六年一月）
『毎日新聞』二〇〇五年六月二〇日付朝刊

註

（1）賀茂百樹編『靖国神社誌』（靖国神社、一九一一年）、五頁。
（2）内閣官報局編『法令全書』一八六七年、一五九―一六〇頁。
（3）内閣官報局編『法令全書』一八六七年、六〇頁。
（4）日本史籍協会編『木戸孝允日記』第一（日本史籍協会、一九三二年）、一七七頁。
（5）村田峰次郎『大村益次郎先生事蹟』（同刊行会、一九一九年）、一八五頁。
（6）前掲『靖国神社誌』、一七頁。
（7）河井源蔵編『軍歌大成』（河井源蔵、一八九〇年）、七一頁。
（8）安達音治編『新唱歌』下（安達音治、一九〇八年）、一一五頁。
（9）教育研究所編『高等小学修身教典』巻一（普及舎、一八九九年）、五四―五六頁。
（10）海軍教育本部『海軍読本』巻一（海軍教育本部、一九〇五年）、四一頁。
（11）教育学術研究会編『国語科教授要領　改訂国定教科書　尋常科　第四―六学年』（同文館、一九一〇年）、二一二頁。
（12）共益商社楽器店編『唱歌教科書 教師用』第四（共益商社楽器店、一九〇二年）、二〇―二一頁。
（13）吉野作造「神社崇拝の道徳的意義」（『中央公論』第三五年一三号、一九二〇年一二月）、九五―九六頁。
（14）角張東順「極東の迷信国」（角張月峰『飛禽の跡』山形出版協会、一九二四年、所収）、二七九―二九四頁。
（15）国立国会図書館調査及び立法考査局『新編靖国神社問題資料集』（国立国会図書館、二〇〇七年）、一六一頁。

(16)「国会会議録検索システム」(https://kokkai.ndl.go.jp/#/、二〇二二年九月一日アクセス)(衆議院内閣委員会、一九五三年七月一五日)。
(17)大原康男「〝A級戦犯〟はなぜ合祀されたか」(江藤淳・小堀桂一郎編『新版 靖國論集』近代出版社、二〇〇四年、所収)、一一四―一一六頁。
(18)松平永芳「誰が御霊を汚したのか――『靖国』奉仕十四年の無念」(『諸君!』第二四巻第一二号、一九九二年一二月号)、一六六―一六七頁。
(19)前掲「国会会議録検索システム」(衆議院海外同胞引揚及び遺家族援護特別委員会、一九五二年七月三〇日)。
(20)前掲「国会会議録検索システム」(衆議院海外同胞引揚及び遺家族援護特別委員会、一九五二年七月三〇日)。
(21)前掲「国会会議録検索システム」(衆議院海外同胞引揚及び遺家族援護特別委員会、一九五二年七月三〇日)。
(22)前掲「国会会議録検索システム」(衆議院海外同胞引揚及び遺家族援護特別委員会、一九五五年七月二三日)。
(23)角田三郎『靖国と鎮魂』(三一書房、一九七七年)、二六五頁以下、参照。
(24)前掲「国会会議録検索システム」(衆議院本会議、一九八六年一月二九日)。
(25)前掲『新編靖国神社問題資料集』、五七六頁。
(26)『毎日新聞』一九九六年七月二九日付朝刊。
(27)『読売新聞』一九九六年七月三〇日付朝刊。
(28)『朝日新聞』二〇〇一年四月二五日付朝刊。
(29)『読売新聞』二〇〇一年五月一四日付朝刊。
(30)「小泉首相靖国参拝〝中曾根以前〟に戻っただけだ」(『読売新聞』二〇〇二年四月二二日付社説)。
(31)「なぜ首相はこだわるのか 靖国参拝」(『朝日新聞』二〇〇二年四月二二日付社説)。
(32)「靖国神社参拝 唐突、姑息、浅慮、思い違い」(『毎日新聞』二〇〇二年四月二三日付社説)。
(33)『読売新聞』二〇一三年四月二五日付朝刊。
(34)『読売新聞』二〇一三年一二月二六日付夕刊。
(35)「首相靖国参拝 外交立て直しに全力を挙げよ」(『読売新聞』二〇一三年一二月二七日付社説)。
(36)「首相と靖国神社 独りよがりの不毛な参拝」(『朝日新聞』二〇一三年一二月二七日付社説)。

（37）「安倍首相が靖国参拝　外交孤立招く誤った道」（『毎日新聞』二〇一三年一二月二七日付社説）。
（38）柴田正義「内閣総理大臣による靖国神社参拝訴訟に関する一考察—安倍首相靖国参拝訴訟を素材として」（『法政論集（名古屋大学大学院法学研究科）』第二九〇号、二〇二一年）、二〇一—二四〇頁。
（39）「追悼・平和祈念のための記念碑等施設の在り方を考える懇談会」報告書（データベース「世界と日本」、https://worldjpn.grips.ac.jp/documents/texts/JH/20021224.O1J.html、二〇二二年九月一日アクセス）。

あとがき

本書は、二〇二二年七月八日に発生した安倍晋三元首相暗殺事件と、山上徹也被告の動機、および旧統一教会や宗教二世などに対するメディア報道や世論の反応、政策的対応などを受けて、まとめられたものである。

筆者はおよそ二十年前から、近現代日本における政治と宗教の関係について研究してきたが、今回の事件をめぐる報道や世論、政策などを観察していると、欧米におけるカルト対策などの事例は参照されても、日本における政治と宗教の関係や宗教行政、宗教政策の歴史はほとんど顧みられていないことに、強い違和感を覚えた。

このあとがきを執筆している時点で、山上被告は奈良地検によって殺人罪と銃刀法違反で起訴され、文化庁は旧統一教会に対し、宗教法人法に基づく質問権を行使した上で、裁判所への解散命令請求を検討している。文化庁の担当スタッフは大幅に増員され、被害者の救済法も成立した。戦前日本の宗教行政・宗教政策に通底する論理は、国策への「利用」と社会的害悪の「排除」であり、それは宗教団体法の施行下において、戦争への動員や教義への介入、「危険」な団体とその構成員の解散、認可取り消し、逮捕、といった形で顕在化した。現行の宗教法人法はそれを踏まえて、「利用」も「排除」も放棄し、宗教団体の自治と自由を大幅に認めたものであり、それは、オウム真理教によるテロ事件発生後に実施された改正でも、基本的には変わらなかった。今回の一連の政策的対応は、そうした戦後史の文脈からは異例のことであり、「利用」はしなくとも「排除」する方向に向けて一歩を踏み出した、といえるかもしれない。

かつての内務省や文部省は、「利用」と「排除」を前提とした情報収集と人材の育成に余念がなかった。こうした論理は、当然ながら憲法上の信教の自由に抵触しかねないものであるため、例えば文部省宗教局長の下村寿一は憲法学者の美濃部達吉（東京帝国大学教授）と新聞紙上で学説論争を繰り広げるだけの学識を備えており、所管官庁は人材面でも理論面でも、かなりの武装を施していたといってよい。明治初期の神仏分離令、民衆教化政策当時でさえ、国学者や神道家などが集められ、彼等が中心となって政府側のイデオロギーが構築・展開されていた。

その点、「排除」に舵を切ったかにみえる現在の宗教行政の現場は、どうか。にわかに増員はしたものの、文化庁のスタッフの人材・経験・学識不足は否めず、そもそも表舞台で憲法学者や宗教学者と対峙するだけの覚悟があるとも思えない。消費者庁など、関連する他官庁についても、事情は似たようなものだろう。そうした脆弱な政府・官庁が今後、「自由」の範囲を規定する権限を有し、特定の宗教団体が反社会的団体か否か、「カルト」か否か、解散させるか否か、その被害者を救済するか否か、といったデリケートな問題を扱っていくとしたら、そこには不安を覚えずにはいられない。少なくとも、神仏分離令からはじまって、民衆教化も神社整理も国家神道も宗教団体法も、戦前の「干渉」政策のほとんどが失敗に終わったことは、本書の読者であれば十分に理解されよう。法令違反はもとより看過すべきではないが、モルモン教をめぐる内務省の対応にみられたように、世間の騒ぎはさておき、徹底的に調べた上で法令に違反していなければ活動の自由を認めるくらいの能力と経験、度量も、これからの宗教行政には求められてくるのかもしれない。

行政だけが問題ではなく、学術の世界においても、その知見が益々問われてくることは、十分に自覚しなければなるまい。筆者は政治学者だが、宗教、特に日本の宗教を扱う政治学者は少なく、これまでは、宗教学者の方々と共同研究などをご一緒させていただくことが多かった。日本政治学会の『年報政治学』が第六四巻一号（二〇一三年六月刊）で「宗教と政治」と題する特集を組んだとき、日本について論じる役目を務めたのが筆者だけだった、というのは、そうした現状を象徴している。

本書は、筆者がこれまで書いてきた近現代日本における宗教と政治に関する論文や通史などを大幅に加筆・修正して、集成したものである。ここにその初出を示せば、次の通りである。

第一章「宗教行政史」（笠原英彦編『日本行政史』慶應義塾大学出版会、二〇一〇年、所収）／「宗教政策の形成と展開」（大山耕輔監修／笠原英彦・桑原英明編著『公共政策の歴史と理論』ミネルヴ

ァ書房、二〇一三年、所収）
第二章「近代における出版・メディアと宗教」（島薗進他編『シリーズ日本人と宗教――近世から近代へ　五　書物・メディアと社会』春秋社、二〇一五年、所収）
第三章「明治期における内地雑居問題とキリスト教対策」（寺崎修・玉井清編『戦前日本の政治と市民意識』慶應義塾大学出版会、二〇〇五年、所収）※拙著『日本の戦争と宗教　1899―1945』（講談社選書メチエ、二〇一四年）に加筆・修正の上、所収／「条約改正とキリスト教対策」（『法政論叢』日本法政学会、第四一巻二号、二〇〇五年五月）
第四章「戦争と社会問題」（島薗進他編『近代日本宗教史　第二巻　国家と信仰――明治後期』春秋社、二〇二一年、所収）
第五章「明治三十八―三十九年東北大飢饉と仏教――『中外日報』をめぐって」（『法学研究』慶應義塾大学法学研究会、第八九巻六号、二〇一六年六月）
第六章「「政治」による「宗教」利用・排除――近代日本における宗教団体の法人化をめぐって」（『年報政治学』日本政治学会、第六四巻一号、二〇一三年六月）
第七章「高楠順次郎とタゴール――仏教哲学者が「詩聖」にみたもの」（『武蔵野大学教養教育リサーチセンター紀要』第二号、二〇一二年三月）
第八章「満州国と「合祀」――建国忠霊廟の創建と宣伝」（『仏教文学』仏教文学会、第四一号、二〇一六年四月）

第九章「靖国神社問題の過去と現在」（寺崎修編著『近代日本の政治』法律文化社、二〇〇六年、所収）

これらの研究を進めるにあたり、学会や研究会、シンポジウムなどでの筆者の報告やその後の討論に参加してくださった多くの研究者の方々から、貴重なご教示を得た。ここにすべての皆様のお名前を列記することはできないが、深く感謝の意を表したい。

先述の『年報政治学』の特集「宗教と政治」に、「「宗教と政治」の現在――政治理論の視点から」と題する論文を寄せた千葉眞氏（現在、国際基督教大学名誉教授）は、「宗教と政治との批判的かつ建設的な連携を模索するためには、法の支配、立憲主義、民衆福祉のエンパワーメントといったデモクラシーがこれまで築き上げてきた制度的枠組みや実践のなかで行うことが重要であろう」と述べた。いかにして法の支配と立憲主義を維持し、宗教の持つ民衆福祉に対するエンパワーメントを踏まえた政教関係を構築していくのか。それは日本近現代の政教関係史に通底する問題意識であり、デモクラシー社会が今まさに問われている課題でもあろう。

本書の編集にあたっては、筑摩選書編集部の松田健氏のお世話になった。編集長として多忙を極めるなか、真摯に編集に取り組んで下さったことに、厚く御礼申し上げたい。

二〇二三年二月六日
三田山上にて

小川原正道

人名索引

か行

さ行

た行

な行

は行

ま行

や行

ら行

わ行

小川原正道（おがわら まさみち）

一九七六年生まれ。慶應義塾大学法学部教授。慶應義塾大学大学院法学研究科博士課程修了。博士（法学）。専門は日本政治思想史、宗教行政史。著書『日本の戦争と宗教 1899―1945』（講談社選書メチエ）、『明治の政治家と信仰――クリスチャン民権家の肖像』（吉川弘文館）、『近代日本の戦争と宗教』（講談社選書メチエ）、『大教院の研究――明治初期宗教行政の展開と挫折』（慶應義塾大学出版会）など。

筑摩選書 0254

日本政教関係史《にほんせいきょうかんけいし》 宗教《しゅうきょう》と政治《せいじ》の一五〇年《ねん》

二〇二三年四月一五日 初版第一刷発行

著　者　小川原《おがわら》正道《まさみち》

発行者　喜入冬子

発行所　株式会社筑摩書房
東京都台東区蔵前二-五-三 郵便番号 一一一-八七五五
電話番号 〇三-五六八七-二六〇一（代表）

装幀者　神田昇和

印刷 製本　中央精版印刷株式会社

 ISBN978-4-480-01772-7 C0330

筑摩選書 0029

農村青年社事件
昭和アナキストの見た幻

保阪正康

不況にあえぐ昭和12年、突如全国で撒かれた号外新聞。そこには暴動・テロなどの見出しがあった。昭和最大規模のアナキスト弾圧事件の真相と人々の素顔に迫る。

筑摩選書 0071

一神教の起源
旧約聖書の「神」はどこから来たのか

山我哲雄

ヤハウェのみを神とし、他の神を否定する唯一神観。この観念が、古代イスラエルにおいていかにして生じたのかを、信仰上の「革命」として鮮やかに描き出す。

筑摩選書 0072

愛国・革命・民主
日本史から世界を考える

三谷 博

近代世界に類を見ない大革命、明治維新はどうして可能だったのか。その歴史的経験から、時空を超える普遍的英知を探り、それを補助線に世界の「いま」を理解する。

筑摩選書 0116

戦後日本の宗教史
天皇制・祖先崇拝・新宗教

島田裕巳

天皇制と祖先崇拝、そして新宗教という三つの柱を軸に、戦後日本の宗教の歴史をたどり、日本社会と日本人の精神がどのように変容したかを明らかにする。

筑摩選書 0122

大乗経典の誕生
仏伝の再解釈でよみがえるブッダ

平岡 聡

ブッダ入滅の数百年後に生まれた大乗経典はどんな発想で作られ如何にして権威をもったのか。「仏伝」をキーワードに探り、仏教史上の一大転機を鮮やかに描く。

筑摩選書 0132

イスラームの論理

中田 考

神や預言者とは何か。スンナ派とシーア派はどこが違うか。ハラール認証、偶像崇拝の否定、カリフ制、原理主義……。イスラームの第一人者が、深奥を解説する。

筑摩選書
0192

アジア主義全史

嵯峨 隆

アジア諸国と連帯して西洋列強からのアジア解放を目指したアジア主義。その江戸時代から現在までの全史をたどりつつ、今後のアジア共生に向けて再評価する試み。

筑摩選書
0204

『往生要集』入門
人間の悲惨と絶望を超える道

阿満利麿

浄土仏教の源流となる穢土と浄土から成る世界観は、源信が打ち立て法然・親鸞に受け継がれた。絶望に満ちた人生を生ききる手引を柔らかに案内する決定版入門書。

筑摩選書
0233

越境する出雲学
浮かび上がるもうひとつの日本

岡本雅享

出雲という地名や神社が列島各地にあるのはなぜか。全国の郷土史を渉猟し、人の移動や伝承の広がりを丹念に跡付けることで、この国のもう一つの輪郭を描き出す。

筑摩選書
0243

人類精神史
宗教・資本主義・Google

山田仁史

Gott（神）、Geld（お金）、Google（情報）＝3つの「カミ」と、対応する3つのリアリティから人類の精神史を考える。博覧強記の宗教民族学者、最後の書。

筑摩選書
0247

東京10大学の150年史

小林和幸 編著

筑波大、東大、慶應、青山学院、立教、学習院、明治、早稲田、中央、法政の十大学の歴史を振り返り、各大学の特徴とその歩みを日本近代史のなかに位置づける。

筑摩選書
0251

戦後空間史
都市・建築・人間

戦後空間研究会 編

住宅、農地、震災、運動、行政、アジア…戦後の都市・近郊空間と社会を考える。執筆：青井哲人、市川紘司、内田祥士、中島直人、中谷礼仁、日埜直彦、松田法子